プリント形式のリアル過去問で本番の臨場感！

三重県

暁 中学校

2025年春 受験用 解答集

本書は，実物をなるべくそのままに，プリント形式で年度ごとに収録しています。
問題用紙を教科別に分けて使うことができるので，本番さながらの演習ができます。

■ 収録内容

・解答集(この冊子です)

書籍ＩＤ番号，この問題集の使い方，最新年度実物データ，リアル過去問の活用，
解答例と解説，ご使用にあたってのお願い・ご注意，お問い合わせ

・2024(令和６)年度 ～ 2020(令和２)年度 学力検査問題

JN132577

○は収録あり　年度	'24	'23	'22	'21	'20	
■ 問題(前期)	○	○	○	○	○	
■ 解答用紙	○	○	○			
■ 配点						

算数に解説があります

注)問題文等非掲載:2023年度算数の4，2022年度国語の一・二と社会の3，2021年度国語の二

問題文などの非掲載につきまして

著作権上の都合により，本書に収録している過去入試問題の本文や図表の一部を掲載しておりません。ご不便をおかけし，誠に申し訳ございません。

本文の一部を掲載できなかったことによる国語の演習不足を補うため，論説文および小説文の演習問題のダウンロード付録があります。弊社ウェブサイトから書籍ＩＤ番号を入力してご利用ください。

なお，問題の量，形式，難易度などの傾向が，実際の入試問題と一致しない場合があります。

教英出版

■ 書籍ＩＤ番号

入試に役立つダウンロード付録や学校情報などを随時更新して掲載しています。
教英出版ウェブサイトの「ご購入者様のページ」画面で，書籍ＩＤ番号を入力してご利用ください。

書籍ＩＤ番号　102425

（有効期限：2025年9月30日まで）

【入試に役立つダウンロード付録】
「要点のまとめ(国語／算数)」
「課題作文演習」ほか

■ この問題集の使い方

年度ごとにプリント形式で収録しています。針を外して教科ごとに分けて使用します。①片側，②中央のどちらかでとじてありますので，下図を参考に，問題用紙と解答用紙に分けて準備をしましょう（解答用紙がない場合もあります)。

針を外すときは，けがをしないように十分注意してください。また，針を外すと紛失しやすくなりますので気をつけましょう。

① 片側でとじてあるもの

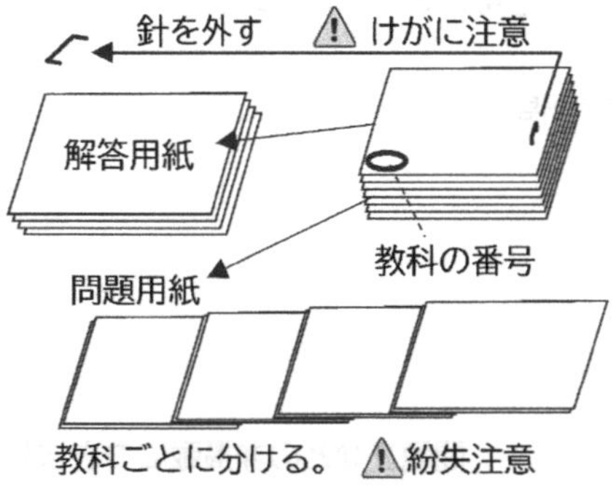

② 中央でとじてあるもの

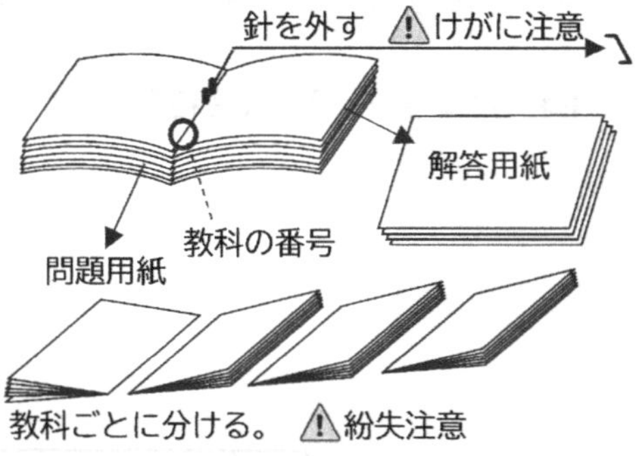

※教科数が上図と異なる場合があります。
解答用紙がない場合や，問題と一体になっている場合があります。
教科の番号は，教科ごとに分けるときの参考にしてください。

■ 最新年度 実物データ

実物をなるべくそのままに編集していますが，収録の都合上，実際の試験問題とは異なる場合があります。実物のサイズ，様式は右表で確認してください。

問題用紙	Ｂ５冊子(二つ折り)
解答用紙	Ｂ４片面プリント

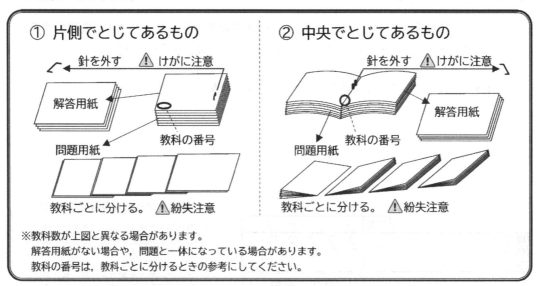

リアル過去問の活用

～リアル過去問なら入試本番で力を発揮することができる～

本番を体験しよう！

問題用紙の形式（縦向き／横向き），問題の配置や余白など，実物に近い紙面構成なので本番の臨場感が味わえます。まずはパラパラとめくって眺めてみてください。「これが志望校の入試問題なんだ！」と思えば入試に向けて気持ちが高まることでしょう。

入試を知ろう！

同じ教科の過去数年分の問題紙面を並べて，見比べてみましょう。

① 問題の量

毎年同じ大問数か，年によって違うのか，また全体の問題量はどのくらいか知っておきましょう。どのくらいのスピードで解けば時間内に終わるのか，大問ひとつにかけられる時間を計算してみましょう。

② 出題分野

よく出題されている分野とそうでない分野を見つけましょう。同じような問題が過去にも出題されていることに気がつくはずです。

③ 出題順序

得意な分野が毎年同じ大問番号で出題されていると分かれば，本番で取りこぼさないように先回りして解答することができるでしょう。

④ 解答方法

記述式か選択式か（マークシートか），見ておきましょう。記述式なら，単位まで書く必要があるかどうか，文字数はどのくらいかなど，細かいところまでチェックしておきましょう。計算過程を書く必要があるかどうかも重要です。

⑤ 問題の難易度

必ず正解したい基本問題，条件や指示の読み間違いといったケアレスミスに気をつけたい問題，後回しにしたほうがいい問題などをチェックしておきましょう。

問題を解こう！

志望校の入試傾向をつかんだら，問題を何度も解いていきましょう。ほかにも問題文の独特な言いまわしや，その学校独自の答え方を発見できることもあるでしょう。オリンピックや環境問題など，話題になった出来事を毎年出題する学校だと分かれば，日頃のニュースの見かたも変わってきます。

こうして志望校の入試傾向を知り対策を立てることこそが，過去問を解く最大の理由なのです。

実力を知ろう！

過去問を解くにあたって，得点はそれほど重要ではありません。大切なのは，志望校の過去問演習を通して，苦手な教科，苦手な分野を知ることです。苦手な教科，分野が分かったら，教科書や参考書に戻って重点的に学習する時間をつくりましょう。今の自分の実力を知れば，入試本番までの勉強の道すじが見えてきます。

試験に慣れよう！

入試では時間配分も重要です。本番で時間が足りなくなってあわてないように，リアル過去問で実戦演習をして，時間配分や出題パターンに慣れておきましょう。教科ごとに気持ちを切り替える練習もしておきましょう。

心を整えよう！

入試は誰でも緊張するものです。入試前日になったら，演習をやり尽くしたリアル過去問の表紙を眺めてみましょう。問題の内容を見る必要はもうありません。どんな形式だったかな？受験番号や氏名はどこに書くのかな？…ほんの少し見ておくだけでも，志望校の入試に向けて心の準備が整うことでしょう。

そして入試本番では，見慣れた問題紙面が緊張した心を落ち着かせてくれるはずです。

※まれに入試形式を変更する学校もありますが，条件はほかの受験生も同じです。心を整えてあせらずに問題に取りかかりましょう。

2024 解答例 令和6年度　暁中学校

《国　語》

一 問1．①貸す〔別解〕返す　②備　③てへん　④エネルギー　　問2．①イ　②ア　　問3．①エ　②イ
問4．②ア　④ウ

二 問1．エ　　問2．ア　　問3．開発で野原　　問4．ウ　　問5．木造の家が減って巣をつくれる場所が激減したり、開発などによって雛のエサとなる虫が減ったり、人間がスズメに対して寛容でなくなったりしたから。
問6．反対／家の近くでスズメを見る機会が減ったとしても、別の場所で増えているかもしれず、間違いなく数を減らしているとまでは言えないから。

三 問1．イ　　問2．ウ　　問3．エ　　問4．オーディションと修学旅行の両方に参加できるかもしれないと気付き、喜んでいる。　　問5．A．困る存在　B．対等　C．損をしている

《算　数》

1 (1) 2　　(2) $\frac{1}{6}$　　(3)389　　(4)りんご…13　みかん…17　　(5)80　　(6)24
(7)ア．④　イ．$y=60\times x$　ウ．②　エ．$x\times y=40$〔別解〕$y=40\div x$　　(8)28　　(9)251.2
(10)平均値…69.5　中央値…67.5　最頻値…60

2 (1)60　　(2)歩く速さ…80　走る速さ…200　　(3)1680　　(4)8時45分

3 (1)36.28　　(2)72.56

4 (1)6＋7　　(2)111，286　　(3)119　　(4)16，32，64 のうち1つ

《理　科》

1 (1)温度が20℃であること。光が当たらないこと。　　(2)発芽に必要な養分が種子にたくわえられているから。

2 (1)あ．食道　い．消化液　う．小腸　え．かん臓　お．水分
(2)だ液のはたらきによって，ご飯にふくまれるでんぷんが糖に分解されるから。

3 (1)エ　　(2)ウ　　(3)クレーター　　(4)①イ　②ア

4 (1)あ．直列　い．並列　　(2)う．b　え．a　お．b　　(3)エ　　(4)右図

5 (1)ウ　　(2)い．250　う．250　え．103　　(3)243　　(4)右グラフ

6 (1)はやくかき混ぜる。／食塩やホウ酸のつぶを小さくする。などから1つ
(2)ようばい　　(3)150　　(4)75　　(5)20　　(6)26　　(7)17

7 (1)二酸化炭素／水　　(2)炭素…36　酸素…96
(3)酸化物…110　残った酸素…20　　(4)4

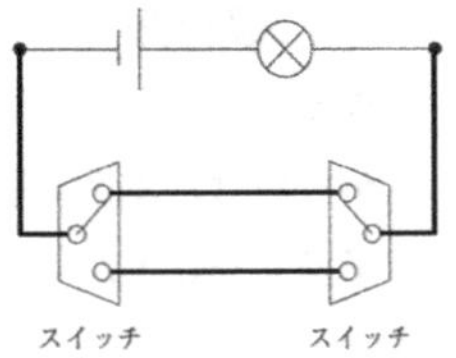

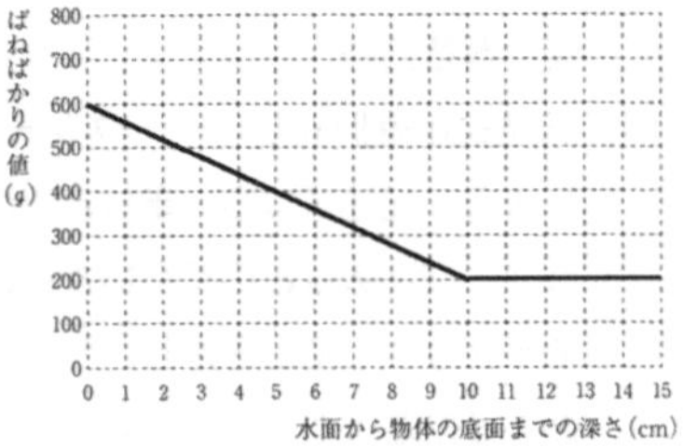

《社　会》

1　問1．A．択捉　B．津軽　C．佐渡　D．天竜　E．九州　問2．イ　問3．冬の北西季節風が日本海を渡るときに水分を含み，山地にぶつかって雪を降らせるから。　問4．エ　問5．少子高齢化が進んでいる。　問6．イ　問7．減反政策　問8．近くを暖流の黒潮が流れていて，冬でも比較的温暖であるから。　問9．無形文化　問10．イ　問11．①イ　②ア　③エ　④ウ

2　問1．貝塚　問2．エ　問3．ウ　問4．(1)イ　(2)仏教の力で社会の不安を除き，国家を守ろうと考えたから。　問5．(1)ア　(2)エ　問6．(1)イ→ア→ウ　(2)ア　問7．エ　問8．ア　問9．南蛮　問10．(1)参勤交代　(2)ウ→イ→ア　問11．ア　問12．イ　問13．(1)渋沢栄一　(2)エ　問14．カ　問15．ウ

3　問1．イ　問2．ウ　問3．ア　問4．ウ　問5．男女共同参画社会基本法　問6．こども　問7．ヤングケアラー　問8．ア　問9．イ

2024 算数解説 暁中学校
令和6年度

1 (1) 与式＝30－4×(3＋4)＝30－4×7＝30－28＝**2**

(2) 与式＝$\frac{7}{3}\times\frac{2}{7}-\frac{25}{10}\times\frac{1}{5}=\frac{2}{3}-\frac{1}{2}=\frac{4}{6}-\frac{3}{6}=\mathbf{\frac{1}{6}}$

(3) 6でわっても8でわっても5あまる数は6と8の公倍数より5大きい数である。6と8の最小公倍数は24で，400÷24＝16あまり16より，最も大きい400以下の24の倍数は，24×16＝384だから，求める数は，384＋5＝**389**である。

(4) みかんを30個買ったとすると，合計金額は50×30＝1500(円)になり，実際より1890－1500＝390(円)安くなる。みかん1個をりんご1個におきかえると，合計金額は80－50＝30(円)高くなるから，りんごの個数は390÷30＝**13**(個)で，みかんの個数は30－13＝**17**(個)である。

(5) 8％の食塩水400gには食塩が400×$\frac{8}{100}$＝32(g)含《ふく》まれる。水を蒸発させても食塩の量は変わらないから，10％の食塩水に含まれる食塩も32gである。よって，10％の食塩水は32÷$\frac{10}{100}$＝320(g)で，蒸発させた水は，400－320＝**80**(g)である。

(6) 料理は4通り，サラダは3通り，スープは2通りだから，セットの組み合わせは全部で，4×3×2＝**24**(通り)ある。

(7) それぞれの式は，①は，$y=200-x$　②は，$x\times y\div2=20$より，$x\times y=40$　③は，$y=x\times x$　④は，$y=60\times x$となる。よって，比例するものは**④**で$\mathbf{y=60\times x}$，反比例するものは**②**で$\mathbf{x\times y=40}$，または，$\mathbf{y=40\div x}$である。

(8) 右図のように記号をおく。BDは対角線だから，角FBE＝45°　三角形FBEにおいて，角BFE＝180°－45°－31°＝104°　角AFB＝180°－104°＝76°　三角形ABFと三角形CBFは合同だから，角CFB＝角AFB＝76°
よって，角㋐＝角BFE－角BFC＝104°－76°＝**28°**

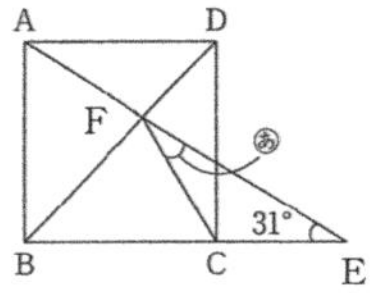

(9) この立体2つを組み合わせると右図のような高さが6＋4＝10(cm)の円柱になるから，求める体積は，この円柱の体積の半分で，4×4×3.14×10÷2＝**251.2**(cm³)

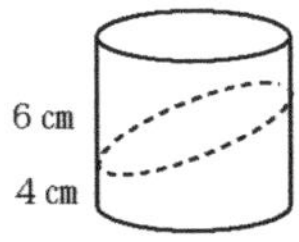

(10) 平均値は，(60＋65＋80＋60＋90＋55＋60＋70＋75＋80)÷10＝**69.5**(点)
中央値は点数を低い順に並べたとき中央にくる値《あたい》だが，値が偶数個だから5番目と6番目の平均になる。点数は低い順に，55，60，60，60，65，70，75，80，80，90となるから，中央値は，(65＋70)÷2＝**67.5**(点)
最頻値は，最も多い値だから**60**点である。

2 (1) グラフより，弟は10分で600m進んだから，弟の速さは，分速(600÷10)m＝分速**60**mである。

(2) **【解き方】8時10分から8時20分までは，兄は弟と同じ方向に歩き，8時20分から8時24分までは，兄は弟と反対向きに走る。兄が歩いた道のりと走った道のりを考え，それぞれの速さを求める。**
弟は出発して8時20分までに60×20＝1200(m)歩くから，兄が20－10＝10(分)で歩いた道のりは1200－400＝800(m)で，兄の歩く速さは分速(800÷10)m＝分速**80**mである。8時20分から

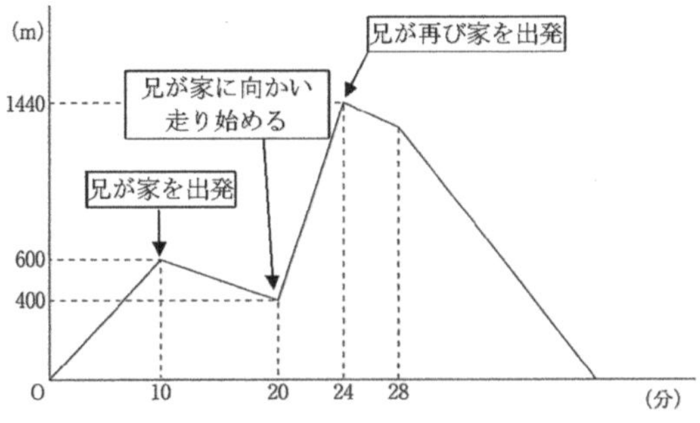

８時24分までは，兄と弟は反対向きに進むから，24－20＝４(分)で２人が進んだ道のりの和が1440－400＝1040(m)になる。弟は４分で60×４＝240(m)歩くから，兄は４分で1040－240＝800(m)走った。よって，兄の走る速さは，分速(800÷４)m＝分速**200m**である。

(3)　弟は兄より常に学校に近い場所にいたから先に学校に着いたのは弟で，グラフより，弟が学校に着いたのは８時28分と読み取れる。よって，家から学校までの道のりは，60×28＝**1680**(m)である。

(4)　兄が家から学校まで歩いていくと1680÷80＝21(分)かかる。兄が再び家を出発したのは８時24分だから，学校に着いたのは，８時24分＋21分＝**８時45分**である。

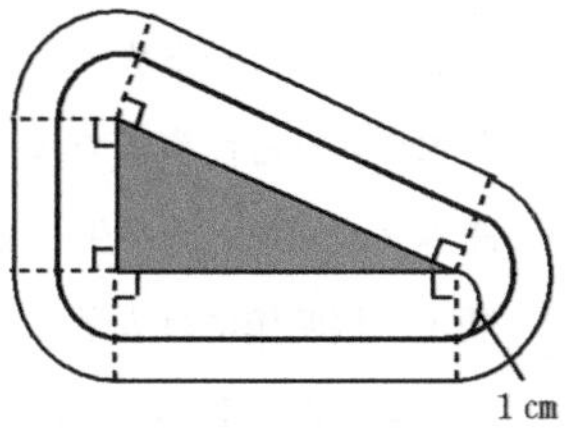

3　(1)　**【解き方】中心Ｏは右図の太線上を動く。**

直線部分は，13＋12＋５＝30(cm)　　曲線部分を合わせると，半径が１cmの円の円周になるから，合わせた長さは，１×２×3.14＝6.28(cm)

よって，求める長さは，30＋6.28＝**36.28**(cm)

(2)　**【解き方】円が通った部分は右図の白い部分である。**

３つの長方形の部分を合わせた面積は，13×(１×２)＋12×(１×２)＋５×(１×２)＝60(cm²)　　３つのおうぎ形の部分を合わせると半径が１×２＝２(cm)の円になるから，合わせた面積は，２×２×3.14＝12.56(cm²)

よって，求める面積は，60＋12.56＝**72.56**(cm²)

4　(1)　５＋６＝11より，５と６に１ずつ足すと，**６＋７**＝13となる。

(2)　**【解き方】奇数個の連続する整数の和の計算は，(中央の整数)×(奇数個)で書き直せるから，2023をこの形に分解して考える。**

2023＝７×17×17を，△×(奇数)の形に表すと，2023＝119×17，2023＝289×７となる。2023＝119×17の場合，2023は17個の連続する整数の和で表され，最初から９番目の整数が119だから，最初の数は，119－８＝**111**

2023＝289×７の場合，2023は７個の連続する整数の和で表され，最初から４番目の整数が289だから，最初の数は，289－３＝**286**

(3)　**【解き方】偶数個の連続する整数の和の計算は，(中央の２つの整数の和)×(偶数個÷２)と書き直せる。中央の２つの整数の和は偶数と奇数の和になるから，必ず奇数になることに注目する。**

2024＝２×２×２×11×23を，(奇数)×□の形に表すと，2024＝11×184，2024＝23×88，2024＝253×８となる。

和の形で使う整数は１以上だから，和の形に表すことができるのは，2024＝253×８の場合だけである。

(253－１)÷２＝126より，2024＝(126＋127)×８となるから，2024は８×２＝16(個)の連続する整数の和で表され，最初から８番目の整数が126だから，最初の数は，126－７＝**119**

(4)　**【解き方】(2)，(3)より，連続する整数の和の形で表すことができる整数は，奇数を使ったかけ算に書き直すことができるから，(偶数)×(偶数)でしか表せない整数を答えればよい。**

例えば24は６×４で表されるが，８×３のように奇数を使って表すこともできるので，求める整数にはならない。

よって，求める整数は，一番小さい偶数である２を使ったかけ算だけで表すことができる，２×２×２×２＝２×８＝４×４＝**16**，２×２×２×２×２＝２×16＝４×８＝**32**，２×２×２×２×２×２＝２×32＝４×16＝８×８＝**64**である。

2023 解答例 令和５年度　暁中学校

《国　語》

一　問１．①×　②×　③○　問２．⑴エ　⑵ウ　⑶ウ　問３．⑴拝見　⑵深刻　⑶勤　⑷補

二　問１．A．ウ　B．ア　C．オ　問２．自動的　問３．のび太くんにとってのドラえもんのような、超のつくほど優秀なパートナー　問４．エ　問５．ネットワークとつながったＡＩの高度化により、かなり複雑な判断が求められる仕事までＡＩ×ロボットが行うようになり、人間は人間にしかできない仕事をするようになって、人間本来の知恵と力が生きてくるから。　問６．X．街の見た目　Y．ネット内

三　問１．桜明館には入学しなかった。　問２．ウ　問３．イ　問４．イ　問５．オ　問６．⑴ａ．こっちの意見なんて聞いてくれないわよ　ｂ．両親に小言を言われたことは一度もない　⑵イ　問７．授業についていけるようになり、学校へ行きたい。

《算　数》

1　⑴14　⑵$\frac{5}{6}$　⑶$\frac{49}{50}$　⑷52　⑸1100　⑹20　⑺15　⑻192　⑼まわりの長さ…41.12　面積…32　⑽平均点…35　多くて…15　少なくて…８

2　⑴24　⑵36　⑶15

3　⑴エ　⑵①ア　②108

4　⑴７人グループ…６　８人グループ…11　⑵129　⑶ア．955.5　イ．1000　ウ．44.5　エ．２　⑷ア．14　イ．11400　ウ．７　エ．16800　オ．５

《理　科》

1　⑴①オ　②ア　③イ　⑵①ア，イ，オ　②水素　③気体が音を立てて燃え，水ができる。
⑶①８　②黄　③20　④濃い　⑤7.5　⑷白い固体が残っている。

2　⑴あ．のび　い．比例　⑵16　⑶80　⑷7.5　⑸12　⑹10.8　⑺12　⑻イ，15

3　⑴あ．ぼう張　い．盛り上がり　⑵0.96　⑶え．小さ　お．鉄

4　⑴①柱頭　②D　③エ　⑵オ　⑶ウ

5　⑴４　⑵筋肉　⑶コ，サ，シ　⑷えさが見つけやすくなるから。

6　⑴オ　⑵い．直射日光　う．風通し　⑶記号…ウ　理由…気温の変化が小さいから。
⑷雲が多く，日光がさえぎられていたから。　⑸ア

《社　会》

1　問１．ウ　　問２．四季…夏　風の名称…季節風〔別解〕モンスーン　　問３．日本の河川は長さが短く，こう配が急で流れが速い。　　問４．台風による強風から家を守るため。　　問５．シラス台地　　問６．⑴エ　⑵働く人の数が減っていること。　　問７．工業地帯…阪神工業地帯　記号…イ　　問８．東日本大震災後の福島第一原発の事故を受け，多くの原子力発電所が停止したから。　　問９．⑴老人ホーム　⑵イ　⑶高いところに避難でき，多くの人が集まれる小・中学校や高等学校。　　問10．赤石山脈　　問11．㋐イ　㋑エ

問12．⑴①潮目〔別解〕潮境　②大陸だな　⑵ウ　　問13．ア．①　イ．④　　問14．トレーサビリティ

2　問１．エ　　問２．ア　　問３．イ　　問４．ウ　　問５．⑴楽市　⑵市場での自由な営業を認めて，商工業の発展をうながすため。　　問６．ア→ウ→エ→イ　　問７．武家諸法度　　問８．ア　　問９．ア

問10．第一次世界大戦によって日本は大戦景気となり，輸出額が輸入額を上回った。　　問11．イ

問12．⑴ＮＰＴ　⑵オ　　問13．昭和　　問14．⑴エ　⑵イ　⑶イ

3　問１．ウ　　問２．イ　　問３．ア　　問４．18　　問５．ア　　問６．線状降水帯　　問７．エ　　問８．ウ

問９．㋐は毎年１回１月中に召集される，主に来年度の予算を審議する常会，㋑は補正予算など，決定を急ぐ議案を審議するために必要に応じて召集された臨時会である。

1 (1) 与式＝16－14÷（１＋６）＝16－14÷７＝16－２＝**14**

(2) 与式$=\frac{25}{12}\div\frac{9}{2}\times\frac{9}{5}=\frac{25}{12}\times\frac{2}{9}\times\frac{9}{5}=\mathbf{\frac{5}{6}}$

(3) **【解き方】25 番目の分数は，分母が 25 番目の偶数で，分子が分母より１小さい。**

分母が２×25＝50，分子が 50－１＝49 だから，$\mathbf{\frac{49}{50}}$である。

(4) １人に配る個数を７－６＝１(個)増やすと，必要なボールの個数が４＋４＝８(個)増えるから，生徒の人数は，８÷１＝８(人)である。よって，ボールは全部で，６×８＋４＝**52**(個)

(5) 仕入れ値の 10%は $800\times\frac{10}{100}=80$(円)だから，売り値は 800＋80＝880(円)だった。
これが定価の $1-\frac{20}{100}=\frac{4}{5}$(倍)にあたるから，定価は，$880\div\frac{4}{5}=$**1100**(円)

(6) **【解き方】ある点への行き方の数は，その点の左側の点までの行き方の数と，その点の下側の点までの行き方の数の和に等しくなる。ＡからＰまでと，ＰからＢまでを分けて考える。**

ＡからＰまでの移動について，それぞれの点への行き方の数は右図のようになるから，
行き方は 10 通りある。その１通りごとにＰからＢへの行き方は２通りずつあるから，
求める行き方の数は，10×２＝**20**(通り)

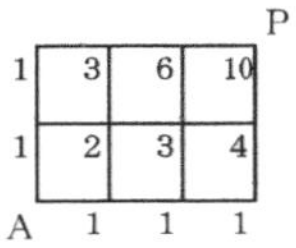

(7) 右図のように記号をおく。

三角形ＯＡＢは二等辺三角形だから，角ＡＯＢ＝180°－30°×２＝120°
角ＢＯＣ＝360°－90°－120°＝150°
三角形ＯＢＣは二等辺三角形だから，角㋐＝(180°－150°)÷２＝**15°**

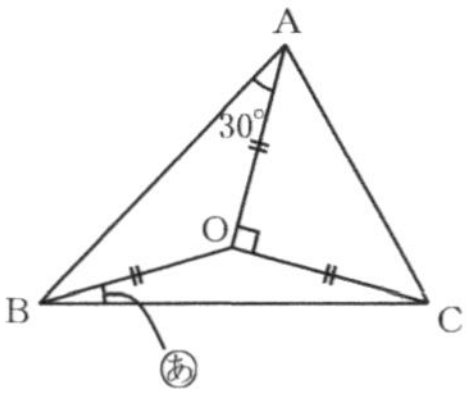

(8) **【解き方】三角形ＡＢＣの面積はもとの正方形の面積の$\frac{1}{2}\times\frac{1}{2}\times\frac{1}{2}\times\frac{1}{2}\times\frac{1}{2}=\frac{1}{32}$だから，三角形ＡＢＣで切り落としたあとに残った部分の面積を 32 倍すればよい。**

１回折った図形は等しい２辺が 16 cmの直角二等辺三角形，３回折った図形は等しい２辺が 16÷２＝８(cm)の直角二等辺三角形，５回折った図形は等しい２辺が８÷２＝４(cm)の直角二等辺三角形である。

三角形ＡＢＣの斜線部分は等しい２辺が４÷２＝２(cm)の直角二等辺三角形だから，三角形ＡＢＣの残った部分の面積は，４×４÷２－２×２÷２＝６(cm²)　　よって，求める面積は，６×32＝**192**(cm²)

(9) まわりの長さは，右図の曲線ＡＣの長さ４つ分と，ＡＤの長さ４つ分だから，
$4\times2\times3.14\times\frac{1}{4}\times4+4\times4=25.12+16=$**41.12**(cm)
面積は，右図のおうぎ形ＢＣＡ２つぶんと正方形ＡＢＣＤからおうぎ形ＢＣＡを除いた部分２つぶんなので，合わせて正方形ＡＢＣＤ２つぶんとなるから，４×４×２＝**32**(cm²)

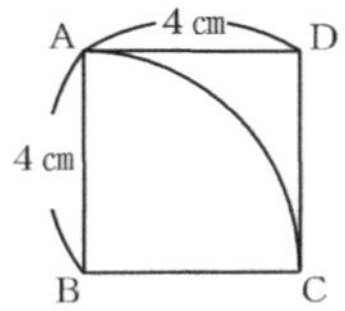

(10) **【解き方】１番ができた人数については，正解した問題の組み合わせごとの点数と人数を右表のようにまとめて考える。**

１番	×	○	×	×	○	○	×	○
２番	×	×	○	×	○	×	○	○
３番	×	×	×	○	×	○	○	○
点数(点)	0	10	20	30	30	40	50	60
人数(人)	0	2	2	7		4	3	2

平均点は，
(０×０＋10×２＋20×２＋30×７＋40×４＋50×３＋60×２)÷20＝700÷20＝**35**(点)　　１番ができた人は点数が 10 点，40 点，60 点の人と，30 点の人の一部だから，最も少なくて，２＋４＋２＝**8**(人)，最も多くて，８＋７＝**15**(人)である。

2 (1)　**【解き方】右図は容器を正面から見た図であり，容器内の空間に図のように㋐，㋑と記号をおく。図２から，５分で㋐が満水になったとわかる。**

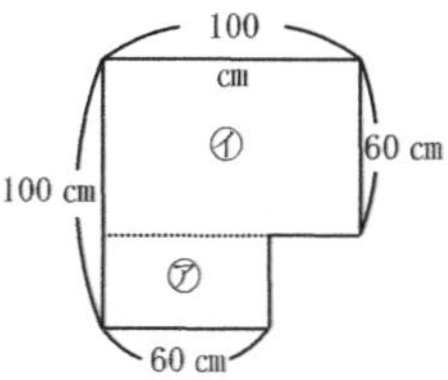

㋐の底面積は50×60＝3000(㎠)で，㋐の部分では毎分$\frac{40}{5}$cm＝毎分８cmの割合で水面が上がったから，１分間に入る水の量は，3000×８＝24000(㎤)，つまり24Ｌである。よって，Ａからは毎分**24Ｌ**の水が入る。

(2)　**【解き方】図２から，Ｂを開いていた10分間で㋑の水面が88－64＝24(cm)下がったとわかる。このとき減った水の量とＡが入れている水の量の和が，Ｂが出した水の量である。**

㋑の底面積は50×100＝5000(㎠)である。Ｂが開いていた間に水面の高さが下がった割合は，毎分$\frac{24}{10}$cm＝毎分2.4cmだから，減った水の割合は，毎分(5000×2.4)㎤＝毎分12000㎤＝毎分12Ｌである。

よって，Ｂが水を出した割合は，毎分(12＋24)Ｌ＝毎分**36Ｌ**

(3)　**【解き方】Ｂを10分間開いていたとき，Ｂが出した水を入れるぶんだけ，余計に時間がかかったことになる。**

Ｂが10分間で出した水の量は，36×10＝360(Ｌ)である。Ａが360Ｌの水を入れるのにかかる時間は，360÷24＝**15**(分)であり，これが求める時間である。

3 (1)　立方体の展開図は右図の①～⑪の11種類ですべてなので，覚えておくとよい。①～⑥のように，４つの面が１列に並び，その上下に１面ずつがくっついている形が基本的な形である。立方体の展開図では，となりの面にくっつくのならば，面を90°ずつ回転移動させることができるので，⑤の左端《ひだりはし》の面を上に回転移動させると⑦になる。⑦の一番下の面を右に回転移動させていくと，⑧と⑨ができる。⑩と⑪は覚えやすい形なので，そのまま覚えるとよい。

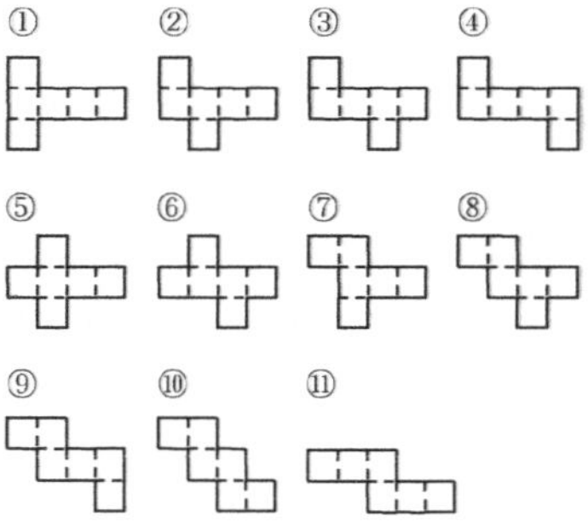

よって，正しくない展開図は**エ**である。

(2)①　**【解き方】切り口は右図の太線の三角形となる。**

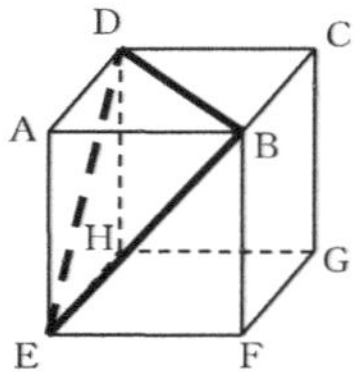

太線の三角形の辺の長さはどれも，１辺が６cmの正方形の対角線の長さとなるので，切り口は「**ア　正三角形**」となる。

②　**【解き方】小さい方の立体を㋐，大きい方の立体を㋑とする。㋐と㋑で面積が同じ表面は，三角形ＡＢＤと三角形ＣＢＤ，三角形ＡＢＥと三角形ＦＢＥ，三角形ＡＤＥと三角形ＨＤＥ，三角形ＢＤＥと三角形ＢＤＥだから，㋑のその他の表面の面積の合計を求めればよい。**

面ＢＦＧＣ，面ＣＤＨＧ，面ＥＦＧＨの面積の和を求めればよいから，(６×６)×３＝**108**(㎠)

4 (1)　**【解き方】８人のグループを17組としたときの人数の合計と実際の人数との差をもとに計算する。**

８人のグループが17組のとき，人数の合計は実際の人数より８×17－130＝６(人)多くなる。８人のグループ１組を７人のグループにおきかえると，人数の合計は８－７＝１(人)減るから，７人のグループは，６÷１＝**6**(組)，８人のグループは17－６＝**11**(組)である。

(2)　１ユーロは$\frac{117}{100}$ドル＝1.17ドル，１ドルは110円だから，１ユーロは，1.17×110＝128.7より，およそ**129**円。

(3)　縦と横が７cm，高さが19.5cmの直方体の容積は，７×７×19.5＝**955.5**(㎤)で，１Ｌ＝**1000**㎤だから，1000－955.5＝**44.5**(㎤)入りきらない。

縦と横が７cmの直方体の容器を床と平行な平面で切断したときの切り口は正方形となり，牛乳が入ってふくらんだ容器を切断すると切り口は正方形よりも円に近くなるが，周りの長さは変わらない。周りの長さが同じときの正方形と円の面積について考える。直径が２㎝の円があるとすると，面積は１×１×3.14＝3.14(㎠)，円周は２×3.14＝6.28(㎝)となる。周りの長さが 6.28 ㎝の正方形の１辺の長さは，6.28÷４＝1.57(㎝)だから，正方形の面積は，1.57×1.57＝2.4649(㎠)となる。

よって，周りの長さが等しい正方形と円では，円の方が面積が大きいので，エに入るのは**2**である。

(4)　１本の電球を１日 10 時間，年間 300 日使うと，年間の使用時間は，10×300＝3000(時間)となる。

このときＬＥＤ電球は，42000÷3000＝**14**(年)は使うことができ，14 年間の電気代は 0.2×42000＝8400(円)，電球１個の値段が 3000 円だから，合計で 3000＋8400＝**11400**(円)となる。

蛍光灯電球は１本で 6000÷3000＝２(年)しかもたないので，14 年で 14÷２＝**7**(本)必要である。14 年間の電気代は 0.35×42000＝14700(円)，電球１個の値段が 300 円だから，合計で 300×７＋14700＝**16800**(円)となる。

次に，ＬＥＤ電球の費用が蛍光灯電球より安くなる年数について考える。１年間の電気代は，蛍光灯電球が0.35×3000＝1050(円)，ＬＥＤ電球が 0.2×3000＝600(円)となる。ＬＥＤ電球自体の価格は最初の１本ぶんしか計算に入れないが，蛍光灯電球は１本で２年しかもたないので，蛍光灯電球自体の価格も年間の電気代と合わせて計算するために，１年で 300÷２＝150(円)かかると考える。つまり，蛍光灯電球は１年で 150＋1050＝1200(円)の費用がかかる。これはＬＥＤ電球の電気代と比べると 1200－600＝600(円)高い。この差が積み重なって，ＬＥＤ電球自体の価格である 3000 円をこえる年数を計算すると，3000÷600＝**5**(年)となる。実際に５年後の費用を計算すると，蛍光灯電球は，300×３＋1050×５＝6150(円)，ＬＥＤ電球は，3000＋600×５＝6000(円)となり，ＬＥＤ電球の方が安くなったと確認できる。なお，蛍光灯電球が 150 円高くなったぶんは，電球自体の費用の６年目のぶんである 150 円がふくまれているからである。

2022 解答例
令和４年度

★暁中学校

《国　語》

一　問１．①○　②×　③○　　問２．(1)①手　②聞　③見　(2)焼け石に水

問３．(アを選んだ場合の例文)若者を重んじて、重要な役につかせているという意味だと考えたから。

(イを選んだ場合の例文)若者を尊重して、大切な仕事を任せているという意味だと考えたから。

二　問１．三　　問２．イ　　問３．A．エ　B．イ　C．ウ　　問４．一緒にいるというのは、なにも目の前にいることとは限らない　　問５．Ⅰ．ウ　Ⅱ．エ　　問６．ア

三　問１．オ　　問２．おたがいに味見し合いたいと思っていたのに、珠紀に断られたから　　問３．エ

問４．挑戦的にも思える眼差し　　問５．オレンジ色の傘が咲き　　問６．珠紀と仲良くなりたいあまり、やましさを感じながらも嘘をついたから。

《算　数》

1　(1)25　(2)$\frac{1}{12}$　(3)１　(4)1200　(5)75　(6)30　(7)5.5　(8)27

2　(1)１年生…100　２年生…75　(2)４：３　(3)サッカー部…12　野球部…16

3　(1)75　(2)575　(3)12，20

4　(1)周の長さ…12.56　面積…6.84　(2)18.84　(3)ウ

5　ア．400　イ．250　ウ．100　エ．5250　オ．10　カ．5500　キ．②　ク．2000　ケ．②　コ．750　サ．５

《理　科》

1　(1)オ，キ　(2)B　(3)①イ　②ア　(4)a　(5)ア　(6)A　(7)①直列　②多くする

2　(1)ア，オ　(2)7.5　(3)①336　②手をたたいた音がはね返ってくるまでの時間は非常に短いため，１回だと誤差が出やすいが，回数を増やせば誤差が小さくなるから。

3　(1)二酸化炭素　(2)下方　(3)37　(4)0.05　(5)5.4

4　(1)ほう酸　(2)10　(3)37　(4)26.7　(5)150　(6)27.5

5　(1)イ　(2)ウ，エ　(3)ア，ウ　(4)201　(5)はい出

6　(1)①エ　②ア　(2)イ，ウ，カ　(3)からだが頭，胸，腹の３つの部分に分かれていて，３対のあしが胸についている。　(4)ア，イ，エ，オ　(5)するどいつめを引っかけて，木にしがみつくことができる。

7　(1)ア　(2)a．25　b．15　(3)①冷やさ　②水蒸気　③水　(4)夕焼けになるのは西の空に雲がないときであり，西の空に雲がなければ，その後移動してくる雲がないから。

《社　会》

1　問1．⑴ア　⑵ア　問2．⑴千島海流〔別解〕親潮　⑵ア　問3．⑴利根川　⑵ウ，オ　問4．⑴ア　⑵ア　問5．⑴エ　⑵兵庫県　問6．⑴イ　⑵イ　問7．⑴エ　⑵エ　問8．⑴イ　⑵取扱量が少ないので高値で取引される点。　問9．イ　問10．ア

2　問1．ア　問2．日本の王と認めてもらうことで周辺の国より優位にたつため。　問3．家がらにとらわれず，能力のある人物を登用するため。　問4．大宝　問5．エ　問6．イ　問7．領国支配を安定させるため。問8．ウ　問9．イ　問10．エ　問11．⑴関税　⑵大政奉還　問12．A．板垣退助　B．伊藤博文　問13．ウ→ア→エ→イ　問14．⑴ア　⑵ i．8，6　ii．核兵器

3　問1．ア　問2．イ　問3．Ⅰ．カーボンニュートラル　Ⅱ．i．太陽光／地熱／風力／バイオマス などから1つ　ii．東北太平洋沖地震によって福島原子力発電所で事故が起きたこと。　問4．イ，エ　問5．エ　問6．イ　問7．ウ　問8．条例　問9．ウ

2022 算数解説 令和4年度 ▶ 暁中学校

←解答例は前のページにありますので，そちらをご覧ください。

1 (1) 与式＝(40－2)÷2＋6＝38÷2＋6＝19＋6＝25

(2) 与式＝$\frac{3}{2}-\frac{7}{6}-\frac{1}{4}=\frac{18}{12}-\frac{14}{12}-\frac{3}{12}=\frac{1}{12}$

(3) 与式＝$(\frac{6}{15}+\frac{10}{15})\times\frac{3}{4}\times\frac{5}{4}=\frac{16}{15}\times\frac{3}{4}\times\frac{5}{4}=1$

(4) 2日目の残りの$1-\frac{2}{3}=\frac{1}{3}$が300円なので，2日目の残りのお金は$300\div\frac{1}{3}=900$(円)

はじめにもっていたおこづかいの$1-\frac{1}{4}=\frac{3}{4}$が900円なので，はじめのおこづかいは，$900\div\frac{3}{4}=1200$(円)

(5) 酢とドレッシングの量の割合は2：(2＋3)＝2：5だから，ドレッシングは全部で，$30\times\frac{5}{2}=75$(mL)できる。

(6) 右図のように記号をおく。AC＝CB，AC＝CDだから，CB＝CD

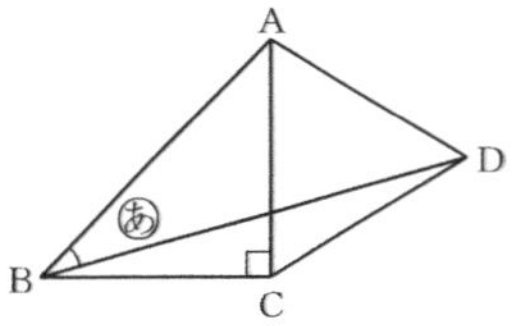

よって，三角形BCDは二等辺三角形であり，角BCD＝90°＋60°＝150°だから，

角CBD＝(180°－150°)÷2＝15°　　角(あ)＝45°－15°＝30°

(7) 正方形B，Cの1辺の長さの和は12－3＝9(cm)

正方形Bと正方形Cの1辺の長さの差は2cmだから，正方形Bの1辺の長さの2倍は9＋2＝11(cm)

よって，正方形Bの1辺の長さは，11÷2＝5.5(cm)

(8) **【解き方】平行四辺形の対角線の交わる点を通る直線は，その平行四辺形の面積を2等分する。**

求める面積は，平行四辺形の面積の半分だから，6×9÷2＝27(cm²)

2 (1) 1年生について，テニス部の25人は全体の$\frac{90°}{360°}=\frac{1}{4}$だから，1年生の部員数は，$25\div\frac{1}{4}=100$(人)

2年生について，野球部の15人は全体の$\frac{72°}{360°}=\frac{1}{5}$だから，2年生の部員数は，$15\div\frac{1}{5}=75$(人)

(2) **【解き方】(部員数)＝(全体の人数)×$\frac{\text{(その部活のおうぎ形の中心角)}}{360°}$であり，角(あ)と角(い)の大きさが同じなので，1年野球部と2年テニス分の部員数の比は，1年生と2年生の部員数の比に等しい。**

求める整数比は，100：75＝4：3

(3) **【解き方】(2)より，1年野球部の部員数を④，2年テニス部の部員数を③として，1年野球部の部員数→1年サッカー部の部員数，の順で求める。**

グラフより，ア1年生の野球部とサッカー部の部員数の合計は100－(25＋19＋8＋20)＝28(人)，イ2年生のテニス部とバレー部の部員数の合計は75－(15＋10＋18＋8)＝24(人)である。

1年サッカー部と2年バレー部は部員数が同じなので，下線部アとイの部員数の差は，1年野球部と2年テニス部の部員数の差に等しく，28－24＝4(人)である。よって，④－③＝①が4人にあたるから，1年野球部の部員数は，4×4＝16(人)，1年サッカー部の部員数は，28－16＝12(人)

3 (1) 太郎さんは25mを60÷3＝20(秒)，つまり，$\frac{20}{60}=\frac{1}{3}$(分)で泳ぐので，泳ぐ速さは，分速$(25\div\frac{1}{3})$m＝分速75m

(2) **【解き方】太郎さんが25m(20秒)泳いで60秒休むことを1セットとして，30分で何セットできるか考える。**

太郎さんは1セットに20＋60＝80(秒)かかる。30分＝(30×60)秒＝1800秒だから，1800÷80＝22余り40より，30分の間で22セットでき，40秒残る。残りの40秒で25m泳げるので，泳いだ長さは，25×(22＋1)＝575(m)

(3) (2)をふまえる。500÷25＝20より，太郎さんが500m泳ぎきるのは，19セットを終えたあとさらに25m(20秒)泳いだときなので，80×19＋20＝1540(秒)かかる。

花子さんは25mを40秒で泳ぐので，500m泳ぎきるのは，$40\times\frac{500}{25}=800$(秒)かかる。

よって，求める時間は，1540－800＝740(秒)，つまり，740÷60＝12 余り 20 より，12 分 20 秒である。

4 (1) **【解き方】右図のようにアとイの部分にわけて考える。**

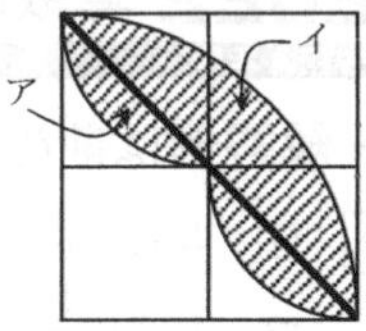

アの曲線部分の長さは，半径が２cmの円の周の長さの$\frac{1}{4}$だから，２×２×3.14×$\frac{1}{4}$＝3.14(cm)

アとイは同じ形であり，対応する辺の長さの比は１：２だから，イの曲線部分の長さは，

3.14×２(cm)　　よって，斜線《しゃせん》部分の周の長さは，3.14×２＋3.14×２＝４×3.14＝12.56(cm)

アの面積は，半径が２cmの円の面積の$\frac{1}{4}$から，直角を挟《はさ》む２辺の長さが２cmの直角二等辺三角形の面積をひけばよいので，２×２×3.14×$\frac{1}{4}$－２×２÷２＝3.14－２＝1.14(cm²)

アとイの対応する辺の長さの比は１：２だから，面積の比は(１×１)：(２×２)＝１：４である。

よって，イの面積は，1.14×４(cm²)　　したがって，斜線部分の面積は，1.14＋1.14＋1.14×４＝６×1.14＝6.84(cm²)

(2) **【解き方】(1)と同様に線をひく。**

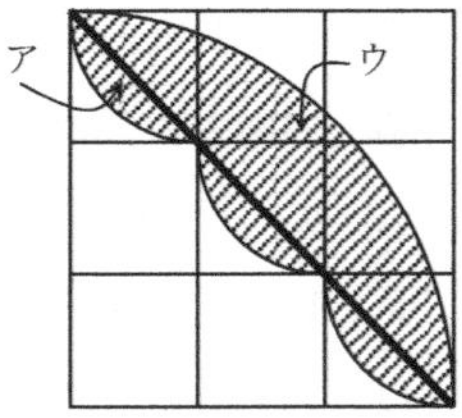

アとウは同じ形であり，対応する辺の長さの比は１：３だから，ウの曲線部分の長さは，3.14×３(cm)

よって，斜線部分の周の長さは，3.14×３＋3.14×３＝６×3.14＝18.84(cm)

(3) 図１，図２の斜線部分の周の長さはそれぞれ，４×3.14(cm)，６×3.14(cm)

また，(1)，(2)と同様に考えると，図３の斜線部分の周の長さは，3.14×４＋3.14×４＝８×3.14(cm)

下線部の数は各図について，大きな正方形の１辺の長さを表すので，

(斜線部分の周の長さ)＝(大きな正方形の１辺の長さ)×(円周率)が成り立つ。

5 500 円の弁当１個を 20％引きで販売すると，販売額は 500×(１－0.2)＝ア 400(円)，利益は 400－150＝イ 250(円)になる。「半額」で販売する場合，１個の販売額は 500÷２＝250(円)，利益は 250－150＝ウ 100(円)になる。

また，「定価」で販売する場合，１個あたりの利益は 500－150＝350(円)になる。

定価のときは２時間で 10×２＝20(個)売れる。19 時に 15 個の弁当が売れ残っている場合，「定価」で販売すると 15 個すべて売り切ることができるから，利益は 350×15＝エ 5250(円)になる。19 時に 30 個の弁当が売れ残っている場合，「定価」で販売すると 30－20＝オ 10(個)売れ残るので，20 個売れた分の利益が 350×20＝7000(円)，売れ残った分の損失が 150×10＝1500(円)だから，損失を引いた後の利益は 7000－1500＝カ 5500(円)になる。

30 個残っていた場合，方法①を使うと，19～20 時に「定価」で 10 個，20～21 時に「半額」で 30－10＝20(個)売れ，すべて売り切ることができるから，利益は 350×10＋100×20＝5500(円)になる。方法②を使うと，19～21 時に「20％引き」で 15×２＝30(個)売れ，すべて売り切ることができるから，利益は 250×30＝7500(円)になる。

よって，30 個残っていたときは方法キ ② の方が 7500－5500＝ク 2000(円)利益が高くなる。

35 個残っていた場合，方法①を使うと，19～20 時に「定価」で 10 個，20～21 時に「半額」で 35－10＝25(個)売れ，すべて売り切ることができるから，利益は 350×10＋100×25＝6000(円)になる。方法②を使うと，19～21 時に「20％引き」で 15×２＝30(個)売れ，35－30＝サ ５(個)売れ残るから，利益は 250×30－150×５＝6750(円)になる。よって，35 個残っていたときは方法ケ ② の方が 6750－6000＝コ 750(円)利益が高くなる。

2021 解答例 令和3年度 ★暁中学校

※解答用紙非公表のため，解答用紙の内容をできる限り想定して，解答例を制作しております。

《国　語》

一　問一．①険しい　②著しい　③装う　　問二．①るいじ　②しゅうとく　　問三．①イ　②エ
問四．①ウ　②エ　　問五．イ

二　問一．A．×　B．×　C．○　D．○　E．×　　問二．年号を知っていること　　問三．イ，エ
問四．A．ア　B．イ　C．エ　　問五．補助線　　問六．【ⅲ】　　問七．答えがない問いについて自分の頭でしっかり考え続けられること。

三　問一．A．エ　B．ア　　問二．好奇　　問三．はずかしいので言いたくないと思っている。　　問四．エ
問五．イ　　問六．可愛い見た目のダイアナにあこがれているから。

《算　数》

1　(1)1　(2)2　(3)$\frac{5}{8}$　(4)960　(5)7.5　(6)2021　(7)ア，エ　(8)800　(9)13　(10)5　(11)11
(12)216

2　(1)50°　(2)2倍　(3)18.84 ㎠

3　(1)分速 80m　(2)分速 180m　(3)3600m

4　(1)25　(2)イ．20　ウ．10　(3)エ．1000　オ．360　(4)5625 円

《理　科》

1　(1)4　(2)二酸化炭素／栄養分　(3)あ．酸素　い．血液　う．心臓

2　(1)子葉　(2)キ　(3)ア　(4)たくわえられていた養分が成長に使われるから。

3　(1)断層　(2)しん食　(3)ふん火によってできた火山。　(4)①ボーリング　②イ

4　(1)対流　(2)エ　(3)B　(4)ウ　(5)①液体　②あ．水蒸気　い．水てき

5　(1)アルカリ性　(2)A，B，D　(3)ア　(4)水溶液の温度が上がる。　(5)下グラフ

6　(1)53.8 ㎤　(2)誤…36.5　正…37.4〔別解〕37.5　(3)下グラフ　(4)ウ　(5)オ

7　(1)豆電球…下図　乾電池…下図　(2)①回路　②直列つなぎ　(3)ア，エ　(4)オ
(5)イ，エ，オ，ク

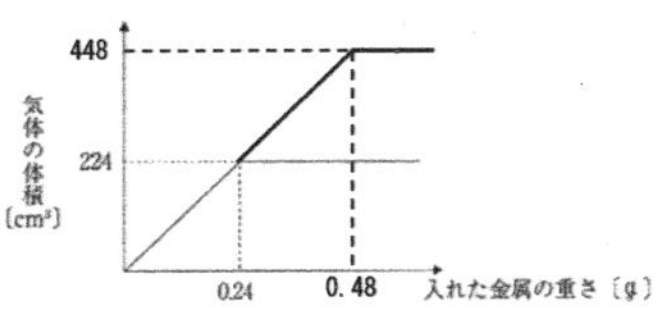

5(5)のグラフ

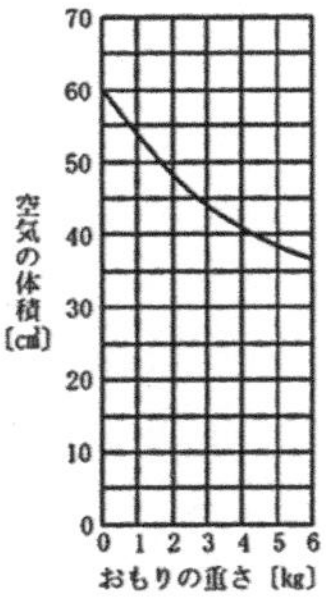

6(3)のグラフ

7(1)豆電球の図

7(1)乾電池の図

《社　会》

1　問1．B　問2．②　問3．イ　問4．筑紫平野　問5．ア　問6．エ　問7．漆器　問8．イ　問9．夏の冷涼な気候がキャベツやレタスの栽培に適しているから。　問10．ア．山梨県　イ．長野県　ウ．青森県　問11．アメリカ合衆国　問12．台風や低気圧によって海面が上昇するのが高潮，地震などによる海底の変化で海面が盛り上がるのが津波。　問13．(1)イ　(2)エ

2　問1．ア　問2．大森貝塚　問3．ウ　問4．エ　問5．ア　問6．風土記　問7．長安

問8．自分の娘を天皇にとつがせ，生まれた男子を天皇に立て，天皇の摂政や関白となって実権を握った。

問9．イ　問10．御成敗式目〔別解〕貞永式目　問11．エ　問12．ア　問13．足利義満　問14．座

問15．武士と農民の身分がはっきりと　問16．エ　問17．ウ　問18．吉野作造　問19．公共の福祉

3　問1．安倍晋三　問2．ウ　問3．エ　問4．ウ　問5．イ　問6．安保闘争　問7．竹下登

問8．エ，カ　問9．㋐　問10．㋕

2021 算数解説 ▶ 暁中学校

令和３年度

←解答例は前のページにありますので，そちらをご覧ください。

1 (1)　与式＝18－２－15＝16－15＝１

(2)　与式＝$5\times\frac{1}{4}+\frac{1}{2}\times\frac{3}{2}=\frac{5}{4}+\frac{3}{4}=\frac{8}{4}=2$

(3)　$1.6=\frac{16}{10}=\frac{8}{5}$だから，1.6 の逆数は$\frac{5}{8}$である。

(4)　定価は 1000×（１＋0.2）＝1200(円)だから，２割引きの売値は，1200×（１－0.2）＝960(円)

(5)　**【解き方】(実際の距離)＝(地図上の長さ)×(縮尺の分母)である。**

３×250000＝750000(cm)をｍに直すと，$750000\times\frac{1}{100}=7500$(m)，7500ｍを㎞に直すと，$7500\times\frac{1}{1000}=7.5$(km)

(6)　**【解き方】まちがった計算から，まずある数を求める。**

ある数を□とすると，□÷３－５＝219 が成り立つ。□÷３＝219＋５　　□÷３＝224　　□＝224×３＝672

ある数は 672 とわかったから，正しい答えは，672×３＋５＝2021

(7)　かけ算と割り算において，元の数より大きくなるのは，１より小さな数をかけたときと，１より大きな数で割ったときだから，アとエが正しい。

(8)　**【解き方】水をたしても食塩の量は増えないから，濃度１％の食塩水 200ｇの中に含まれる食塩の量は変わらない。**

濃度１％の食塩水 200ｇの中に含まれる食塩は，200×0.01＝２（ｇ）である。これに水をたして，食塩を２ｇ含んだ 0.2％の食塩水をつくると，食塩水は２÷0.002＝1000（ｇ）になるから，たした水は，1000－200＝800（ｇ）

(9)　**【解き方】右のような表を考えて，エの値を求める。**

		A		計
		持っている	持っていない	
B	持っている	ア	エ	
	持っていない	イ	ウ	
計		18	オ	40

右表より，アとイとウは同じ人数であり，ア＋イ＝18 だから，

ア＝イ＝18÷２＝９であり，ウ＝９である。

オ＝40－18＝22，エ＝22－ウ＝22－９＝13

(10)　**【解き方】右のように記号をおいて，斜線部分の面積の合計は，２つの三角形の面積を考える。**

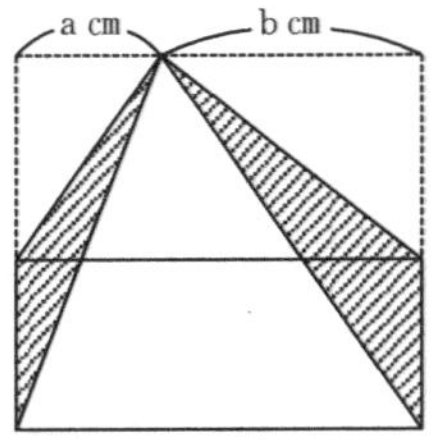

右図において，左側の三角形の面積は，２×ａ÷２＝ａ(㎠)

右側の三角形の面積は，２×ｂ÷２＝ｂ(㎠)で表される。

よって，斜線部分の面積の合計はａ＋ｂ(㎠)である。図よりａ＋ｂ＝５だから，

求める面積は５㎠である。

(11)　**【解き方】立方体の１つの頂点には３つの面が集まっているから，３つの面が集まった頂点では，切りはなす辺を変えて回転させることができる。そこで，右図のように１の目のさいころの面の位置を 90°回転させて考える。**

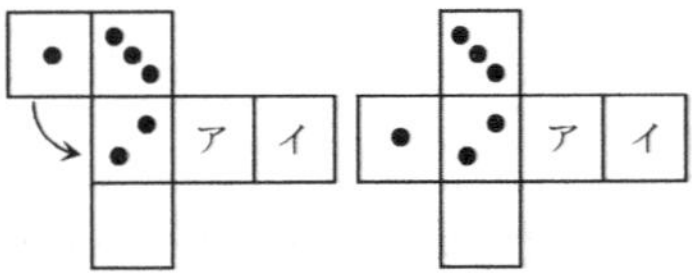

アと平行な面は１が書かれた面だから，ア＝７－１＝６，イと平行な面は２が書かれた面だから，イ＝７－２＝５である。よって，アとイの面の和は，６＋５＝11

(12)　**【解き方】右図の色をつけた部分が，表面積の増えた部分である。**

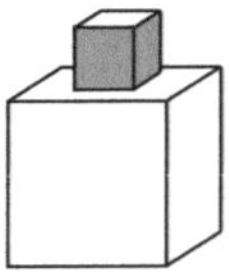

右図で色をつけた部分は，小さい立方体の４つの面だから，１つの面の面積は，144÷４＝36(㎠)である。６×６＝36 より，小さい立方体の１辺の長さは６㎝だから，体積は，６×６×６＝216(㎤)

2 (1) **【解き方】右図で，角ＡＣＤ＝角ＢＣＥ＝80°であり，三角形ＡＢＣと三角形ＤＥＣは合同である。**

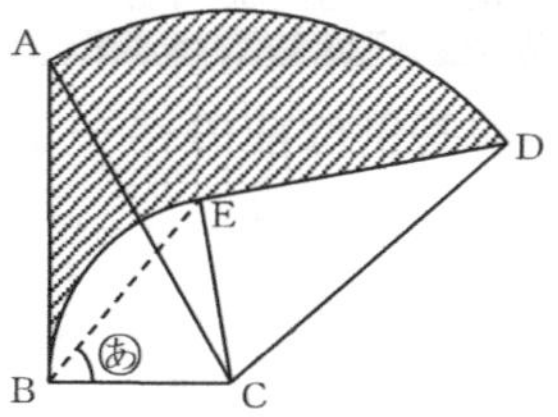

右図において，三角形ＢＣＥは，角ＢＣＥ＝80°，ＢＣ＝ＥＣの二等辺三角形だから，角㋐＝(180°－80°)÷２＝50°

(2) **【解き方】点Ａが動いた線は，半径がＣＡ＝６cmで中心角が80°のおうぎ形の曲線部分，点Ｂが動いた線は，半径がＣＢ＝３cmで中心角が80°のおうぎ形の曲線部分である。**

２つの点が動いた線は，ともに中心角が80°のおうぎ形の曲線部分だから，長さの比は半径の比に等しくなる。よって，点Ａが動いた長さと点Ｂが動いた長さの比は，ＣＡ：ＣＢ＝６：３＝２：１だから，２倍である。

(3) **【解き方】(1)の解説の図で，(斜線部分の面積)＝(三角形ＡＢＣの面積)＋(おうぎ形ＣＡＤの面積)－(三角形ＤＥＣの面積)－(おうぎ形ＣＢＥの面積)であることから考える。**

三角形ＡＢＣと三角形ＤＥＣが合同だから，斜線部分の面積は，(おうぎ形ＣＡＤの面積)－(おうぎ形ＣＢＥの面積)で求めることができる。よって，求める面積は，$6\times6\times3.14\times\frac{80°}{360°}-3\times3\times3.14\times\frac{80°}{360°}=$
$(36-9)\times3.14\times\frac{2}{9}=27\times3.14\times\frac{2}{9}=6\times3.14=18.84$(cm²)

3 (1) **【解き方】グラフから，30分間で2.4kmを歩いていることがわかる。**

30分間で2.4km＝2400ｍを歩いたから，その速さは，分速(2400÷30)ｍ＝分速80ｍ

(2) **【解き方】(1)と同様にして，グラフから読み取る。**

80－60＝20(分間)で９－5.4＝3.6(km)を歩いたから，3.6km＝3600ｍより，その速さは，分速(3600÷20)ｍ＝分速180ｍ

(3) **【解き方】グラフが消えている部分は，60－30＝30(分間)だから，消えている部分のうちの進んでいる部分は，30－５＝25(分間)である。25分間を分速80ｍと分速180ｍで進んで，(5.4－2.4)km＝３km＝3000ｍを移動することになる。**

25分間を分速180ｍの速さで歩くと，180×25＝4500(ｍ)となり，実際の距離より，4500－3000＝1500(ｍ)多くなる。そこで１分間を分速80ｍにかえると，進む距離は，180－80＝100(ｍ)少なくなるから，分速80ｍの速さで歩いた時間は，1500÷100＝15(分)である。よって，休けいした場所はＡ地点から，80×(30＋15)＝3600(ｍ)のところである。

4 (1) **【解き方】ミルクの粉の重さと，できるミルクの量は比例する。**

40mLのミルクを作るのに５ｇのミルクの粉が必要だから，200mLのミルクでは，$200\times\frac{5}{40}=25$(ｇ)必要である。

(2) **【解き方】脂肪は糖類の２倍の量を成分としているから，糖類の成分量を①とすると，脂肪の成分量は②になる。**

配合成分割合表より，①＋②＝③が100－65－１－４＝30(ｇ)にあたるから，①＝30÷３＝10より，脂肪は10×２＝20(ｇ)，糖類は10×１＝10(ｇ)である。

(3) **【解き方】配合成分割合表は，ミルクの粉100ｇあたりの成分であることに注意する。**

１ｇ＝1000mgだから，450mgのカルシウムを取るためにはミルクの粉が$100\times\frac{450}{1000}=45$(ｇ)必要である。
ミルクの粉５ｇから40mLのミルクが作られるから，１日に$40\times\frac{45}{5}=360$(mL)以上は飲まなければいけない。

(4) **【解き方】30日間に飲む600×30＝18000(mL)の中に，何ｇのミルクの粉が含まれているか求める。**

600×30＝18000(mL)のミルクに含まれるミルクの粉は，$18000\times\frac{5}{40}=2250$(ｇ)であり，ミルクの粉は800ｇで2000円だから，2250ｇでは，$2000\times\frac{2250}{800}=5625$(円)かかる。

2020 解答例 令和２年度 ★暁中学校

※解答用紙非公表のため，解答用紙の内容をできる限り想定して，解答例を制作しております。

《国　語》

一 問一．①ほが　②やおもて　　問二．①保険　②淡々　③安易　　問三．①エ　②イ
問四．①×　②○　③×

二 問一．エ　　問二．夕飯ができ　　問三．僕の心臓は　　問四．(1)父ちゃんと姉ちゃんに会いに行った／貴弘の別荘に行った　(2)本当のことを言ったら母ちゃんが悲しむと思ったから。　(3)(例文)会話の内容は自然で、「僕」の嘘におかしな点はないので、気づいていない。

三 問一．Aさん　　問二．(1)×　(2)○　(3)×　(4)×　(5)×　　問三．A．イ　B．オ　C．ウ　　問四．イ
問五．長所　　問六．いい加減さに対する抵抗が少ない点。／いざとなったら何をやっても食べていけると思っている点。　　問七．生産性を何より優先させようとした戦前、戦中の集中的な刷り込みの影響を受けた親世代から、知らず知らず刷り込まれたから。

《算　数》

1 (1)15　(2) $\frac{1}{10}$　(3)1　(4) $\frac{9}{10}$　(5)18　(6)8880　(7)12　(8)75　(9)46　(10)9.2　(11)ウ，オ

2 (1)イ，エ　(2)54.95 ㎡

3 (1)上りの速さ…時速 54 km　下りの速さ…時速 60 km　(2)時速 57 km　(3)時速 21 km　(4)167.5

4 ア．$\frac{1}{2}$　イ．1.5　ウ．25　エ．$\frac{1}{2}$　オ．5　カ．1.5　キ．75　ク．15

《理　科》

1　⑴関節　⑵ウ　⑶右図　⑷エ

2　⑴オ　⑵土石流　⑶しん食　⑷①ウ　②ウ

3　⑴イ，ウ　⑵肥料　⑶（A）　⑷葉　⑸じょう散

4　⑴すき通っている／どこでも同じ／とかしたものは水と分かれない

⑵114.0ｇ　⑶あ．0.9　い．9.1　⑷水じょう気

⑸12.7ｇ　⑹少な

5　⑴試験管立てを手で支えていない。／安全眼鏡をかけていない。

⑵塩化水素　⑶水素　⑷896mL

⑸あ．オ　い．イ　う．カ　え．ク　お．ウ　⑹アルカリ性

6　⑴1.0秒　⑵静止するけれど，そのしゅん間がわかりにくい

⑶右図　⑷10.0　⑸2.84秒　⑹1.58秒

7　⑴①ａ　②直列つなぎ　③イ　⑵①右図　②右図

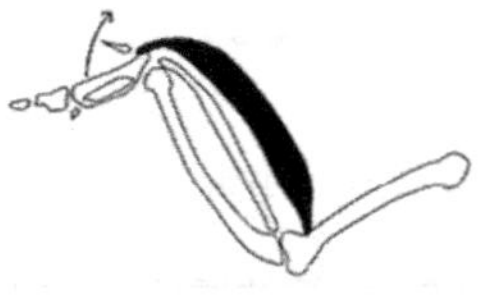

1⑶の図

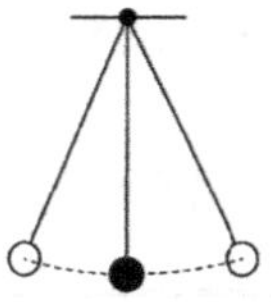

6⑶の図

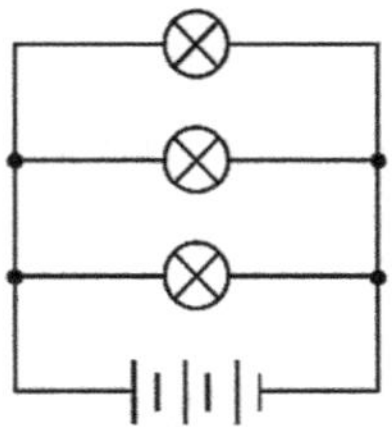

7⑵①の図

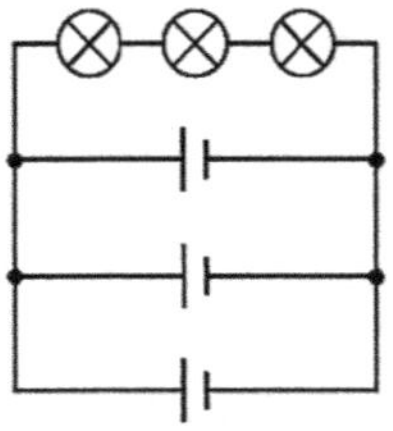

7⑵②の図

《社　会》

1　問１．記号…ア　理由…日本海沿岸は季節風の影響で冬の降水量が多いから。　問２．ア　問３．リアス海岸

問４．やませ　問５．南海トラフ　問６．群馬県　問７．エ　問８．日本海流〔別解〕黒潮

問９．雪が屋根に積もらないようにするため。　問10．超高齢社会　問11．イ　問12．エ　問13．イ

問14．ウ

2　問１．１．菅原道真　２．平清盛　問２．カ　問３．ア，ウ　問４．ワカタケル　問５．ウ　問６．ア

問７．エ　問８．倭寇と正式な貿易船を区別するため。　問９．農民の一揆を防ぐため。　問10．い

問11．３．出島　４．ポツダム　問12．ア→イ→ウ　問13．ア，エ　問14．イ　問15．日米安全保障

〔別解〕日米安保条約　問16．ウ　問17．ＰＫＯ

3　問１．イ　問２．エ　問３．海抜　問４．ハローワーク〔別解〕公共職業安定所　問５．地方交付税

問６．ａ．健康　ｂ．文化　問７．男女共同参画社会基本法　問８．限界集落　問９．イ

2020 算数解説　暁中学校
令和２年度

←解答例は前ページにありますので，そちらをご覧ください。

1 (1)　与式＝６×６÷３＋３＝36÷３＋３＝12＋３＝15

(2)　与式＝$\frac{1}{3}\times\frac{6}{5}-\frac{1}{4}\div\frac{5}{6}=\frac{1}{3}\times\frac{6}{5}-\frac{1}{4}\times\frac{6}{5}=\frac{2}{5}-\frac{3}{10}=\frac{4}{10}-\frac{3}{10}=\frac{1}{10}$

(3)　一の位どうしをかけた数だけを考えればよい。一の位の数は，３を１回かけると３，２回かけると３×３＝９，３回かけると９×３＝27より７，４回かけると７×３＝21より１，５回かけると１×３＝３となる。したがって，３を何回もかけていくと，一の位には３，９，７，１という４つの数がくり返し現れる。よって，３を2020回かけると，2020÷４＝505より，３，９，７，１がちょうど505回くり返されて，一の位の数は１になる。

(4)　牛乳は$\frac{6}{5}\div\frac{4}{3}=\frac{6}{5}\times\frac{3}{4}=\frac{9}{10}$(Ｌ)ある。

(5)　１秒で５ｍ進むので，１時間＝60分＝(60×60)秒＝3600秒で５×3600＝18000(ｍ)，つまり18㎞進む。したがって，秒速５ｍ＝時速18㎞である。

(6)　買った32個のおかしのうち32－20＝12(個)は，１個あたりの代金が300×(１－0.2)＝240(円)となる。よって，求める代金は，300×20＋240×12＝6000＋2880＝8880(円)である。

(7)　愛知県にぬる色を固定して考える。愛知県に赤をぬるとき，岐阜県と三重県には赤以外の青，黄のうちどちらか，お互い違う色がぬられ，静岡県には青または黄がぬられる。よって，愛知県に赤をぬるとき，(岐阜県，三重県，静岡県)のぬり方は，(青，黄，青)，(青，黄，黄)，(黄，青，青)，(黄，青，黄)の４通りある。愛知県に青，黄をぬるときも同様にぬり方が４通りずつあるから，ぬり方は全部で４×３＝12(通り)ある。

(8)　角ＥＣＤ＝90－60＝30(度)より，角ＥＣＦ＝30＋60＝90(度)である。よって，三角形ＣＥＦはＣＥ＝ＣＦの直角二等辺三角形なので，角ＣＥＦ＝45度である。三角形の１つの外角は，これととなりあわない２つの内角の和に等しいから，角㋐の大きさは，45＋30＝75(度)である。

(9)　右図のように線を移動させると，針金の長さのうち，同じ印のところ以外の長さの合計は，たて４㎝，横10㎝の長方形の周りの長さである(４＋10)×２＝28(㎝)に等しいとわかる。同じ印のところの長さの合計は３×６＝18(㎝)なので，針金の長さは，28＋18＝46(㎝)である。

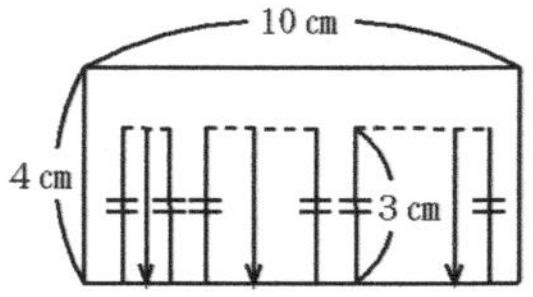

(10)　田んぼＡの面積は，10×12－(10－６)×(12－８)＝104(㎡)，田んぼＢの面積は，17×12÷２＝102(㎡)である。よって，米の収穫《しゅうかく》量は，田んぼＡが0.5×104＝52(kg)，田んぼＢが0.6×102＝61.2(kg)なので，田んぼＢは田んぼＡより61.2－52＝9.2(kg)多く，米を収穫できる。

(11)　ア．Ｄの米の産出額は70×$\frac{30}{100}$＝21(億円)なので，正しくない。　イ．Ａの野菜の割合とＣの畜産の割合は25％で等しいが，もととなる値(農業産出額)が異なるので，Ａの野菜の産出額とＣの畜産の産出額は異なり，正しくない。　ウ．ＢとＣの野菜の産出額の合計は90×$\frac{20}{100}$＋80×$\frac{30}{100}$＝42(億円)なので，正しい。　エ．ＣとＤは農業産出額も米の割合もＢより少ないので，米の産出額はＢより少ない。Ａの米の産出額は120×$\frac{35}{100}$＝42(億円)，Ｂの米の産出額は90×$\frac{40}{100}$＝36(億円)だから，正しくない。　オ．４つの地域の農業産出額の平均は，(120＋90＋80＋70)÷４＝90(億円)なので，正しい。したがって，正しい文はウとオである。

2 (1) 右図のように記号をおく。ロープをBにぴったりつけると，自由に動かせるロープの長さは$5-3=2$(m)，Cにぴったりつけると，自由に動かせるロープの長さは$5-1=4$(m)となる。よって，Aを中心とする半径5mの半円，Bを中心とする半径2m，中心角90度のおうぎ形，Cを中心とする半径4m，中心角90度のおうぎ形をコンパスで作図すると，右図のようにヤギが草を食べられる範囲がわかる。図から，ヤギが草を食べられるのはイとエの位置である。

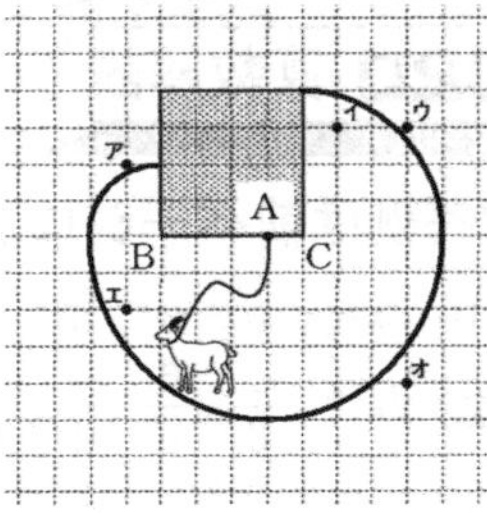

(2) (1)の図から，ヤギが動ける範囲の面積は，$5\times5\times3.14\div2+2\times2\times3.14\div4+4\times4\times3.14\div4=(5\times5\div2+2\times2\div4+4\times4\div4)\times3.14=17.5\times3.14=54.95$(㎡)である。

3 (1) グラフから，観光船Xは70分$=\frac{70}{60}$時間$=\frac{7}{6}$時間で乗船場Aから乗船場Cまで(63㎞)進んでいるので，上りの速さは時速$(63\div\frac{7}{6})$㎞＝時速54㎞である。また，$280-235=45$(分)，つまり$\frac{45}{60}$時間$=\frac{3}{4}$時間で乗船場Bから乗船場Aまで(45㎞)進んでいるので，下りの速さは時速$(45\div\frac{3}{4})$㎞＝時速60㎞である。

(2) この問題のような流水算では，(静水での速さ)＝{(上りの速さ)＋(下りの速さ)}÷2で求められるから，観光船Xの静水での速さは，時速$\{(54+60)\div2\}$㎞＝時速57㎞である。

(3) 川の流れの速さは，(観光船Xの下りの速さ)－(静水での観光船Xの速さ)＝時速$(60-57)$㎞＝時速3㎞
グラフから，観光船Yは150分$=\frac{150}{60}$時間$=\frac{5}{2}$時間で乗船場Aから乗船場Bまで(45㎞)進んでいるので，上りの速さは時速$(45\div\frac{5}{2})$㎞＝時速18㎞である。よって，観光船Yの静水での速さは，時速$(18+3)$㎞＝時速21㎞

(4) 観光船Yの下りの速さは，時速$(21+3)$㎞＝時速24㎞である。よって，観光船Yは乗船場Bから乗船場Aまで(45㎞)を，$45\div24=\frac{15}{8}$時間，つまり$(\frac{15}{8}\times60)$分＝112.5分で進む。したがって，□$=280-112.5=167.5$(分)

4 問題の表1より，距離が$\frac{1}{2}$倍(5mから2.5m)になると，視力は$0.5\div1.0=$ア$\underline{\frac{1}{2}}$倍，距離が1.5倍(5mから7.5m)になると，視力は$1.5\div1.0=$イ$\underline{1.5}$(倍)になる。よって，視力5.0の人が見ることのできる距離は，視力1.0の人が見ることのできる距離の$5.0\div1.0=5$(倍)なので，$5\times5=$ウ$\underline{25}$(m)である。
問題の表2より，視力が2倍(0.5から1.0)になると，円環全体の直径や輪の切れている幅は
$7.5\div15=$エ$\underline{\frac{1}{2}}$(倍)になり，視力が$\frac{1}{5}$倍(0.5から0.1)になると，円環全体の直径や輪の切れている幅は
$75\div15=$オ$\underline{5}$(倍)になる。
よって，視力と見えるランドルト環の大きさは反比例の関係とわかる。したがって，視力5.0の人が5m離れたところから見える一番小さいランドルト環の円環全体の直径は，視力1.0の人の$\frac{1}{5}$倍なので，$7.5\times\frac{1}{5}=$カ$\underline{1.5}$(㎜)である。視力0.01の人が見える一番小さなランドルト環の大きさは，視力0.1の人の10倍なので，円環全体の直径は，$75\times10=750$(㎜)，つまりキ$\underline{75}$㎝，輪の切れている幅は，$15\times10=150$(㎜)，つまりク$\underline{15}$㎝である。

K 教英出版 2025 14の3 暁中

■ ご使用にあたってのお願い・ご注意

（1）問題文等の非掲載

著作権上の都合により，問題文や図表などの一部を掲載できない場合があります。

誠に申し訳ございませんが，ご了承くださいますようお願いいたします。

（2）過去問における時事性

過去問題集は，学習指導要領の改訂や社会状況の変化，新たな発見などにより，現在とは異なる表記や解説になっている場合があります。過去問の特性上，出題当時のままで出版していますので，あらかじめご了承ください。

（3）配点

学校等から配点が公表されている場合は，記載しています。公表されていない場合は，記載していません。

独自の予想配点は，出題者の意図と異なる場合があり，お客様が学習するうえで誤った判断をしてしまう恐れがあるため記載していません。

（4）無断複製等の禁止

購入された個人のお客様が，ご家庭でご自身またはご家族の学習のためにコピーをすることは可能ですが，それ以外の目的でコピー，スキャン，転載（ブログ，ＳＮＳなどでの公開を含みます）などをすることは法律により禁止されています。学校や学習塾などで，児童生徒のためにコピーをして使用することも法律により禁止されています。

ご不明な点や，違法な疑いのある行為を確認された場合は，弊社までご連絡ください。

（5）けがに注意

この問題集は針を外して使用します。針を外すときは，けがをしないように注意してください。また，表紙カバーや問題用紙の端で手指を傷つけないように十分注意してください。

（6）正誤

制作には万全を期しておりますが，万が一誤りなどがございましたら，弊社までご連絡ください。

なお，誤りが判明した場合は，弊社ウェブサイトの「ご購入者様のページ」に掲載しておりますので，そちらもご確認ください。

■ お問い合わせ

解答例，解説，印刷，製本など，問題集発行におけるすべての責任は弊社にあります。

ご不明な点がございましたら，弊社ウェブサイトの「お問い合わせ」フォームよりご連絡ください。迅速に対応いたしますが，営業日の都合で回答に数日を要する場合があります。

ご入力いただいたメールアドレス宛に自動返信メールをお送りしています。自動返信メールが届かない場合は，「よくある質問」の「メールの問い合わせに対し返信がありません。」の項目をご確認ください。

また弊社営業日（平日）は，午前９時から午後５時まで，電話でのお問い合わせも受け付けています。

2025 春

株式会社教英出版

〒422-8054　静岡県静岡市駿河区南安倍３丁目 12-28

TEL　054-288-2131　　FAX　054-288-2133

URL　https://kyoei-syuppan.net/

MAIL siteform@kyoei-syuppan.net

教英出版の親子で取りくむシリーズ

公立中高一貫校とは？適性検査とは？
受検を考えはじめた親子のための最初の１冊！

「概要編」では公立中高一貫校の仕組みや適性検査の特徴をわかりやすく説明し，「例題編」では実際の適性検査の中から，よく出題されるパターンの問題を厳選して紹介しています。実際の問題紙面も掲載しているので受検を身近に感じることができます。

- 公立中高一貫校を知ろう！
- 適性検査を知ろう！
- 教科的な問題〈適性検査ってこんな感じ〉
- 実技的な問題〈さらにはこんな問題も！〉
- おさえておきたいキーワード

定価：1,078円（本体980+税）

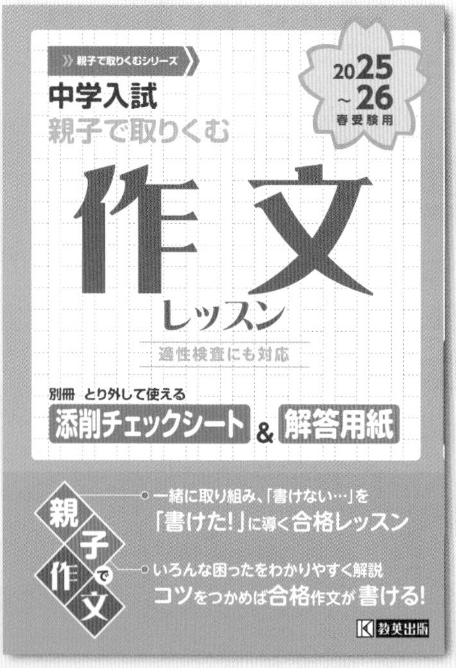

適性検査の作文問題にも対応！
「書けない」を「書けた！」に導く合格レッスン

「実力養成レッスン」では，作文の技術や素材の見つけ方，書き方や教え方を対話形式でわかりやすく解説。実際の入試作文をもとに，とり外して使える解答用紙に書き込んでレッスンをします。赤ペンの添削例や，「添削チェックシート」を参考にすれば，お子さんが書いた作文をていねいに添削することができます。

- レッスン１　作文の基本と，書くための準備
- レッスン２　さまざまなテーマの入試作文
- レッスン３　長文の内容をふまえて書く入試作文
- 実力だめし！入試作文
- 別冊「添削チェックシート・解答用紙」付き

定価：1,155円（本体1,050+税）

絶賛販売中！

詳しくは教英出版で検索

教英出版　検索

URL https://kyoei-syuppan.net/

神奈川県

①［県立］相模原中等教育学校
平塚中等教育学校
②［市立］南高等学校附属中学校
③［市立］横浜サイエンスフロンティア高等学校附属中学校
④［市立］川崎高等学校附属中学校
✿⑤聖光学院中学校
✿⑥浅野中学校
⑦洗足学園中学校
⑧法政大学第二中学校
⑨逗子開成中学校（1次）
⑩逗子開成中学校（2・3次）
⑪神奈川大学附属中学校（第1回）
⑫神奈川大学附属中学校（第2・3回）
⑬栄光学園中学校
⑭フェリス女学院中学校

新潟県

①［県立］村上中等教育学校
柏崎翔洋中等教育学校
燕中等教育学校
津南中等教育学校
直江津中等教育学校
佐渡中等教育学校
②［市立］高志中等教育学校
③新潟第一中学校
④新潟明訓中学校

石川県

①［県立］金沢錦丘中学校
②星稜中学校

福井県

①［県立］高志中学校

山梨県

①山梨英和中学校
②山梨学院中学校
③駿台甲府中学校

長野県

①［県立］屋代高等学校附属中学校
諏訪清陵高等学校附属中学校
②［市立］長野中学校

岐阜県

①岐阜東中学校
②鶯谷中学校
③岐阜聖徳学園大学附属中学校

静岡県

①［国立］静岡大学教育学部附属中学校
（静岡・島田・浜松）
②［県立］清水南高等学校中等部
［県立］浜松西高等学校中等部
［市立］沼津高等学校中等部
③不二聖心女子学院中学校
④日本大学三島中学校
⑤加藤学園暁秀中学校
⑥星陵中学校
⑦東海大学付属静岡翔洋高等学校中等部
⑧静岡サレジオ中学校
⑨静岡英和女学院中学校
⑩静岡雙葉中学校
⑪静岡聖光学院中学校
⑫静岡学園中学校
⑬静岡大成中学校
⑭城南静岡中学校
⑮静岡北中学校
⑯常葉大学附属常葉中学校
常葉大学附属橘中学校
常葉大学附属菊川中学校
⑰藤枝明誠中学校
⑱浜松開誠館中学校
⑲静岡県西遠女子学園中学校
⑳浜松日体中学校
㉑浜松学芸中学校

愛知県

①［国立］愛知教育大学附属名古屋中学校
②愛知淑徳中学校
③名古屋経済大学市邨中学校
名古屋経済大学高蔵中学校
④金城学院中学校
⑤椙山女学園中学校
⑥東海中学校
⑦南山中学校男子部
⑧南山中学校女子部
⑨聖霊中学校
⑩滝中学校
⑪名古屋中学校
⑫大成中学校
⑬愛知中学校
⑭星城中学校
⑮名古屋葵大学中学校
（名古屋女子大学中学校）
⑯愛知工業大学名電中学校
⑰海陽中等教育学校（特別給費生）
⑱海陽中等教育学校（Ⅰ・Ⅱ）
⑲中部大学春日丘中学校
新刊⑳名古屋国際中学校

三重県

①［国立］三重大学教育学部附属中学校
②暁中学校
③海星中学校
④四日市メリノール学院中学校
⑤高田中学校
⑥セントヨゼフ女子学園中学校
⑦三重中学校
⑧皇學館中学校
⑨鈴鹿中等教育学校
⑩津田学園中学校

滋賀県

①［国立］滋賀大学教育学部附属中学校
②［県立］河瀬中学校
守山中学校
水口東中学校

京都府

①［国立］京都教育大学附属桃山中学校
②［府立］洛北高等学校附属中学校
③［府立］園部高等学校附属中学校
④［府立］福知山高等学校附属中学校
⑤［府立］南陽高等学校附属中学校
⑥［市立］西京高等学校附属中学校
⑦同志社中学校
⑧洛星中学校
⑨洛南高等学校附属中学校
⑩立命館中学校
⑪同志社国際中学校
⑫同志社女子中学校（前期日程）
⑬同志社女子中学校（後期日程）

大阪府

①［国立］大阪教育大学附属天王寺中学校
②［国立］大阪教育大学附属平野中学校
③［国立］大阪教育大学附属池田中学校

④[府立]富田林中学校
⑤[府立]咲くやこの花中学校
⑥[府立]水都国際中学校
⑦清風中学校
⑧高槻中学校（A日程）
⑨高槻中学校（B日程）
⑩明星中学校
⑪大阪女学院中学校
⑫大谷中学校
⑬四天王寺中学校
⑭帝塚山学院中学校
⑮大阪国際中学校
⑯大阪桐蔭中学校
⑰開明中学校
⑱関西大学第一中学校
⑲近畿大学附属中学校
⑳金蘭千里中学校
㉑金光八尾中学校
㉒清風南海中学校
㉓帝塚山学院泉ヶ丘中学校
㉔同志社香里中学校
㉕初芝立命館中学校
㉖関西大学中等部
㉗大阪星光学院中学校

兵庫県

①[国立]神戸大学附属中等教育学校
②[県立]兵庫県立大学附属中学校
③雲雀丘学園中学校
④関西学院中学部
⑤神戸女学院中学部
⑥甲陽学院中学校
⑦甲南中学校
⑧甲南女子中学校
⑨灘中学校
⑩親和中学校
⑪神戸海星女子学院中学校
⑫滝川中学校
⑬啓明学院中学校
⑭三田学園中学校
⑮淳心学院中学校
⑯仁川学院中学校
⑰六甲学院中学校
⑱須磨学園中学校(第1回入試)
⑲須磨学園中学校(第2回入試)
⑳須磨学園中学校(第3回入試)
㉑白陵中学校
㉒夙川中学校

奈良県

①[国立]奈良女子大学附属中等教育学校
②[国立]奈良教育大学附属中学校
③[県立] 国際中学校
青翔中学校
④[市立]一条高等学校附属中学校
⑤帝塚山中学校
⑥東大寺学園中学校
⑦奈良学園中学校
⑧西大和学園中学校

和歌山県

①[県立] 古佐田丘中学校
向陽中学校
桐蔭中学校
日高高等学校附属中学校
田辺中学校
②智辯学園和歌山中学校
③近畿大学附属和歌山中学校
④開智中学校

岡山県

①[県立]岡山操山中学校
②[県立]倉敷天城中学校
③[県立]岡山大安寺中等教育学校
④[県立]津山中学校
⑤岡山中学校
⑥清心中学校
⑦岡山白陵中学校
⑧金光学園中学校
⑨就実中学校
⑩岡山理科大学附属中学校
⑪山陽学園中学校

広島県

①[国立]広島大学附属中学校
②[国立]広島大学附属福山中学校
③[県立]広島中学校
④[県立]三次中学校
⑤[県立]広島叡智学園中学校
⑥[市立]広島中等教育学校
⑦[市立]福山中学校
⑧広島学院中学校
⑨広島女学院中学校
⑩修道中学校
⑪崇徳中学校
⑫比治山女子中学校
⑬福山暁の星女子中学校
⑭安田女子中学校
⑮広島なぎさ中学校
⑯広島城北中学校
⑰近畿大学附属広島中学校福山校
⑱盈進中学校
⑲如水館中学校
⑳ノートルダム清心中学校
㉑銀河学院中学校
㉒近畿大学附属広島中学校東広島校
㉓AICJ中学校
㉔広島国際学院中学校
㉕広島修道大学ひろしま協創中学校

山口県

①[県立] 下関中等教育学校
高森みどり中学校
②野田学園中学校

徳島県

①[県立] 富岡東中学校
川島中学校
城ノ内中等教育学校
②徳島文理中学校

香川県

①大手前丸亀中学校
②香川誠陵中学校

愛媛県

①[県立] 今治東中等教育学校
松山西中等教育学校
②愛光中学校
③済美平成中等教育学校
④新田青雲中等教育学校

高知県

①[県立] 安芸中学校
高知国際中学校
中村中学校

福岡県

①[国立]福岡教育大学附属中学校（福岡·小倉·久留米）
②[県立]
- 育徳館中学校
- 門司学園中学校
- 宗像中学校
- 嘉穂高等学校附属中学校
- 輝翔館中等教育学校

③西南学院中学校
④上智福岡中学校
⑤福岡女学院中学校
⑥福岡雙葉中学校
⑦照曜館中学校
⑧筑紫女学園中学校
⑨敬愛中学校
⑩久留米大学附設中学校
⑪飯塚日新館中学校
⑫明治学園中学校
⑬小倉日新館中学校
⑭久留米信愛中学校
⑮中村学園女子中学校
⑯福岡大学附属大濠中学校
⑰筑陽学園中学校
⑱九州国際大学付属中学校
⑲博多女子中学校
⑳東福岡自彊館中学校
㉑八女学院中学校

佐賀県

①[県立]
- 香楠中学校
- 致遠館中学校
- 唐津東中学校
- 武雄青陵中学校

②弘学館中学校
③東明館中学校
④佐賀清和中学校
⑤成穎中学校
⑥早稲田佐賀中学校

長崎県

①[県立]
- 長崎東中学校
- 佐世保北中学校
- 諫早高等学校附属中学校

②青雲中学校
③長崎南山中学校
④長崎日本大学中学校
⑤海星中学校

熊本県

①[県立]
- 玉名高等学校附属中学校
- 宇土中学校
- 八代中学校

②真和中学校
③九州学院中学校
④ルーテル学院中学校
⑤熊本信愛女学院中学校
⑥熊本マリスト学園中学校
⑦熊本学園大学付属中学校

大分県

①[県立]大分豊府中学校
②岩田中学校

宮崎県

①[県立]五ヶ瀬中等教育学校
②[県立]
- 宮崎西高等学校附属中学校
- 都城泉ヶ丘高等学校附属中学校

③宮崎日本大学中学校
④日向学院中学校
⑤宮崎第一中学校

鹿児島県

①[県立]楠隼中学校
②[市立]鹿児島玉龍中学校
③鹿児島修学館中学校
④ラ・サール中学校
⑤志學館中等部

沖縄県

①[県立]
- 与勝緑が丘中学校
- 開邦中学校
- 球陽中学校
- 名護高等学校附属桜中学校

もっと過去問シリーズ

北海道

北嶺中学校
7年分（算数・理科・社会）

静岡県

静岡大学教育学部附属中学校
（静岡·島田·浜松）
10年分（算数）

愛知県

愛知淑徳中学校
7年分（算数・理科・社会）
東海中学校
7年分（算数・理科・社会）
南山中学校男子部
7年分（算数・理科・社会）
南山中学校女子部
7年分（算数・理科・社会）
滝中学校
7年分（算数・理科・社会）
名古屋中学校
7年分（算数・理科・社会）

岡山県

岡山白陵中学校
7年分（算数・理科）

広島県

広島大学附属中学校
7年分（算数・理科・社会）
広島大学附属福山中学校
7年分（算数・理科・社会）
広島学院中学校
7年分（算数・理科・社会）
広島女学院中学校
7年分（算数・理科・社会）
修道中学校
7年分（算数・理科・社会）
ノートルダム清心中学校
7年分（算数・理科・社会）

愛媛県

愛光中学校
7年分（算数・理科・社会）

福岡県

福岡教育大学附属中学校
（福岡·小倉·久留米）
7年分（算数・理科・社会）
西南学院中学校
7年分（算数・理科・社会）
久留米大学附設中学校
7年分（算数・理科・社会）
福岡大学附属大濠中学校
7年分（算数・理科・社会）

佐賀県

早稲田佐賀中学校
7年分（算数・理科・社会）

長崎県

青雲中学校
7年分（算数・理科・社会）

鹿児島県

ラ·サール中学校
7年分（算数・理科・社会）

※もっと過去問シリーズは国語の収録はありません。

教英出版
〒422-8054
静岡県静岡市駿河区南安倍3丁目12−28
TEL 054-288-2131
FAX 054-288-2133
詳しくは教英出版で検索
教英出版 検索
URL https://kyoei-syuppan.net/

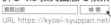

令和６年度

暁中学校入学試験問題

国　　語

（45分）

〔注　意　事　項〕

(1)　試験開始のチャイムが鳴るまで，この問題冊子の中を見てはいけません。

(2)　試験開始の合図で，解答用紙に受験番号と名前を書きなさい。

(3)　答えはすべて解答用紙の決められたところに，はっきり書きなさい。

(4)　試験終了のチャイムが鳴りましたら，すぐに鉛筆《えんぴつ》をおき，監督《かんとく》者の指示にしたがいなさい。

(5)　問題用紙は，持ち帰ってよろしい。

2024(R6) 暁中
K 教英出版

2024(R6) 暁中
K 教英出版

＊字数制限のある問いでは、特に指示のないかぎり、句読点などの記号も一字に数えるものとします。

一　次の各問いに答えなさい。

問1　次の①〜④を、指示に従って答えなさい。

①　「かりる」の対義表現は「（　①　）」である。
（　①　）に入る言葉を送り仮名もふくめて漢字で書きなさい。

②　雨戸を閉めて台風に（　②　）える。
（　②　）にあてはまる漢字を書きなさい。

③　「役割ブンタン」の「タン」の部首は（　③　）である。
部首名をひらがなで答えなさい。

④　次の意味を国語辞典で引く時の見出し語になるカタカナの語を書きなさい。

1．物体が仕事をなしうる能力。また、その量。
2．仕事や活動をするのに必要な力。元気。
3．動力を生み出す資源。

問2　次の①、②の言葉の使い方としてもっとも適切なものをア～ウの中から一つ選び、記号で答えなさい。

①　馬耳東風

ア　山から吹き下ろす風が馬耳東風で心地よい。

イ　あれだけ言ったのに馬耳東風だから失敗するんだよ。

ウ　私たちのクラスは馬耳東風な雰囲気《ふんいき》なので安心して過ごせます。

②　ひょうたんから駒《こま》が出る

ア　適当な言葉をつないで宿題で作った短歌がコンクールで特選に選ばれた。まさにひょうたんから駒が出た感じだね。

イ　「宝くじに当たった」と周りに触《ふ》れ回っていたけれどそううまくはいかなかった。ひょうたんから駒が出た気分だ。

ウ　消しゴムを貸しただけなのに、色鉛筆《えんぴつ》のセットをお礼にもらった。まさにひょうたんから駒が出た気持ちだ。

問3　次の①、②の各語の対義語としてもっとも適切なものをア～エの中から一つ選び、記号で答えなさい。

①　集中（ア　発散　　イ　発展　　ウ　拡散　　エ　分散）

②　温暖（ア　寒暖　　イ　寒冷　　ウ　冷暖　　エ　温和）

問4　次の文中の［①］～［④］にもっともよくあてはまる語を後のア～カの中からそれぞれ選び、②と④に入るものを記号で答えなさい。

先生から「［①］作品に満足できなくても、君にはこのコンテストにぜひ応募《おうぼ》してほしい。これほど大きな大会は［②］ないことだからね。」と言われたが、時間もないしあきらめていた。大急ぎで仕上げた作品が、［③］入選するなんて、［④］思ってもいなかった。賞状を手にして、なんだか夢のような気持ちでいた。

ア　めったに　　イ　たとえ　　ウ　まるで　　エ　まさか　　オ　せっかく　　カ　ほとんど

二　次の文章を読んで、後の問いに答えなさい。

鳥の識別はほとんどできないが、スズメとカラスとハトだけはわかるという人は多い。思いつく「小鳥」を並べてほしいといわれて、スズメを挙げる人も少なくない。それだけ、スズメは日本人にとって身近な鳥だと言える。

ここしばらく世の中の関心が薄れていたものの、２０１０年代になって写真集が数多く出版されるなど、あらためてスズメが注目されるようになった。昔よりスズメが減っているという事実への関心も高まり、そうしたことにふれる書籍や報道も増えてきている。

スズメは神話の時代以降、日本人と寄り添って暮らしてきた。カラスやツバメなど、日本人の暮らしと接点を持つ鳥は多いが、人間との近さという点でスズメはかなり特異的だ。

①それがスズメの認知度を高めて物語で重要な役目をになったり、さまざまなことわざがつくられるきっかけとなったのも確かである。［　X　］ことを示す「雀《すずめ》の涙」や、スズメのように躍り上がって喜ぶ「欣喜雀躍《きんきじゃくやく》」などの言葉も、茶色いスズメの頭から「雀茶《すずめちゃ》」という茶系の色が誕生したのも、人々の生活に近い存在だったからこそのこと。

だが、同時にそうした「人間との近さ」が、スズメを減少させる原因となってしまったのも、まぎれもない事実だ。悪い言葉を使うなら、スズメが築いた日本人との関係は、共生というよりも依存《いぞん》に近い。それゆえスズメの減少にはあまり歯止めがかからず、今後も減り続けることがほぼ確定している。この先、何らかの理由で日本人が激減するようなことがあったなら、日本のスズメは絶滅に近いところまでいきかねない。それは予言などではなく、想定される未来だ。

《中略》

日本でスズメが減ったのは、「人間の生活圏のそばでしか繁殖しない」という特殊な暮らしを選択してしまったことが最大の原因だろう。加えて、②環境の変化で、※1育雛《いくすう》期に雛《ひな》に与えられる食料が減ったことも大きい。結果として、巣が見つからずに繁殖をあきらめるスズメが増え、また巣が手に入ったとしても雛は1羽か2羽。特に都市部では、かつてのように3～5羽の子連れの親を見ることはほとんどなくなってしまった。数が激減したのは、こうした負のサイクルに入ってしまったからだ。

まず、その住居だが、ニュウナイスズメやイエスズメ、海外の同種とは違い、日本のスズメは森や林には住まない。巣をつくるのも、人間の家の軒下《のきした》や屋根の雨樋《あまどい》の隙間《すきま》、雨戸を収納する戸袋の奥などで、飼育動物の厩舎《きゅうしゃ》※2の屋根なども、かつては盛んに利用された。

弥生時代末から５０年前までのおよそ二千年間、スズメにとって巣をつくる場所に困るようなことはなかった。ほとんどが隙間の多い木造建築だったため、巣をつくる場所は、よりどりみどりだった。特に瓦《かわら》屋根の家は、強い雨風や大雪の際も安心して過ごせて、平和に子育てができる安定した住《す》み処《か》をスズメに提供した。

また、スズメのナワバリ意識はとても低く、わずか５０センチメートル先に同種のだれかが巣をつくってもほとんど気にしない。ケンカなどせず、ひたすらそれぞれの子育てに集中する。かつての日本人も鳥に対しておおらかで、家にスズメなどが巣をつくることを容認していた。それどころか、雛が巣立つ姿を見たくて大事にしていた家も多かったのである。だからスズメは、日本人がもっともなじんだ鳥となった。

だが、高度経済成長のあと、木造の家は減り、巣がつくれる場所も激減する。開発で野原や畑も減り、雛のエサとなる虫も減ってしまった。農業機械の作業効率がアップして地面にこぼれる穀類が減って、食料事情がさらに悪化した。人間も寛容でなくなった。

こうしてスズメは、数を減らす方向へと舵《かじ》を切る。日本の人口が1億人を超えたと喜んだ昭和の半ば、スズメの数は日本人の数よりもずっと多かったと考えられている。それがこの２０年で、少なく見積もっても半分以下になったと専門家は指摘する。２０年前の2割ほどしかいないのではないかという意見さえある。残念ながらこれから先、スズメが暮らしやすい昔のような環境が日本に戻ることはないだろう。

だったらスズメも、人口が減って空き家が増えている地方の町や村をもっと活用すればいいのにという意見もあるかもしれない。だがスズメは、人間を恐れる一方で、人間が住まない家には寄りつかない傾向がある。

ひとつの村が丸ごと消滅し、そこに人間の暮らしがなくなると、巣をつくれる家がたくさん残っていたとしても、スズメはその土地からいなくなってしまう。人間がいないと、ダメなようなのだ。これが、スズメの人間に対する「依存」の実態である。

けれどもスズメは、ビルとコンクリートの町では路頭に迷ってしまう。苦肉の策として、民家の近くにある道路の、地中の水分を外に流すためのパイプの中や、騒がしい交差点の信号機の中にぽっかり開いた空間で子育てしたりもするが、それでも③住宅問題への影響はごくわずかで、問題の根本的な解決にはなっていない。

（細川博昭『身近な鳥のすごい事典』）

※注　1　育雛期……鳥類の親が雛を育てる期間。
　　　2　厩舎……牛や馬などを飼う小屋。

問1　――線部①「それ」がさすのはどのようなことですか。もっとも適切なものをア～エの中から一つ選び、記号で答えなさい。

ア　カラス、ツバメ、スズメなど、日本人の暮らしと接点を持つ鳥が多いということ。
イ　写真集が多く出版されるなどして、昔よりもスズメが注目されるようになったこと。
ウ　スズメは日本人にとって身近な存在だが、それはなぜなのかということ。
エ　人の暮らしと接点を持つ鳥の中でも、スズメはとりわけ日本人に寄り添って暮らしてきたということ。

問2　空らん［ x ］にはどのような言葉が入りますか。もっとも適切なものをア～エの中から一つ選び、記号で答えなさい。

ア　ほんのわずかである
イ　とてもめずらしい
ウ　非常に悲しい
エ　わりとありふれている

問3　——線部②「環境の変化で、育雛期に雛に与えられる食料が減ったことも大きい」とありますが、ここでいう「環境の変化」とは、どのようなことですか。それをもっともよく表す一文を本文から探し、はじめの五字を抜き出しなさい。

問4　——線部③「住宅問題」とはどのような問題ですか。もっとも適切なものをア～エの中から一つ選び、記号で答えなさい。

ア　ビルとコンクリートの町では、人が自然に親しむ暮らしができないという問題。
イ　スズメが住宅の軒下などに巣をつくることで、人が迷惑するという問題。
ウ　ビルとコンクリートの町では、スズメの住み処が非常に少ないという問題。
エ　スズメは人を恐れながらも、人が住まない家には寄り付かないという問題。

問5　筆者は、スズメが減った原因をどのように考えていますか。わかりやすく説明しなさい。

問6　ある高校生は、本文を読んで、次のように言っています。あなたは、この意見に賛成ですか、反対ですか。解答らんのどちらかに○を付けて、そう判断する理由を述べなさい。なお、賛成か反対かによって正誤《せいご》の判定をすることはありません。

わたしは、小学校一年生のころから野鳥観察が趣味《しゅみ》で、四日市市の郊外にある私の家のまわりのカラスやツバメ、スズメなどを観察してきました。家には毎年のようにツバメが巣をつくりに来ますし、ゴミ捨て場を荒らすカラスの数も昔から変わらない印象があります。でも、子どものころに比べて、スズメを見ることは明らかに減ってきています。だから、筆者の言うように、スズメは間違いなく数を減らしているはずです。

三　町田良子と坂巻まみは、六年生でクラスメイトです。【Ⅰ】は、修学旅行前の出来事について町田良子の視点で語られています。プロのバレエダンサーになることを夢見る良子は、ドイツのバレエスクールとの合同公演のオーディションと修学旅行が重なって前者を選んだものの、胸の奥《おく》が落ち着かずにいました。【Ⅱ】は、修学旅行後の出来事について坂巻まみの視点で語られています。まみは、修学旅行中にみんなで恋《こい》の話をしているとき、「坂巻さんは町田さんだもんね」と友人の奈保子に指摘《てき》されたことから、複雑な気持ちになっていました。よく読んで、後の問いに答えなさい。

【Ⅰ】

昼休み、六年一組の女子十二人は全員、教室に残った。窓際、ロッカーの前、廊《ろう》下側、教卓《たく》の前と四か所に数人ずつ固まっている。

担任の中井先生から「今日中に生活班が決まらないときは、くじ引きで決めます」と、最後通告を突《つ》きつけられたからだ。

「どうする?」

「あたしたちは三人いっしょじゃないとやだ」

「だれかわたしたちと班組まない?」

それぞれみんないいたいことをいって、四人班がきれいにそろっているところは一つもない。

「町田さんが行ければ、あたしたちは四人で班ができるのに。ね、町田さん本当に修学旅行行かないの?」

「うちのお母さんが、修学旅行は行ったほうがいいっていってたよ。ほら、卒アルにも修学旅行の写真載《の》るしさ、そこにいなかったらさみしくない?」

だよね、と加賀さんと松井さんが交互《ご》にいい合っていると、坂巻さんが、がたっと音を立ててイスから立ちあがった。

「町田さんの気持ち、少し考えなよ！　あたしは町田さんのこと応援《えん》する」

えっ、と加賀さんと松井さんが顔を見合わせた。

「坂巻さんが一番文句いってたくせに」

「そうだよ、なにいきなり。そこまでして町田さんに取り入ろうとするってみっともないんだけど」
松井さんがいい返すと①坂巻さんは顔を真っ赤にした。
「そんなんじゃないから！　友だちの夢を応援するのはあたりまえじゃん。べつに三日くらいだれと同じ班だってあたしいいし」
「なら、いいよ」
そういって加賀さんは、ロッカーの前にいる中瀬《せ》さんと新川さんに「ねー」と声をかけた。
「あたしとカオリと、四人で班組まない？」
「いいけど」
と、中瀬さんはちらと坂巻さんのほうを見た。
「あーいいのいいの、坂巻さんはだれと同じ班でもいいんだって」
行こ、と加賀さんは松井さんの腕《うで》をつかんで、ロッカーのほうへ行った。坂巻さんは引きつった顔をしながら、教室を見わたした。
残っている班は、字見さんたちと細川さんのグループ。どちらも三人組だ。
ここで坂巻さんがごねれば、ふり出しにもどって、班決めはくじ引きになる。坂巻さんにとっては三人グループのなかに入るよりそうなったほうがましな選択だと思う。もちろんみんなは文句をいうだろうけど。
「坂巻さん」
わたしが声をかけると坂巻さんは引きつった笑顔を向けた。
「だいじょうぶ。町田さんもひとりでオーディションがんばるんだもん。あたしだってがまんする」
「なにそれっ」
字見さんがくぐもった声を出した。
「だれもあたしたちの班に入れてあげるなんていってないしっ。がまんとか、はぁーって感じなんだけど」
となりにいるふたりも激しくうなずいている。

たしかにいまのは坂巻さんの失言だ。
「だったら」くじ引きで決めるしかないんじゃない、といおうとしたわたしのことばを細川さんの声が蹴《け》散らした。
「じゃあ、坂巻さんはあたしたちのところでがまんだね」
細川さんはそうのんきそうにいって、「ね」と高峯《みね》さんと日野さんを見た。「えー」と不満そうに唇をとがらせた日野さんを高峯さんがなだめている。
「べ、べつにムリに入れてくれなくたっていいし。あたしだってあんたたちと同じ班なんて屈辱《くつじょく》だし」
坂巻さんはどうしてか、わたし以外の人には辛辣《しんらつ》なことをいう。それは彼女《かのじょ》なりのプライドからのこと、なんだとは思うけれど、損をしている。
と、細川さんが大きなため息をついて両手を腰《こし》にあてた。
「あたしもがまんするだから、坂巻さんもちょっとくらいがまんしなよ」
「はっ？」
「せっかく格好つけて、町田さんのこと応援するんでしょ。だったら潔く、あたしたちの班になるしかないじゃん。他はないんだし」
②高峯さんがおろおろしながら細川さんのシャツを引っぱっている。
「坂巻さんって一言多いんだってば。だからきらわれるんだよ」
……本当に細川さんって。
細川さんは、息を殺して何時間もかけて並べたドミノの横を、平気で足音を立てて走っていくような人だ。無遠慮《りょ》でがさつでデリカシーがなくて。
でも、だからついこっちも本気になってしまう。
「わたしだって、行きたいよ」
気がついたら口からこぼれていた。
細川さんが驚《おどろ》いた顔でわたしを見ている。

「けど、どっちかしか選べない」
本当に大切なものを手に入れたかったら、あきらめなきゃいけないこともあるから。
「どっちもじゃだめなの？」
「はっ？」
「あたしも迷ったよ、お父さんがおみやげで買ってきたパフェ風チーズケーキとおばあちゃんが買ってくれたイチゴ大福。さすがに両方食べちゃうのは贅沢《ぜいたく》かななんて思って、チーズケーキだけ食べたの。イチゴ大福は明日のお楽しみ！　って」
この人はなにをいってるの？
「なのに次の日、あたし盲《もう》腸で入院したんだよ」
「意味が分からないんだけど」
わたしがいうと、細川さんは勾《まが》玉みたいな目を［　③　］。
「食べ損ねたんだよ！　イチゴ大福」
イチゴ大福……。
「あのときあたしは悟ったんだよね。迷ったら両方ともいっとくべきって」
……イチゴ大福と修学旅行を同一にあつかうって、どういう思考回路をしているんだろう。
「だからなんなのっ！　オーディション会場と日光は距離があるんだから物理的にムリ」
ぴしゃりというと、細川さんはちっちっと指をふった。
「オーディションって二日目なんでしょ。だったらそれが終わったら来ればいいじゃん」
④あっ……。
「町田さん！」
坂巻さんが、私の手をぎゅっとにぎった。
「考えて、みる」
ぼそっというと、細川さんは得意そうにあごをあげた。

「あ、でもそうなったら班はどうするの？」
高峯さんがいうと、数秒間、教室がしんとした。
「わたしは、字見さんたちの班に入れてもらうから。いい？」
そういうと、字見さんたちはちょっと引きつりながら「うん」と三人でうなずいた。
「えー、なにそれ、班決めやり直そうよ！」
そうわめく坂巻さんの声と同時にチャイムが鳴った。
「はーい、時間切れ。しょうがないよ、坂巻さん。お互いにあきらめよ！」

【Ⅱ】

チャイムが鳴り終わると同時に教室に入っていくと、「あ、来た！」「おっそーい！」と奈保子※1とカオリがばたばたと町田さんの席へ行った。
町田さんは涼《すず》しい顔をして席に着くと、髪《かみ》を手櫛《ぐし》でひとつにまとめて、手首に巻いていた太いゴムで一つに結わいた。
わっ、かっこいい。
鏡を見ながら結わいたわけでもないのに、どうしてあんなにおしゃれになるんだろう。ふと見ると、奈保子もカオリも手首にゴムを巻いている。
町田さんのマネじゃん。ださっ。……まあ、あたしも町田さんのマネをしたことはあるけど。でもどんなに同じものをもっても、同じことをしても、町田さんのようになれるわけじゃない。ふたりともいいかげん学習しろよっ。
あたしは小さく鼻を鳴らして席に着いた。
「さっきカオリがね」
「やだ、なんでいうのぉ！」
ふたりはまだ、町田さんの席に張りついて、がちゃがちゃ騒《さわ》いでる。
町田さんは、べたべたしたり、押《お》しつけられたり、しつこくされたりはきらいなんだよ。それに、マネやおそろいも。

まえにいわれたことがある。

――おそろいとかそういうの、恥《は》ずかしくない？

あのときはヒヤッとした。でも、はっきりいってくれたおかげで、あたしは奈保子たちのように、町田さんがきらいなことをしないですむ。

あたしは、町田さんがいやがることは絶対しないし、町田さんのことをわかっていない子が、ずかずかと踏《ふ》みこんでいくことも許さない。

町田さんのためなら、クラスのだれに文句をいわれようと、きらわれようと、どうでもいい。

……そんなふうに思うあたしって、やっぱりヘンなんだろうか。

本やマンガに出てくる仲よしって、もっとなんでもいい合えて、ケンカもして、だけどやっぱり仲がよくて。

たぶんそれって、ふたりが対等だからだ。

あたしと町田さんはそうじゃない。あたしにとって町田さんは一番でも、町田さんにとってのあたしはたぶんちがう。

認めたくなくて、気づかないふりをしているけど、そんなことは、あたしだってとっくに気づいてた。

けど、もしかしたらいつか、そんな友だちになれるんじゃないかって……。

これも願望だけど。

それでも町田さんといっしょにいたいっていうのは、あたしが町田さんのことを好きだから。恋を、してるから？

町田さんを困らせるやつは許さないって思ってたのに、あたしが一番、困る存在になっている。

消えちゃいたい……。

きゃはっ、と奈保子たちの笑い声が響《ひび》いた。

（いとうみく『ちいさな宇宙の扉のまえで　続・糸子の体重計』）

※注　1　奈保子とカオリ…加賀奈保子と松井カオリ。文章【Ⅰ】の「加賀さん」、「松井さん」のこと。

問1　――線部①「坂巻さんは顔を真っ赤にした」とありますが、このときの坂巻さんの気持ちを説明したものとしてもっとも適切なものをア～エの中から一つ選び、記号で答えなさい。

ア　文句を言ったのは事実だが取り入ろうとするつもりはなく、躍起《やっき》になる気持ち。

イ　町田さんに好かれたいと思っていることを指摘されてしまい、恥ずかしい気持ち。

ウ　町田さんの夢を応援しようと決めた自分の気持ちが伝わらず、悔《くや》しい気持ち。

エ　二人が突然自分を裏切って敵対してきたことに対し、強く責める気持ち。

問2　――線部②「高峯さんがおろおろしながら細川さんのシャツを引っぱっている」とありますが、高峯さんがこのような行動をしているのはなぜですか。もっとも適切なものをア～エの中から一つ選び、記号で答えなさい。

ア　細川さんの発言どおりに事が進むと、仲良くできそうにない坂巻さんと同じ班になってしまうことを恐《おそ》れたから。

イ　細川さんがあまりにも的外れな発言をしているのを見て、これ以上周囲に呆《あき》れられてはまずいとうろたえたから。

ウ　細川さんの発言に悪気がないことは理解できるが、正直すぎる意見が相手を怒《おこ》らせるかもしれないと焦《あせ》ったから。

エ　細川さんが正義感から怒《いか》りに任せた発言をしてしまっていて、今はとにかく落ち着いてほしいと伝えたくて慌《あわ》てたから。

問3　空らん［③］に入る表現としてもっとも適切なものをア～エの中から一つ選び、記号で答えなさい。

ア　凝らした　　イ　光らせた　　ウ　かけた　　エ　丸くした

問4　――線部④「あっ……」とありますが、このときの「わたし」（町田良子）の気持ちを四十字以内で説明しなさい。

問5　次に示すのは、文章【Ⅰ】【Ⅱ】を読んだ先生と生徒が話し合っている様子です。空らん［A］～［C］に入る言葉を、本文中から指定された字数で抜き出しなさい。

先生　：本文に登場する「町田さん」、「坂巻さん」という人物について、考えていきましょう。

生徒A：私は坂巻さんに共感したよ。私もかっこいい友達のマネをしたいと思ったことがあるんだ。町田さんみたいな子が友達でうらやましい。

生徒B：でも、町田さんから「おそろいとかそういうの、恥ずかしくない？」と言われたときは、坂巻さんは一瞬《いっしゅん》不安を感じているよ。坂巻さんは、とにかく、町田さんにとって［A（四字）］にはなりたくないんだよ。

生徒C：たしかに、坂巻さんは二人の関係が［B（二字）］ではないと感じているね。他の友達との関係とは違うみたい。

生徒D：他の友達に対する接し方は、むしろ手厳しいところもあるよね。町田さんは、坂巻さんのそういうところを「［C（六字）］」と思っているよ。

令和６年度

暁中学校入学試験問題

算　　数

（45分）

〔注　意　事　項〕

(1)　試験開始のチャイムが鳴るまで，この問題冊子の中を見てはいけません。

(2)　試験開始の合図で，解答用紙に受験番号と名前を書きなさい。

(3)　答えはすべて解答用紙の決められたところに，はっきり書きなさい。

(4)　試験終了のチャイムが鳴りましたら，すぐに鉛筆《えんぴつ》をおき，監督《かんとく》者の指示にしたがいなさい。

(5)　問題用紙は，持ち帰ってよろしい。

2024(R6) 暁中
教英出版

＊円周率は 3.14 とします。

1　次の □ にあてはまる数を答えなさい。ただし，(7)のアとウは番号，イとエは式を答えなさい。

(1)　$30-4\times(3+24\div6)=$ □

(2)　$2\frac{1}{3}\div\frac{7}{2}-2.5\times\frac{1}{5}=$ □

(3)　400 以下の整数で，6 でわっても 8 でわっても 5 あまる数のうち，最も大きい数は □ です。

(4)　1 個 80 円のりんごと，1 個 50 円のみかんを合わせて 30 個買って，1890 円はらいました。このとき，りんごを □ 個とみかんを □ 個買いました。

(5)　8 % の食塩水 400 g から □ g の水を蒸発させると，10 % の食塩水になります。

(6) あるレストランのランチのセットは，右のように，4 種類の料理と 3 種類のサラダと 2 種類のスープの中からそれぞれ 1 つずつ選ぶことができます。このとき，セットは [　　] 通りあります。

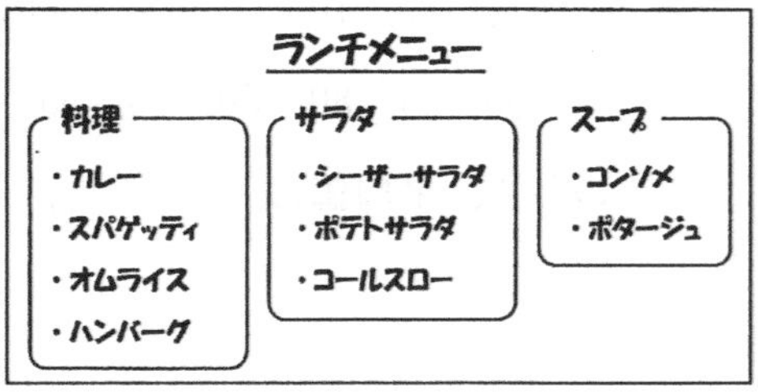

(7) 次の①から④について，x と y の関係が比例するものを番号で答えると [ア]，それを式に表すと [イ]，反比例するものを番号で答えると [ウ]，それを式に表すと [エ] となります。

① 200 枚のプリントを x 枚配ったあとの残りの枚数 y 枚

② 面積 20 cm^2 の三角形の底辺の長さ x cm と高さ y cm

③ 一辺が x cm の正方形の面積 y cm^2

④ 時速 60 km で走る車が x 時間走ったときの道のり y km

(8) 右の図の四角形 ABCD が正方形のとき，角㋐の大きさは [　　] 度です。

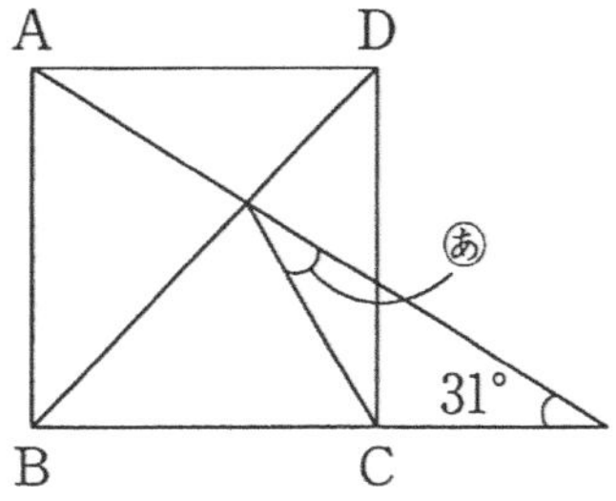

(9) 右の図は，円柱を 1 つの平面で切ってできる立体です。この立体の体積は [　　] cm^3 です。

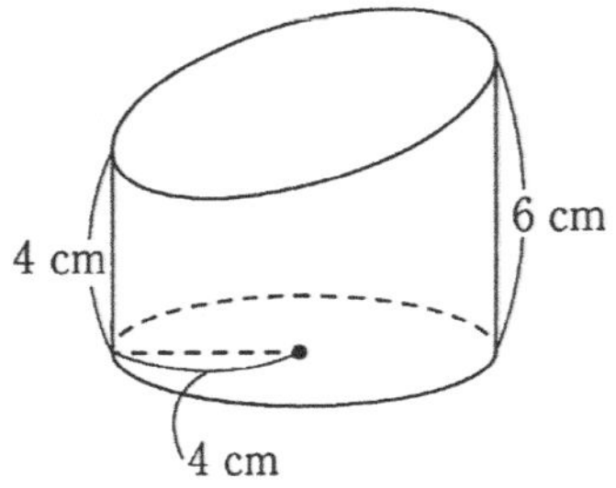

⑽　下の資料は，10 人のテストの得点です。

60，65，80，60，90，55，60，70，75，80

このとき，平均値は［　　　］点，中央値は［　　　］点，最頻値は［　　　］点です。

2　弟は8時に家を出発し，学校まで歩きます。兄は，弟が出発してから10分後に家を出発し，学校に向かって歩き始めました。途中，兄は忘れ物に気付き，走って家まで戻り，再び学校に向かって歩き始めました。兄も弟もそれぞれ歩く速さは一定であり，学校に着くまでは常《つね》に弟の方が学校に近い場所にいました。また，兄も弟も学校に着いたら歩くのをやめるものとします。下のグラフは弟が出発してからの時間と，兄と弟との間の距離《きょり》の関係を表しています。

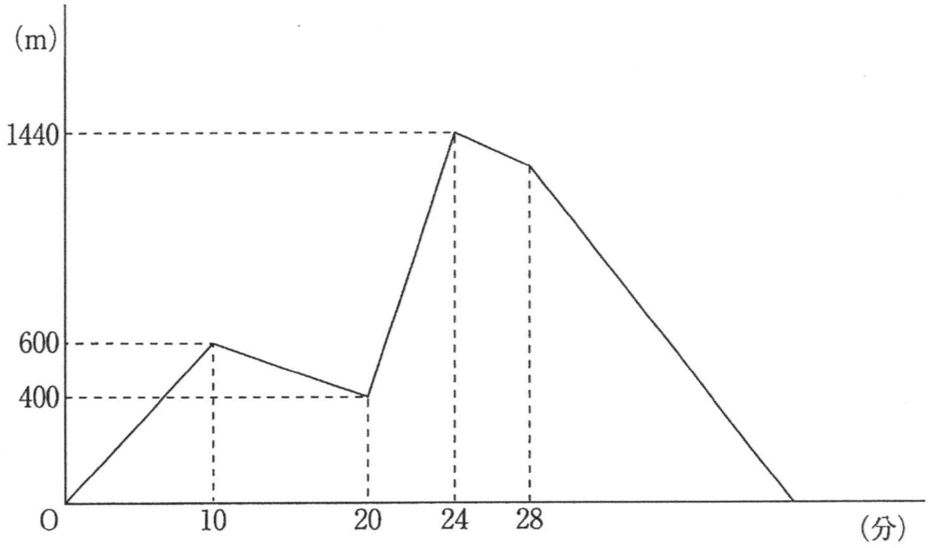

(1)　弟の歩く速さは分速何mですか。

(2)　兄の歩く速さと走る速さはそれぞれ分速何mですか。

(3)　家から学校までの距離は何mですか。

(4)　兄は何時何分に学校に着きましたか。

3 図のように，直角三角形の外側を半径1 cmの円がすべらないように転がりながら1周します。

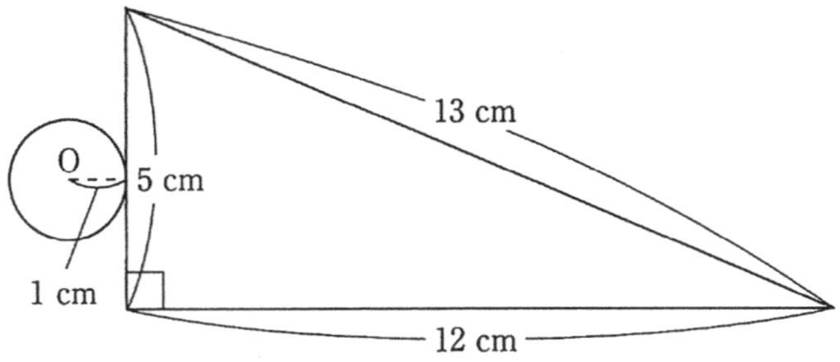

(1) 中心Oが動いた長さは何cmになりますか。

(2) 円が通った部分の面積は何cm^2になりますか。

このページに問題はありません。

4は次のページからです。

4 健一君はいろいろな連続する整数の和の計算をしました。そして結果が10以上になるものを小さい順に並べました。

$1+2+3+4=10$

$5+6=11$

$3+4+5=12$

[ア] $=13$

$2+3+4+5=14$

・・・・・・

すると，「どんな整数でも2個以上の連続する整数の和の形で表すことができるのではないか」と考えつきました。

(1) [ア] にあてはまる適切な式を答えなさい。

さらに続けると，15のように複数の表し方をもつ整数があることにも気づきました。

$15=1+2+3+4+5=4+5+6=7+8$

詳しく調べるために，連続する整数の個数が「奇数個」と「偶数個」の場合に分けて考えることにしました。ただし，和の形で表すときに用いる整数は1以上とします。

(2) 連続する整数の個数が奇数個の場合について，次のような形で書き直せることに気づきました。

$20=2+3+4+5+6=4\times5$

$21=6+7+8=7\times3$

このことを利用して，2023を奇数個の連続する整数の和で表したとき，最初の数はいくつになりますか。

(3)　連続する整数の個数が偶数個の場合について，次のような形で書き直せることに気づきました。

$26=5+6+7+8=(6+7)\times 2$

$27=2+3+4+5+6+7=(4+5)\times 3$

このことを利用して，2024 を偶数個の連続する整数の和で表したとき，最初の数はいくつになりますか。

(4)　さらに調べていくうちに，連続する整数の和の形で表せない整数があることに気づきました。そのような整数のうち，2 桁《けた》であるものを 1 つ答えなさい。

2024(R6) 暁中
K 教英出版

令和６年度

暁中学校入学試験問題

理　　　科

（45分）

〔注　意　事　項〕

(1)　試験開始のチャイムが鳴るまで，この問題冊子の中を見てはいけません。

(2)　試験開始の合図で，解答用紙に受験番号と名前を書きなさい。

(3)　答えはすべて解答用紙の決められたところに，はっきり書きなさい。

(4)　試験終了のチャイムが鳴りましたら，すぐに鉛筆《えんぴつ》をおき，監督《かんとく》者の指示にしたがいなさい。

(5)　問題用紙は，持ち帰ってよろしい。

1．次の文章を読んで，あとの問いに答えなさい。

ある植物の種子の発芽の条件を調べるために，次の【実験1】～【実験12】を行いました。5日後に，各実験の結果を調べたところ，種子が発芽していたのは【実験8】だけでした。

図1
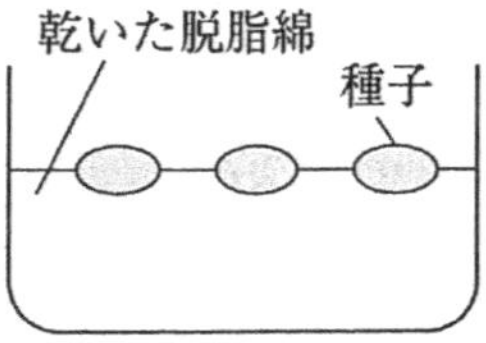

図2
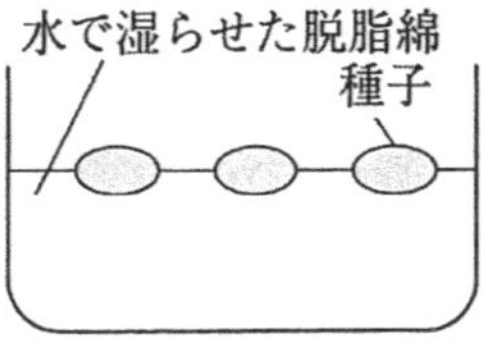

図3
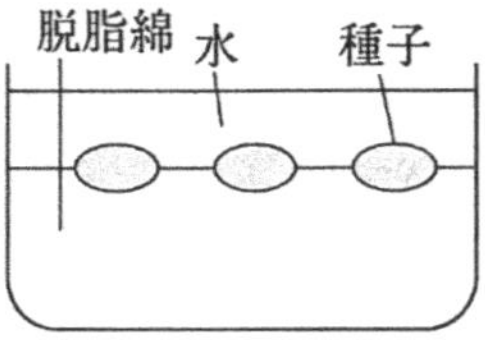

図4
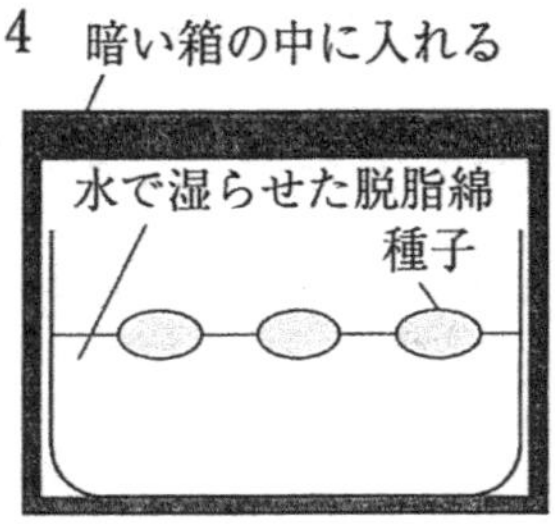

【実験1】　図1のように，種子20粒《つぶ》を乾《かわ》いた脱脂綿《だっしめん》の上に置いた容器《ようき》を5℃の部屋に置き，蛍光灯《けいこうとう》の光が当たるようにする。

【実験2】　図2のように，種子20粒を水で湿《しめ》らせた脱脂綿の上に置いた容器を5℃の部屋に置き，蛍光灯の光が当たるようにする。

【実験3】　図3のように，種子20粒を脱脂綿の上に置いて水中に沈《しず》めた容器を5℃の部屋に置き，蛍光灯の光が当たるようにする。

【実験4】　図4のように，種子20粒を水で湿らせた脱脂綿の上に置いた容器を暗い箱《はこ》の中に入れ，5℃の部屋に置く。

【実験5】　図1のように，種子20粒を乾いた脱脂綿の上に置いた容器を20℃の部屋に置き，蛍光灯の光が当たるようにする。

【実験6】　図2のように，種子20粒を水で湿らせた脱脂綿の上に置いた容器を20℃の部屋に置き，蛍光灯の光が当たるようにする。

【実験7】　図3のように，種子20粒を脱脂綿の上に置いて水中に沈めた容器を20℃の部屋に置き，蛍光灯の光が当たるようにする。

【実験8】　図4のように，種子20粒を水で湿らせた脱脂綿の上に置いた容器を暗い箱の中に入れ，20℃の部屋に置く。

【実験9】　図1のように，種子20粒を乾いた脱脂綿の上に置いた容器を35℃の部屋に置き，蛍光灯の光が当たるようにする。

【実験10】　図2のように，種子20粒を水で湿らせた脱脂綿の上に置いた容器を35℃の部屋に置き，蛍光灯の光が当たるようにする。

【実験11】　図3のように，種子20粒を脱脂綿の上に置いて水中に沈めた容器を35 ℃の部屋に置き，蛍光灯の光が当たるようにする。

【実験12】　図4のように，種子20粒を水で湿らせた脱脂綿の上に置いた容器を暗い箱の中に入れ，35 ℃の部屋に置く。

(1)　実験結果から，この植物の種子の発芽に必要な条件は何であると考えられますか，すべて答えなさい。

(2)　種子の発芽に肥《ひ》料《りょう》が必要かどうかを調べた結果，肥料は必要がないことが分かりました。種子の発芽に肥料が必要でないのはなぜですか，答えなさい。

2．次の文章を読んで，あとの問いに答えなさい。

口からこう門までの食べ物の通り道を消化管という。口 → [あ] → 胃《い》 → 十二指腸《じゅうにしちょう》 → 小腸《しょうちょう》 → 大腸《だいちょう》 → こう門まで，大人の人で約９ｍの長さの消化管が通っている。

食べ物は口から入り，歯でかみくだかれ，さらに胃や小腸へと運ばれる過程で，体内に吸収されやすい養分に変化する。

消化管で出されるだ液，胃液，腸液などを [い] という。消化されてできた養分はおもに [う] で吸収される。

体内に吸収された養分は，血管を流れる血液によって [え] に運ばれてたくわえられ，必要になったときに全身に運ばれる。[う] で吸収されなかったものは大腸へと送られ，大腸ではおもに [お] などが吸収される。残ったものが便となり，こう門から体外へ出される。

(1)　文章中の [あ] ～ [お] に入る適切な語句をそれぞれ答えなさい。

(2)　下線部について，ご飯《はん》をかんでいると，甘《あま》く感じるようになります。これはなぜですか，答えなさい。

3．次の文章を読んで，あとの問いに答えなさい。

ある日，日ぼつ直後に真南の空を観察したところ，図1のような，右側が光った半月を観察することができました。また，図2は，北極側《ほっきょくがわ》から見た，地球上にいる人と月，太陽の位置関係を表したものです。

図1

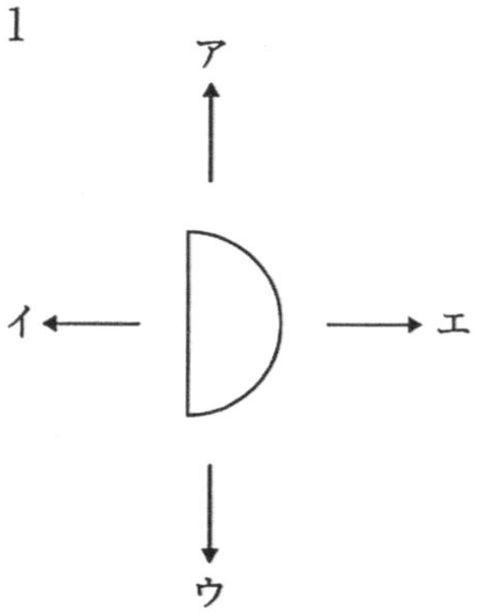

図2

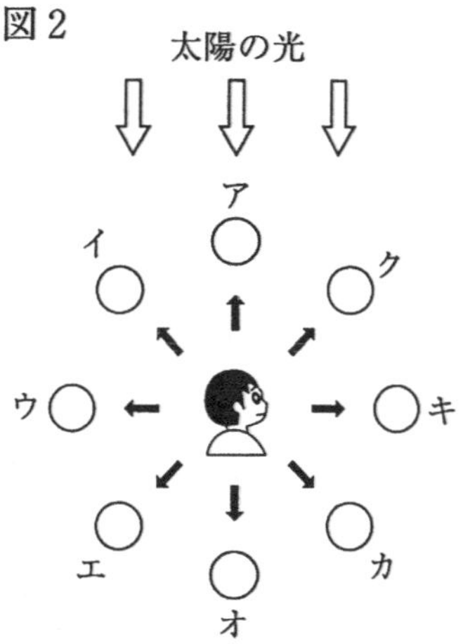

(1) 図1の月が見えたとき，太陽はおよそどの方向にありましたか。図1のア～エから1つ選び，記号で答えなさい。

(2) 図1の月が見えたときの月の位置はどこですか。最も適するものを，図2のア～クから1つ選び，記号で答えなさい。

(3) 図1の月を望遠鏡《ぼうえんきょう》で観察したところ，月の表面にはたくさんのくぼみがあることがわかりました。このくぼみを何といいますか，答えなさい。

(4) 図1の月が見えてから1週間後の月について，次の①，②の問いに答えなさい。

① 月の形として，最も適するものを，次のア～クから1つ選び，記号で答えなさい。

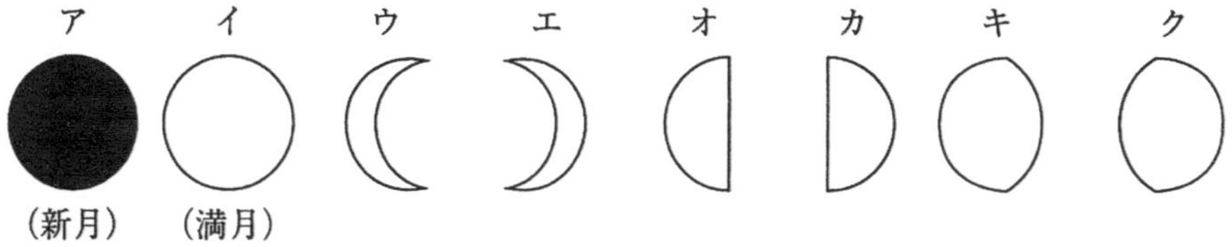

② 月が真南に見えるのは何時ごろですか。最も適するものを，次のア～エから1つ選び，記号で答えなさい。

ア．午前0時ごろ　　イ．午前6時ごろ

ウ．正午ごろ　　エ．午後6時ごろ

4．次の文章は，暁子さんと学くんの電気についての会話です。この会話について，あとの問いに答えなさい。ただし，豆電球と乾《かん》電池はすべて同じものを使っているものとします。

図1

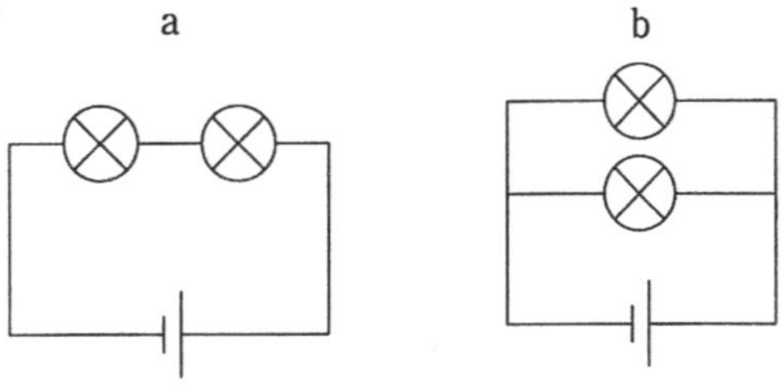

暁子：図1のように，豆電球のつなぎ方にはaとbの2種類があるよね。

学　：そうだね。aが［あ］つなぎ，bが［い］つなぎって言うよね。

暁子：その通り。豆電球の1つの明るさを比べると，［う〔 a ・ b 〕］の方が明るく光るよ。

学　：ということは，［え〔 a ・ b 〕］の方が電池は長持ちするはずだね。

暁子：ところで，各家庭にある電気器具は［お〔 a ・ b 〕］と同じつなぎ方になっているね。

学　：どうしてだろう？

暁子：［か］からだよ。

学　：そうなんだね。そういえば，家の階段によくあるスイッチで，1階のスイッチでも，2階のスイッチでも，どちらからでも階段の照明をつけたり消したりすることができるのは，どんな回路《かいろ》になっているのだろう？

暁子：そうだね。その回路について，一緒に考えてみよう。

(1)　文章中の［あ］・［い］に入る適切な語句をそれぞれ答えなさい。

(2)　文章中の［う］～［お］に入る内容として適切な方をどちらか選び，解答欄《らん》の記号を囲みなさい。

(3) 文章中の[か]に入る最も適切な文章を次のア～カから１つ選び，記号で答えなさい。

ア．a のつなぎ方だと，電気器具が壊れにくい

イ．b のつなぎ方だと，電気器具が壊れにくい

ウ．a のつなぎ方だと，１つの電気器具のスイッチを切っても，他の電気器具には電流が流れ続ける

エ．b のつなぎ方だと，１つの電気器具のスイッチを切っても，他の電気器具には電流が流れ続ける

オ．a のつなぎ方だと，たくさんの電気器具を使っても節電ができる

カ．b のつなぎ方だと，たくさんの電気器具を使っても節電ができる

(4) 文章中の下線部について，図２のスイッチ２個，豆電球，乾電池を使って，適切な回路を解答欄の図に線を描き，完成させなさい。ただし，スイッチ１個で，図３のようにつなげると豆電球をつけたり，消したりできるものとします。

図２

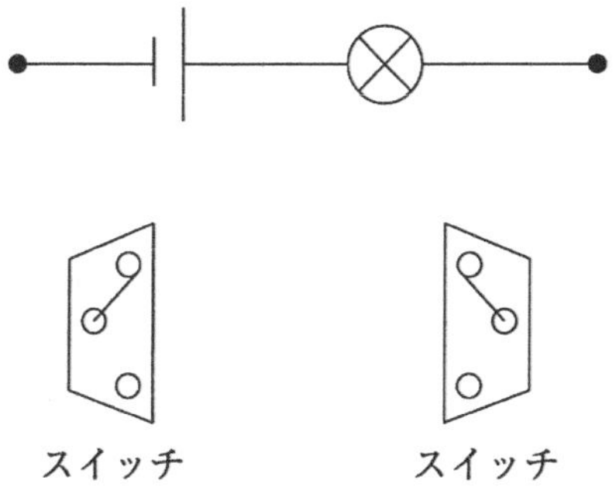

図３

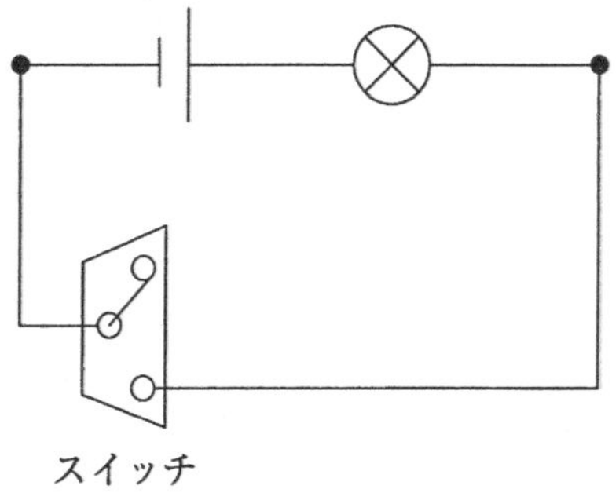

5．次の文章は，暁子さんと学くんの浮《ふ》力《りょく》についての会話です。この会話について，あとの問いに答えなさい。

暁子：鉄のくぎを水に入れると沈むのに，どうして，鉄でできている船が水に浮くの？

学　：船体全部が鉄でできているわけではなく，船の内部には空洞《どう》があったりするよね。その分軽くなっているから浮くのではないかな？

暁子：浮力について，調べてみよう。

学　：そうしよう。

《後日》

暁子：浮力の大きさについては，「アルキメデスの原理」で考えられることが分かったよ。

学　：「アルキメデスの原理」ってなに？

暁子：「浮力の大きさは，液体に沈んでいる部分が押しのけた分の液体の重さに等しい。」というものだよ。

学　：ちょっと難しいね。

暁子：例えば，図１のように，体積が100 cm^3 の物体を水の中に入れたとき，全体が沈んだとすると，この物体が水100 cm^3 を押しのけたことになるから，水は1 cm^3 あたり1 g の重さなので，[あ] g の浮力が生じることになるんだよ。

図１

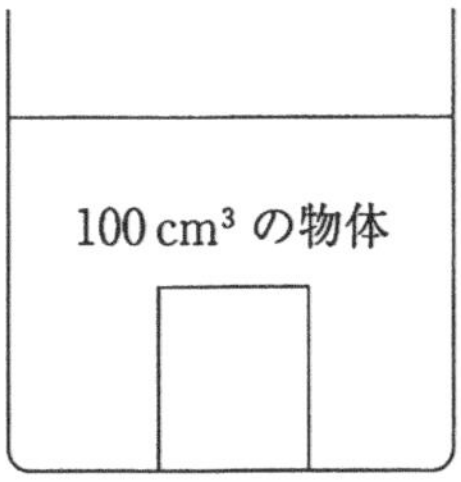

学　：なるほど。それじゃあ，船のように水面に浮かんでいる物体はどう考えるのかな？

暁子：水に沈んでいる部分だけで浮力を考えれば良いんだよ。

図２

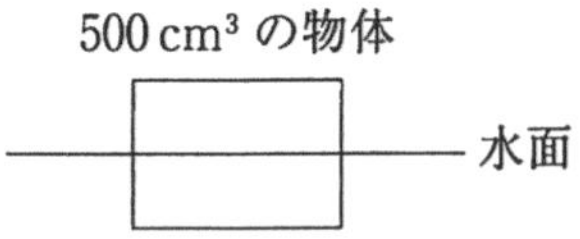

学　：そうか，分かった。例えば，図２のように，水の中に500 cm^3 の物体を入れたとき，その半分だけが水の中に沈んでいるとすると，浮力は [い] g 生じるということだよね。

暁子：そうだよ。さらに，この場合，水に浮かんでいる物体の重さは [う] g ということも分かるね。

学　：そういえば，水より海水の方が浮きやすいって聞いたことがあるけど。

晩子：それも，アルキメデスの原理で説明できるよ。水より海水の方が重いからだよ。
図1のときの水を海水にしたときも物体全体が沈んでいたら，海水が1 cm³ あたり1.03 g の重さだとすると，浮力は [え] g ということになるね。

学　：ということは，図2のときの水を海水にした場合，海水に沈んでいる部分の体積は約 [お] cm³ となるね。

晩子：そうだね。

学　：浮力のことについて，いろいろ分かったよ。

(1) 文章中の [あ] に入る最も適切な数値を次のア〜オから1つ選び，記号で答えなさい。

ア．1　　イ．10　　ウ．100　　エ．1000　　オ．10000

(2) 文章中の [い] 〜 [え] に入る適切な数値をそれぞれ答えなさい。

(3) 文章中の [お] に入る適切な数値を答えなさい。ただし，答えは小数第1位を四捨五入し，整数で答えなさい。

(4) 底面積が 40 cm²，高さが 10 cm の円柱の形をした物体をばねばかりにつけ，ばねばかりの値を読むと 600 g でした。その物体を図3のように水そうの水の中に少しずつ沈め，水面から物体の底面までの深さと，ばねばかりの値の関係を測定しました。その測定結果をグラフにするとどうなりますか。解答欄《らん》のグラフに記入しなさい。ただし，測定している間は沈めている物体の底面は，水そうの底と常に平行であり，水そうの底にはつかないものとします。

図3

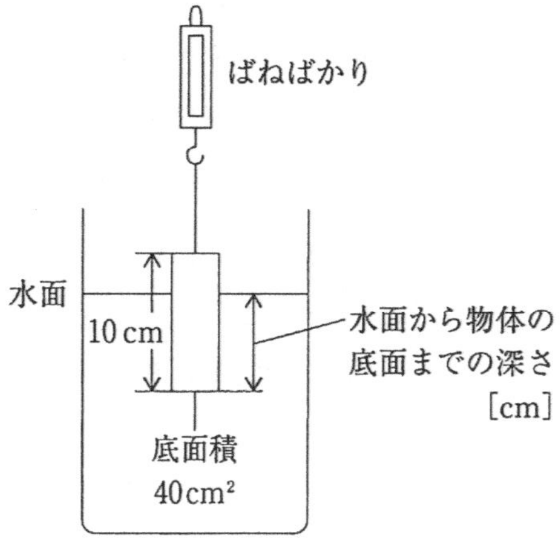

6．食塩とホウ酸をそれぞれ 100 cm³ の水に入れてかきまぜ，とける量，性質などについて調べることにしました。下の表は水の温度と 100 cm³ の水にとける量との関係を測定した結果です。あとの問いに答えなさい。

水の温度(℃)	10	20	30	40	60	80
食塩(g)	35.8	35.8	36.0	36.3	37.1	38.0
ホウ酸(g)	4.0	5.0	7.0	9.0	15.0	23.5

(1) 食塩やホウ酸をはやく水にとかすには，水の温度を高くする方法以外にどんな方法がありますか。その方法を１つ簡単に答えなさい。

(2) 水のようにものをとかしている液のことを何といいますか，答えなさい。

(3) 10 ℃の水 100 cm³ にホウ酸 10 g を入れましたが，とけませんでした。あと何 cm³ の水を加えれば，ホウ酸を全部とかすことができますか，答えなさい。

(4) 30 ℃で 27 g の食塩をとかすには，水は少なくとも何 cm³ 必要ですか，答えなさい。

(5) 0 ℃の水 200 cm³ にホウ酸を 10 g 入れましたが，とけませんでした。水の温度を何℃以上にあたためると，全部とかすことができますか，答えなさい。

(6) 30 ℃でとけるだけとかした食塩水のこさは，何％ですか。ただし，水の重さを 1 cm³ あたり 1 g とし，答えは小数第１位を四捨五入し，整数で答えなさい。

(7) 60 ℃の水 100 cm³ に，36 g の食塩をとかしました。温度を下げても，ほとんど食塩は出てこなかったので，熱して水を 50 cm³ 蒸発したあと 80 ℃にすると，食塩が出てきました。何 g の食塩が出てきますか，答えなさい。

7．空気中でものを燃やすと，空気中の酸素と燃やすものが結びつき，性質が変化した別のものができます。このできた別のものを，「酸化物《さんかぶつ》」といいます。酸化物は燃やすものと比べて，結びついた酸素の重さ分だけ重くなります。また，燃やすものの重さが2倍，3倍になると，結びつく酸素の量も2倍，3倍になり，そして，できる酸化物の重さも2倍，3倍になります。次の表を参考に，あとの問いに答えなさい。

もの	炭素	水素	銅粉
ものの質量　(g)	12	2	64
酸化物の質量(g)	44	18	80

(1)　プロパンという燃える気体があります。プロパンは炭素と水素という2つのものが結びついてできており，燃えると2種類の酸化物ができます。このプロパンを燃やしたときにできる2種類の酸化物を何といいますか。それぞれ物質名で答えなさい。

(2)　ある重さの炭素がすべて燃えて132gの酸化物ができたとき，燃えた炭素と結びついた酸素は，それぞれ何gですか，答えなさい。

(3)　100gの酸素だけが入った容器の中に炭素30gを入れてすべて燃やすと，酸化物が発生し，容器には酸化物と酸素だけが残りました。このとき，できた酸化物の重さと，容器の中に残った酸素の重さは，それぞれ何gですか，答えなさい。

(4)　銅粉10.8gを空気中で加熱し，生じたものの重さをはかったところ，12.5gありました。このとき，銅の一部はまだ酸化物に変わっていませんでした。生じた12.5gの中に銅は何g残っていますか，答えなさい。

2024(R6) 暁中
K 教英出版

令和６年度

暁中学校入学試験問題

社　　会

（45分）

〔注　意　事　項〕

(1)　試験開始のチャイムが鳴るまで，この問題冊子の中を見てはいけません。

(2)　試験開始の合図で，解答用紙に受験番号と名前を書きなさい。

(3)　答えはすべて解答用紙の決められたところに，はっきり書きなさい。

(4)　試験終了のチャイムが鳴りましたら，すぐに鉛筆《えんぴつ》をおき，監督《かんとく》者の指示にしたがいなさい。

(5)　問題用紙は，持ち帰ってよろしい。

2024(R6) 暁中
教英出版

1．次の地図をみて，各問いに答えなさい。

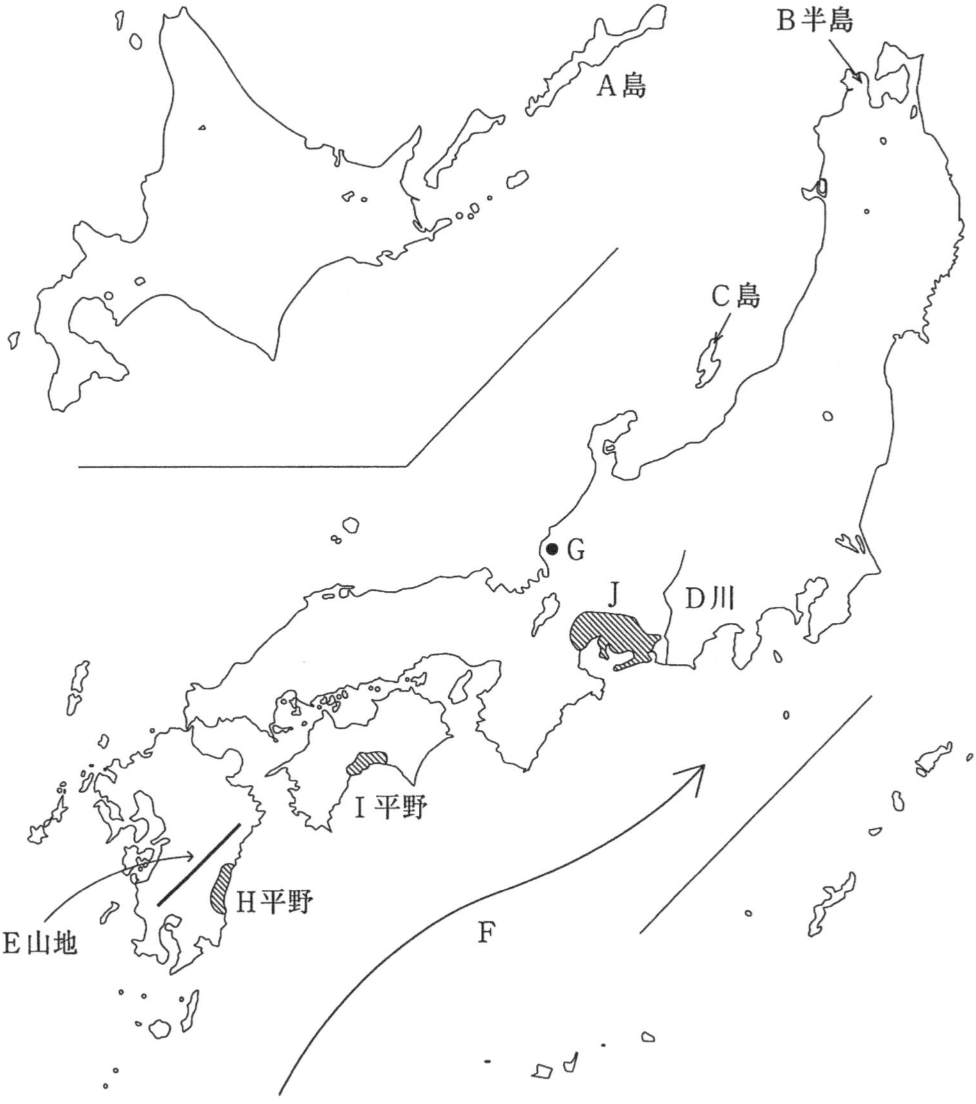

問１　地図中のＡ～Ｅの地形名を答えなさい。

問２　地図中の矢印Ｆが示す海流を，次のア～エから一つ選び，記号で答えなさい。

ア　対馬海流　　イ　日本海流　　ウ　リマン海流　　エ　千島海流

問3　次のグラフは都市Gの気候を示しています。1月や12月の降水量が多い理由を簡単に説明しなさい。

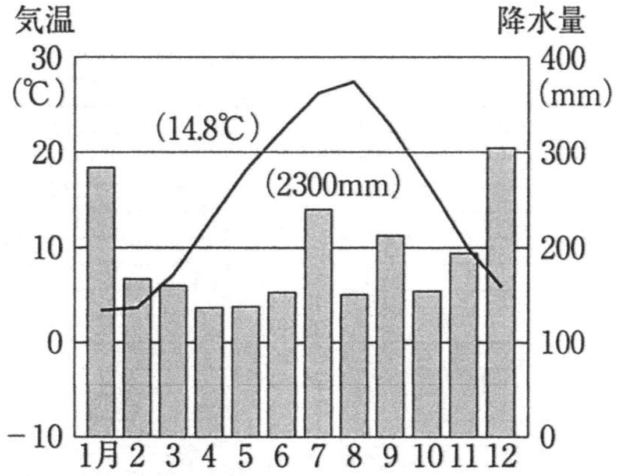

『日本のすがた2023　日本国勢図会ジュニア版』より

問4　次のグラフは自然災害による死者・行方不明者を示しています。2011年に起きた自然災害を，次のア～エから一つ選び，記号で答えなさい。

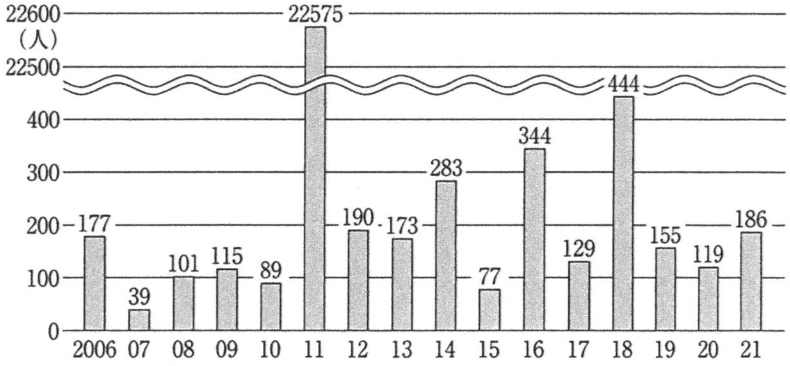

『日本のすがた2023　日本国勢図会ジュニア版』より

ア　室戸台風　　イ　伊勢湾台風　　ウ　阪神・淡路大震災　　エ　東日本大震災

問５　次のグラフは日本の年齢別人口を示しています。1935年と2021年を比較するとどのような変化が読み取れますか。簡単に説明しなさい。

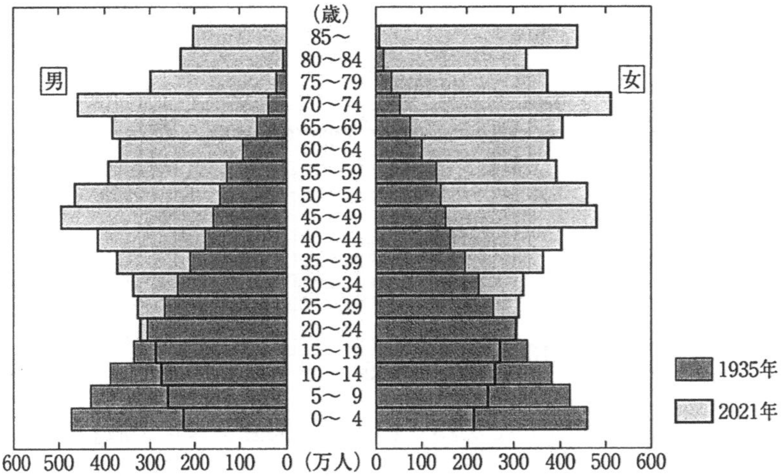

『日本のすがた2023　日本国勢図会ジュニア版』より

問6　次の地図中の●は，おもな発電所（最大出力15万kW以上）を示しています。●が示す発電所の発電方法を，下のア～エから一つ選び，記号で答えなさい。

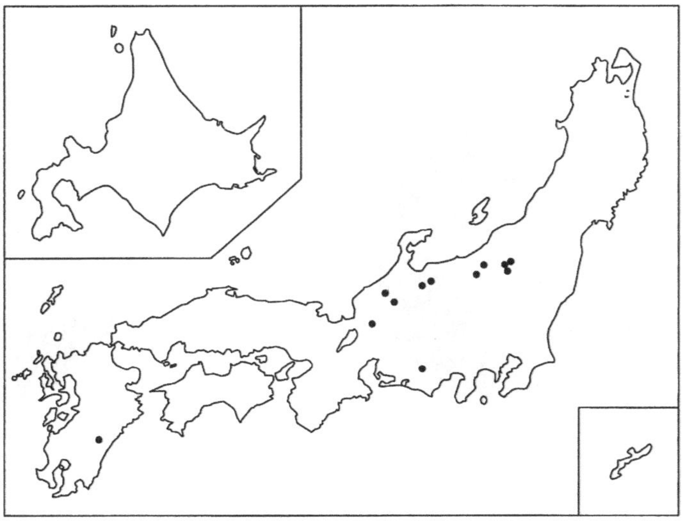

『日本のすがた2023　日本国勢図会ジュニア版』より

ア　地熱発電　　イ　水力発電　　ウ　火力発電　　エ　原子力発電

問7　日本の稲作について，食生活の欧米化が進んだことにより，1962年頃からコメの消費量は減少し，大量のコメが余ってしまう状況となりました。コメの作り過ぎで価格が下がることを防ぐために実施された生産調整政策を何と言いますか。答えなさい。

問8　地図中のH平野やI平野では野菜の促成栽培がさかんです。この地域が他の地域より早期に出荷できる理由を説明しなさい。

問9　日本の料理文化は世界的に評価が高く，2013年にはユネスコから「和食；日本人の伝統的な食文化」としてユネスコ（　　　）遺産に登録されました。空欄に適する語句を漢字4文字で答えなさい。

問10　地図中の地域Ｊにおける工業出荷額割合を示すグラフを，次のア～エから一つ選び，記号で答えなさい。

ア

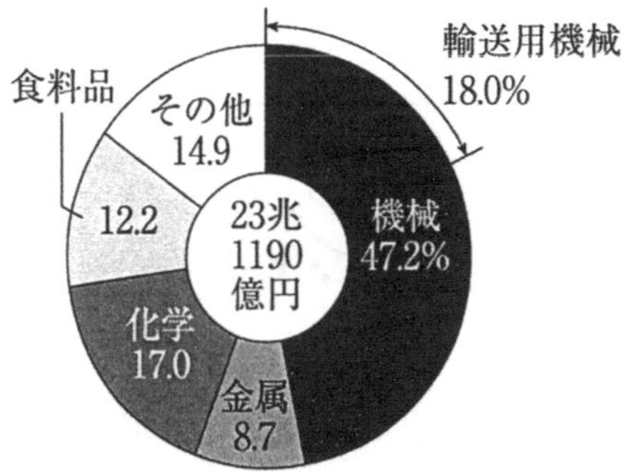

イ

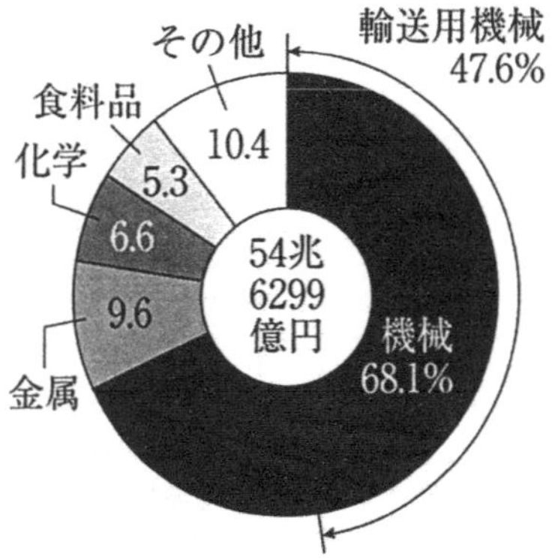

ウ

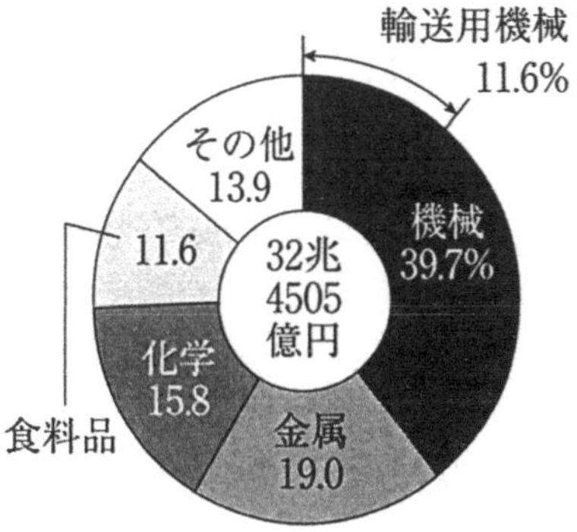

エ

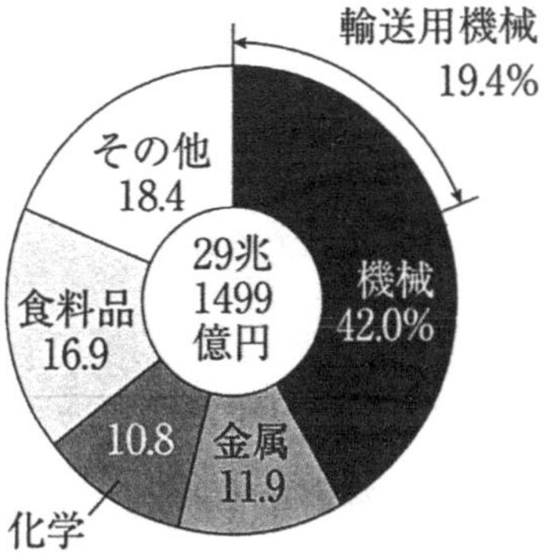

『日本のすがた2023　日本国勢図会ジュニア版』より

問11　自動車などにつけるナンバープレートには地域の特色をデザインしたユニークなものが多くみられます。次の①～④のナンバープレートが示す都市がある都道府県を下のア～エから選び，それぞれ記号で答えなさい。

①　小説『坂の上の雲』にちなんだ形

②　カーリングのストーンの形

③　伝統工芸品の輪島塗にちなんだ形

④　江戸時代，日本唯一の西洋貿易の窓口であった出島にちなんだ形

ア　北海道　　イ　愛媛県　　ウ　長崎県　　エ　石川県

2．次の文章を読み，あとの問いに答えなさい。

A

「和菓子」の歴史は，①縄文時代までさかのぼり，誕生のきっかけは木の実や果物だったとされています。木の実を粉砕《ふんさい》して，水で*1灰汁《あく》を抜き丸めたもので，これが②団子《だんご》の始まりといわれています。また，田道間守《たじまもり》が*2常世国《とこよのくに》から持ち帰ったという「非時香菓《ときじくのかぐのこのみ》」が今日の*3橘《たちばな》となり，これを菓子の起源とする説があります。菓子にも様々なものがありますが，餅や米・麦でつくる飴《あめ》は③古墳時代までさかのぼると考えられます。他にも，④遣唐使が，唐から持ち帰ったものの中に「唐菓子《からがし》」がありました。「唐菓子」は⑤平安時代の古典文学作品のなかにも登場しています。この「唐菓子」は，米，麦，大豆，小豆などをこねたり，油で揚げたりしたもので特徴のある形をしており，祭礼品として尊ばれました。この「唐菓子」や⑥鎌倉時代に「お茶」が流行したことなどが「和菓子」に大きな影響を与えたと考えられます。様々な素材を取り入れながら，製造や加工方法を発展させ，伝統的な技術を生かしながら作られている「和菓子」は，日本の伝統文化と深く結びついて人々に愛され続けています。

＊1　灰汁…野菜のえぐみや渋み，魚や肉の臭み成分の総称。
＊2　常世国…海の彼方にあるとされる異世界。理想郷。
＊3　橘…ミカン科の常緑小高木

問1　下線部①に関連して，食べた物の残りかすなどを捨てた場所は，当時の人々の生活を知る貴重な遺跡ですが，このような遺跡を何と言いますか。答えなさい。

問2　下線部②に関連して，次の会話文中の（　X　）・（　Y　）に入る語句の組合せとして正しいものを，次のア～エから一つ選び，記号で答えなさい。

生徒Ａ：団子にも色々あるけど，僕は三色団子が好きだな。

生徒Ｂ：三色団子は桜のお花見の歴史と関係があるって聞いたことがあるんだ。（　Ｘ　）が1598（慶長３）年に催した京都の（　Ｙ　）寺というお寺でお花見をした時にお茶菓子として来客に振舞ったのが三色団子の始まりらしいよ。

生徒Ａ：それは知らなかった。

生徒Ｂ：それまでの花見は飲食をともなうような宴《うたげ》ではなくて，歌を詠んだり，舞や音楽を楽しんだりといった貴族の遊びだったんだ。桜を愛でながら大勢で飲食するスタイルがここから庶民にも広がり，それとともに三色団子がお花見に欠かせない和菓子として定着していったそうだよ。

生徒Ａ：なるほど。

生徒Ｂ：それから，この三色は桜・残雪・草を表しているそうだけど，他にも意味があるらしいよ。

生徒Ａ：どんな意味があるの？

生徒Ｂ：もともとピンクは紅色であり，紅白饅頭《まんじゅう》などにもあるように紅と白の組合わせはとても縁起が良いとされているんだ。それに緑色は生命力を感じさせ，邪気《じゃき》を払う色とされているんだって。他にもこの三色は季節を表しているという説もあるんだ。ピンクは春，白は冬，緑は夏。秋を表す色がないのは「秋がない」＝「飽きがこない」にかけているんだって。

生徒Ａ：三色団子にそんな歴史があるなんて，初めて知ったよ。

ア　Ｘ　織田信長　Ｙ　延暦　　イ　Ｘ　織田信長　Ｙ　醍醐

ウ　Ｘ　豊臣秀吉　Ｙ　延暦　　エ　Ｘ　豊臣秀吉　Ｙ　醍醐

問３　下線部③に関連して，世界遺産に登録されている「百舌鳥・古市古墳群」のなかで最大の古墳である大仙古墳を地図中のア～エから一つ選び，記号で答えなさい。

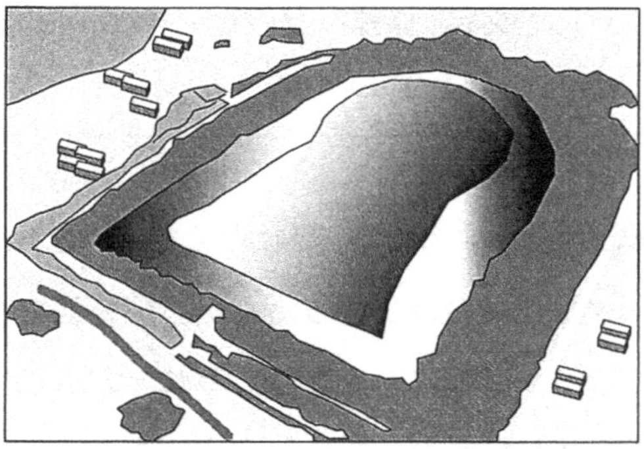

問４　下線部④に関連して，日本から遣唐使が派遣され，日本に唐の政治制度や文化が入ってきました。次の資料は，この時代のものです。

> 天平十五年十月十五日，菩薩《ぼさつ》の大願をたて盧舎那仏《るしゃなぶつ》の金銅像一体をつくることとする。
> 国中の銅を尽《つ》くして，像を鋳造《ちゅうぞう》し，大山を削《けず》って仏殿《ぶつでん》を建て，仏法を世界にひろめて･･･
> 天下の富と権威《けんい》をもっているのは私である･･･

(1)　資料中の下線部の人物として適切なものを，次のア～エから一つ選び，記号で答えなさい。

ア　天智天皇　　イ　聖武天皇　　ウ　天武天皇　　エ　桓武天皇

(2)　(1)の人物が盧舎那仏をつくることを命じた理由は何ですか。次の語句を用いて説明しなさい。

仏　教

令和六年度　暁中学校　入学試験問題解答用紙　国語

受験番号

名前

※50点満点
（配点非公表）

一

問1
①
②　える
③
④

問2
①
②

問3
①
②

問4
②
④

二

問1

問2

問3

問4

問5

2

(1) 分速 m	(2) 歩く速さ 分速 m	走る速さ 分速 m

(3) m	(4) 時 分

3

(1) cm	(2) cm^2

4

(1)	(2)
(3)	(4)

受験番号	名　前

※50点満点
（配点非公表）

5	(1)		(4)	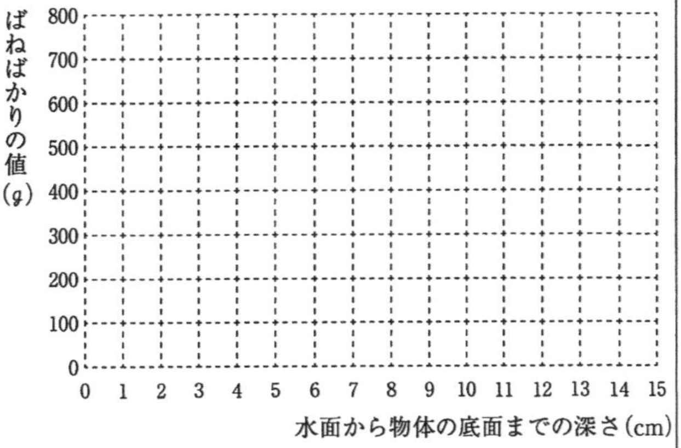
	(2)	い		
		う		
		え		
	(3)			

6	(1)					
	(2)		(3)	cm^3	(4)	cm^3
	(5)	℃以上	(6)	%	(7)	g

7	(1)		
	(2)	炭素　g	酸素　g
	(3)	酸化物　g	残った酸素　g
	(4)	g	

受験番号	名　　前

※50点満点
（配点非公表）

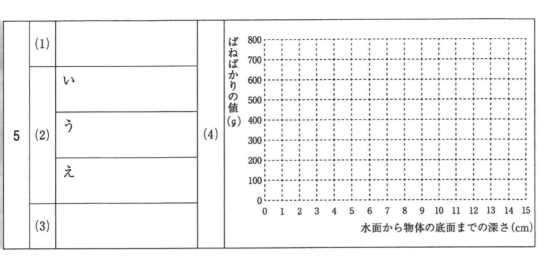

(2)

問5	(1)		(2)	

問6	(1)	→ →	(2)	

問7		問8		問9	

問10	(1)		(2)	→ →

問11		問12	

問13	(1)		(2)	

問14		問15	

3

問1		問2		問3		問4	

問5		問6				問7	

問8		問9	

受験番号	名　　前

※50点満点
（配点非公表）

教英出版

令和6年度　暁中学校　入学試験問題解答用紙　　社　会

1

問1	A　　島	B　　半島	C　　島
	D　　川	E　　山地	

問2		問3	
問4		問5	
問6		問7	
問8			
問9		問10	

問11	①	②	③	④

2

問1		問2		問3	

【解答

令和６年度　暁中学校　入学試験問題解答用紙　　　理　科

<table>
<tr><td rowspan="2">1</td><td>(1)</td><td></td></tr>
<tr><td>(2)</td><td></td></tr>
</table>

<table>
<tr><td rowspan="3">2</td><td rowspan="2">(1)</td><td>あ</td><td>い</td><td>う</td></tr>
<tr><td>え</td><td>お</td><td></td></tr>
<tr><td>(2)</td><td colspan="3"></td></tr>
</table>

<table>
<tr><td rowspan="2">3</td><td>(1)</td><td></td><td>(2)</td><td></td><td>(3)</td><td></td></tr>
<tr><td>(4)</td><td colspan="2">①</td><td colspan="2">②</td><td></td></tr>
</table>

<table>
<tr><td rowspan="6">4</td><td rowspan="2">(1)</td><td>あ</td><td colspan="2"></td></tr>
<tr><td>い</td><td rowspan="5">(4)</td><td rowspan="5">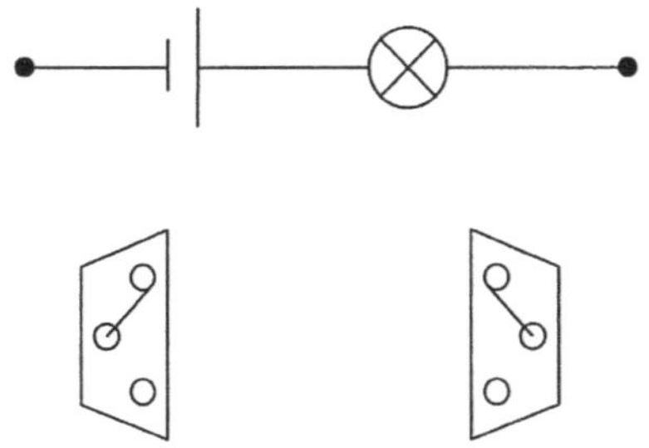</td></tr>
<tr><td rowspan="3">(2)</td><td>う　a ・ b</td></tr>
<tr><td>え　a ・ b</td></tr>
<tr><td>お　a ・ b</td></tr>
<tr><td>(3)</td><td></td></tr>
</table>

令和６年度　暁中学校　入学試験問題解答用紙　　算　数

1

(1)	(2)	(3)

(4) りんご　個	みかん　個
(5) g	(6) 通り
(7) ア	イ
ウ	エ
(8) 度	(9) cm^3
(10) 平均値　点	中央値　点
最頻値　点	

問6

どちらかに〇	
反対	賛成
理由	

三

問1

問2

問3

問4

問5

A

B

C

問５　下線部⑤に関連して，次の各問いに答えなさい。

(1)　平安時代の文学作品に該当しないものを，次のア～エから一つ選び，記号で答えなさい。

ア　『徒然草』　　イ　『枕草子』　　ウ　『土佐日記』　　エ　『源氏物語』

(2)　平安時代の出来事について述べた文として適切なものを，次のア～エから一つ選び，記号で答えなさい。

ア　雪舟によって水墨画が大成された。

イ　『浦島太郎』や『一寸法師』などの「お伽草子」がつくられた。

ウ　運慶・快慶らによって，東大寺南大門の金剛力士像がつくられた。

エ　奥州藤原氏によって，平泉に中尊寺金色堂がつくられた。

問６　下線部⑥に関連して，次の各問いに答えなさい。

(1)　次のア～ウのカードは，鎌倉時代（1192～1333年）におきた出来事を示したものです。ア～ウのカードの内容を古いものから順に並べかえなさい。

ア	御成敗式目を制定し，御家人に対する裁判の基準を定めた。

イ	承久の乱後，京都に六波羅探題を設置し，朝廷を監視した。

ウ	御家人の借金帳消しを命じる徳政令を出して御家人を救済した。

(2)　次の文章中の（　Ｘ　）・（　Ｙ　）にあてはまる語句の組合せとして正しいものを，次のア～エから一つ選び，記号で答えなさい。

> お茶は鎌倉時代初期に，臨済宗を開いた（　Ｘ　）が，当時の中国（　Ｙ　）から持ち帰って日本に伝え，『喫茶養生記《きっさようじょうき》』を著して，お茶の効能《こうのう》を説きました。

ア　Ｘ　栄西　　Ｙ　宋　　　イ　Ｘ　栄西　　Ｙ　明

ウ　Ｘ　道元　　Ｙ　宋　　　エ　Ｘ　道元　　Ｙ　明

Ｂ

「洋菓子」が日本に最初にやってきたのは⑦16世紀でした。ヨーロッパ人宣教師が日本を訪れ，⑧キリスト教とともに，カステラやビスケットや金平糖《こんぺいとう》などを伝えました。その多くはポルトガル人やスペイン人との（　⑨　）貿易によってもたらされたため，これらのお菓子は「（　⑨　）菓子《がし》」と呼ばれました。

但し，日本では「和菓子」が作られていたため，⑩江戸時代に「洋菓子」が普及することはありませんでした。⑪日本が開国すると，外国産の⑫小麦粉がたくさん流入するようになり，日本で小麦粉を使用して作る「洋菓子」が広がり始めたのは⑬明治時代に入ってからでした。また，ヨーロッパの調理器具，たとえばオーブンの登場により，栗饅頭《くりまんじゅう》やカステラ饅頭などの焼き菓子類が東京や大阪などの都市部において日本人の手で「洋菓子」が作られ始めました。これ以来，⑭大正・昭和・平成の時を経て，⑮現在の令和においても「洋菓子」のみならず「和菓子」やアイスクリームなどの「氷菓」，プリン・ゼリーなどの「デザート類」は，人々の生活に癒しと潤いをもたらしています。

問７　下線部⑦について，16世紀（1501～1600）におきた出来事として該当しないものを，次のア～エから一つ選び，記号で答えなさい。

ア　本能寺の変がおきた。　　　　イ　文禄の役がおきた。

ウ　桶狭間の戦いがおきた。　　　エ　応仁の乱がおきた。

問８　下線部⑧に関連して，次の年表は日本にキリスト教が伝わった後の出来事をまとめたものです。徳川家康が，キリスト教の布教を全国で禁止した時期を次の年表中のア～エから一つ選び，記号で答えなさい。

1549年	フランシスコ・ザビエルが来日してキリスト教を伝える
	↕ …　ア
1616年	ヨーロッパ人の来航を長崎・平戸に限定する
	↕ …　イ
1624年	スペイン人の来航を禁止する
	↕ …　ウ
1637年	島原・天草一揆がおきる
	↕ …　エ
1641年	オランダ商館を平戸から出島に移す

問９　文中の（　⑨　）に適する語句を答えなさい。

問10　下線部⑩に関連して，次の各問いに答えなさい。

⑴　江戸幕府における将軍と大名との主従関係についてまとめたメモの一部です。（　　　）に入る語句を答えなさい。

・江戸と大名の領地に１年ごとに交互に住まわせる（　　　）を行った。
・大名の妻子は江戸で生活させた。
・他の藩の河川の改修工事などを命じた。

⑵　江戸時代には狂歌《きょうか》や川柳《せんりゅう》などの文化が流行しましたが，政治を風刺した次のア～ウの狂歌について，古いものから年代順に正しく並べ替えなさい。

ア　泰平《たいへい》の眠りを覚ます上喜撰《じょうきせん》　たつた四杯で夜も眠れず

イ　白河《しらかわ》の清きに魚のすみかねて　もとの濁《にご》りの田沼こひしき

ウ　浅間《あさま》しや富士より高き米相場　火のふる江戸に砂の降とは

問11　下線部⑪について，1854年に調印した条約名とその条約に基づいて開港した港の組合せとして正しいものを，次のア～エから一つ選び，記号で答えなさい。

ア　日米和親条約　－　下田・函館　　　イ　日米和親条約　－　横浜・神戸

ウ　日米修好通商条約－下田・函館　　　エ　日米修好通商条約－横浜・神戸

問12　下線部⑫に関連して，次の表は小麦を含む４つの農産物について，その収穫量の多い順に都道府県名を並べたものです。小麦に当てはまるものを表の中のア～エから一つ選び，記号で答えなさい。

	１位	２位	３位	４位	５位
ア	群馬県	愛知県	千葉県	茨城県	長野県
イ	北海道	福岡県	佐賀県	愛知県	三重県
ウ	熊本県	北海道	愛知県	茨城県	千葉県
エ	北海道	千葉県	徳島県	青森県	長崎県

『日本のすがた2023 日本国勢図会ジュニア版』より

問13　下線部⑬について，次の各問いに答えなさい。

(1)　明治政府は民間の会社を育成することに力を入れましたが，日本初の銀行や多くの会社設立にたずさわり，日本経済の発展に力を尽くした実業家の名前を答えなさい。

(2)　次の図は，1872年に設立され2014年に世界文化遺産に認定された官営模《も》範《はん》工場内のようすを描いたものです。この工場がある都道府県の形を，次のア～エから１つ選び，記号で答えなさい。（縮尺は異なっていますが，方位は上が北になっています）

ア

イ

ウ

エ

問14　下線部⑭に関連して，次のA～Cの文の正誤の組合せとして正しいものを，次のア～カから一つ選び，記号で答えなさい。

A　大正時代：1920年に国際連盟が設立され，日本はアメリカやイギリスとともに常任理事国となった。

B　昭和時代：1951年に日本はサンフランシスコ平和条約に調印し，国際連合への加盟が認められた。

C　平成時代：1992年に「国際連合平和維持活動等に対する協力に関する法律」が成立し，国連平和維持活動の一環として自衛隊がカンボジアに派遣された。

ア	A：正	B：正	C：誤	イ	A：正	B：誤	C：正
ウ	A：正	B：誤	C：誤	エ	A：誤	B：正	C：正
オ	A：誤	B：正	C：誤	カ	A：誤	B：誤	C：正

問15　下線部⑮に関連して，令和の出来事について2019年5月から2023年5月までにあった出来事に当てはまらないものを，次のア～エから一つ選び，記号で答えなさい。

ア　消費税の税率が8％から10％に引き上げられたのと同時に，消費税の軽減税率制度が実施された。

イ　中国の北京で冬季オリンピック・パラリンピックが開催された。

ウ　アメリカ合衆国の大統領と北朝鮮の最高指導者がシンガポールで初めて会談した。

エ　新型コロナウイルスの感染拡大を受け，政府から緊急事態宣言を発令され，都道府県から外出自粛が呼びかけられた。

3．以下の「令和５年１月４日岸田内閣総理大臣年頭記者会見」抜粋を読んで，以下の問題に答えなさい。抜粋は一部加筆修正をしている。

・・・・・　私は本年を昨年の様々な出来事に思いをはせながらも，新たな挑戦をする１年にしたいと思います。

(中略)

特に，２つの課題，第１に，日本経済の長年の課題に終止符を打ち，新しい好循環の基盤を起動する。第２に，異次元の少子化対策に挑戦する。そんな年にしたいと考えています。

(中略)

今年の春闘について，連合は５パーセント程度の賃上げを求めています。是非，インフレ率を超える賃上げの実現をお願いしたいと思います。①政府としても，最低賃金の引上げ，公的セクターで働く労働者や政府調達に参加する企業の労働者の賃金について，インフレ率を超える賃上げが確保されることを目指します。

そして，この賃上げを持続可能なものとするため，意欲ある個人に着目した（　a　）による能力向上支援，職務に応じてスキルが正当に評価され，賃上げに反映される日本型の職務給の確立，GXや（　b　）（デジタル・トランスフォーメーション），スタートアップなどの成長分野への雇用の円滑な移動を三位《み》一体で進め，構造的な賃上げを実現します。本年６月までに労働移動円滑化のための指針を取りまとめ，働く人の立場に立って，三位一体の労働市場改革を加速します。

②もちろん女性の積極登用，男女間賃金格差の是正，非正規の正規化なども経済界と共に進めていきます。また，女性の正規雇用におけるＬ字カーブや，女性の就労を阻害する，いわゆる103万円，130万円の壁などの是正にも取り組んでまいります。

(中略)

そして，今年のもう一つの大きな挑戦は少子化対策です。昨年（2022）の出生数は80万人を割り込みました。少子化の問題はこれ以上放置できない，待ったなしの課題です。経済の面から見ても，少子化で縮小する日本には投資できない，そうした声を払拭《ふっしょく》しなければなりません。③こどもファーストの経済社会をつくり上げ，出生率を反転させなければなりません。本年４月に発足する④こども家庭庁の下で，今の社会において必要とされるこども政策を体系的に取りまとめた上で，６月の骨太方針までに将来的なこども予算倍増に向けた大枠を提示していきます。

（中略）

そして，この伊勢の地を訪れるたびに思い出すのは，７年前の伊勢志摩⑤サミットです。Ｇ７議長としての（　Ｘ　）の卓越したリーダーシップの下で，世界経済の安定化，海洋秩序の維持など，多くの成果が上げられました。７年の時を経て，本年，再び我が国はＧ７議長国を務め，（　Ｙ　）にはサミットを開催します。今年の開催地は（　Ｚ　）です。ロシアのウクライナ侵略という暴挙によって国際秩序が大きく揺らぐ中で，自由，民主主義，人権，法の支配といった普遍的価値を守り抜くため，そうしたＧ７の結束はもとより，Ｇ７と世界の連帯を示していかなければなりません。⑥同時に，対立や分断が顕在化する国際社会をいま一度結束させるために，グローバルサウスとの関係を一層強化し，世界の食料危機やエネルギー危機に効果的に対応していくことが求められます。・・・・・・・・・

問１　「内閣」の仕事として適当でないものを次のア～エから一つ選び，記号で答えなさい。

ア　法律案や予算案をつくって，国会に提出する。

イ　参議院の解散を決める。

ウ　外国と条約を結ぶ。

エ　最高裁判所の長官を指名し，裁判官を任命する。

問２　下線部①に関連して，厚生労働省の審議会は最低賃金について，全国平均の時給を過去最大の41円引き上げるとする目安を取りまとめ，令和５年度に初めて全国平均の時給がある金額をこえました。このある金額を次のア～エから一つ選び，記号で答えなさい。

ア　500円　　イ　750円　　ウ　1000円　　エ　1500円

問３　文中の（　ａ　）には，「新しい職業に就くために，あるいは，今の職業で必要とされるスキルの大幅な変化に適応して，必要なスキルを獲得する／させること」を意味する単語が入ります。その単語を次のア～エから一つ選び，記号で答えなさい。

ア　リスキリング　　イ　アウトソーシング

ウ　エビデンス　　エ　リテラシー

問４　文中の（　ｂ　）に入る適切なアルファベットを次のア～エから一つ選び，記号で答えなさい。

ア　FX　　イ　AI　　ウ　DX　　エ　DT

問５　下線部②に関連して，1999年に男女が互いに能力を発揮できるよう，男女平等を推し進めるべく施行された法律を何と言いますか。答えなさい。

問６　下線部③に関連して，下図のように三重県では地域の社会資源（公民館，児童館等）を活用して，食事を中心とした居場所の提供を行う取組みをおこなっています。図の下にある【　＊　】に適する語句をひらがな３文字で答えなさい。

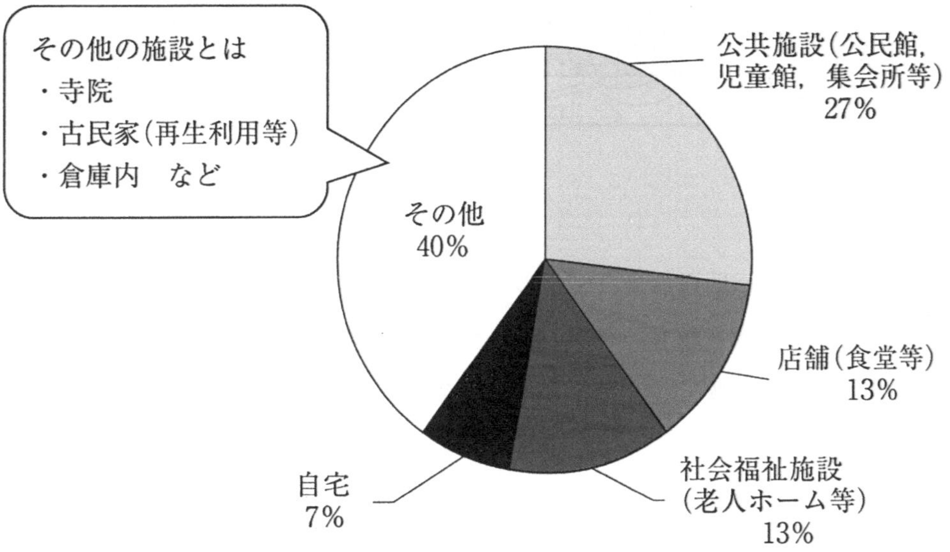

『三重県内「【　＊　】食堂」の実態調査結果について』より

問7　下線部④に関連して，こども家庭庁の３つの部門のうち「支援部門」では，虐待やいじめ，ひとり親家庭など，困難を抱える子どもや家庭の支援にあたります。下のイラストにあるような「本来大人が担うと想定されている家事や家族の世話を日常的に行っている子ども」を何といいますか。カタカナで答えなさい。

（「こども家庭庁」のHPより）

問8　下線部⑤に関連して，文中の（　X　）・（　Y　）・（　Z　）に当てはまる組合わせとして適当なものを次のア～カから一つ選び，記号で答えなさい。

ア　X　安倍晋三　　Y　5月　　Z　広島
イ　X　安倍晋三　　Y　8月　　Z　長崎
ウ　X　菅義偉　　Y　5月　　Z　広島
エ　X　菅義偉　　Y　8月　　Z　長崎
オ　X　麻生太郎　　Y　5月　　Z　広島
カ　X　麻生太郎　　Y　8月　　Z　長崎

問9　下線部⑥に関連して，下の旗はある組織の旗です。この旗の組織として適切なものを次のア～エから一つ選び，記号で答えなさい。

ア　JICA 海外協力隊	イ　国際連合
ウ　ヨーロッパ連合	エ　国境なき医師団

2024(R6) 暁中
K 教英出版

令和５年度

暁中学校入学試験問題

国　　語

（45分）

〔注　意　事　項〕

(1)　試験開始のチャイムが鳴るまで，この問題冊子の中を見てはいけません。

(2)　試験開始の合図で，解答用紙に受験番号と名前を書きなさい。

(3)　答えはすべて解答用紙の決められたところに，はっきり書きなさい。

(4)　試験終了のチャイムが鳴りましたら，すぐに鉛筆《えんぴつ》をおき，監督《かんとく》者の指示にしたがいなさい。

(5)　問題用紙は，持ち帰ってよろしい。

2023(R5) 暁中
教英出版

＊字数制限のある問いでは、特に指示のないかぎり、句読点などの記号も一字に数えるものとします。

一 次のそれぞれの問いに答えなさい。

問1 次の①～③について、正しいものには○を、まちがっているものには×を書きなさい。

① 「だれだ。このわたしに歯向かうのは。」――このような表現を「比ゆ」という。

② 「春野さんは秋田さんのように速く走れない。」――この文では秋田さんの足が速いのかおそいのかが分からないので、「秋田さんほどは」と書きかえれば、秋田さんの足がおそいことが分かりやすくなる。

③ 「子どもは言わずもがな、大人まで騒《さわ》ぎ出す。」――これと同じ意味になる表現として「子どもは当然だが、大人まで騒ぎ出す。」と言いかえることができる。

問2 次の(1)～(3)の空欄《らん》□に後のア～エの中から語句を選んで当てはめて、ことわざを完成させなさい。

(1) 後は野となれ□となれ　【意味】今がどうにかなれば、後はどうにでもなれということ。

ア 谷　イ 坂　ウ 川　エ 山

(2) □心あれば水心　【意味】相手が自分を好きになってくれたら、自分も相手を好きになるということ。

ア 人　イ 火　ウ 魚　エ 静

(3) 蛍雪《けいせつ》の□　【意味】蛍《ほたる》の光や雪の明かりによって勉強すること。転じて、苦労して学問にはげむこと。

ア 星　イ 学　ウ 功　エ 光

問3　次の――線部のカタカナを漢字に直しなさい。

(1)　お手紙をハイケンしました。

(2)　シンコクななやみがある。

(3)　父は区役所にツトめている。

(4)　栄養不足をオギナう。

二　次の文章を読んで、後の問いに答えなさい。

世界中がスマホでつながる日

いきなりですが、今後10年の間に社会に一番影響《えいきょう》を与える変化は何だと思いますか？

どんなことが、君の人生にとって一番影響が大きいでしょうか？

日本だけのことを考えれば、少子化とか高齢《れい》化と言うかもしれませんね。また、高校生の立場で考えれば、それは自分が25～28歳《さい》になっていること……もう結婚《こん》してるかもしれないしね。

でも、世界的な視野ではどうでしょう？

一番大きな変化は、世界の50億《おく》人がスマホでつながることだと言われています。だから、映像で人類がつながってしまう。言葉の壁《かべ》を超えて交流できる日も近い。

そして、そのネットワークに人工知能（AI）がつながること。つまり、私たちの生活のあちこちでネットとつながったロボットがいろんな働きをするようになる。

ロボットと言っても、「ASIMO」や「Pepper」のような人型をしているとは限りません。いまだって、「ルンバ」※1のようなお掃除《そうじ》ロボットが活躍《やく》しているでしょう。

もう少しすると、冷蔵庫も「冷蔵クン」というロボットになって、コンビニで買ったものを入れるたびにバーコードで賞味期限を判断したり、足りなくなると自動的に発注するようになるでしょう。車はすでに「移動クン」という名のロボットで、縦列駐車を自動的にやってくれる機能を搭載《とうさい》しているし、高速道路での車線変更《こう》も渋滞《じゅうたい》時のノロノロ運転も自動でできる。ロボットに乗り込むというとガンダム※2を思い浮かべるかもしれませんが、①車はもうそうなっている。

さらに、②スマホだって10年以内にほぼすべての知識がネット上に蓄積《ちく》されるから、のび太くんにとってのドラえもんのような、超《ちょう》のつくほど優秀なパートナーになっているでしょう。スマホはもう「通信クン」という名のロボットと一緒《いっしょ》です。

未来の社会はネット内に建設される

もっとも、未来社会と言っても、10年くらいでは街の見た目はそれほど変わらないかもしれません。この10年の一番の変化はスマホの向こうにつながった「ネット内」で起こるので、それがどんなに激しくても外見には現れてこないからです。

映画『バック・トゥ・ザ・フューチャー』や『A.I.』などの未来社会が描《えが》き出すような、車が空やビルの壁《へき》面をビュンビュン飛び回るような光景は、当分見られないと思います。それに、③東京スカイツリーや、あべのハルカスよりも高い建物はもういらないでしょう。

それでも、親世代は、大きなビルやタワーが続々と建ち、高速道路が通り、新幹線が走り、大型船が就《しゅう》航し、飛行機もどんどん大型化する時代を生きてきました。［　A　］、目の前に突然立ち上がった大型の建造物や乗り物に興奮し、物や街の外見上の未来に夢を抱《いだ》くことができた。鉄やコンクリートで作られた未来にです。

一方、君たちの世代は違います。建設が街で起こるのではなくネット内で起こるから、見えない。※3可視化されないから夢を託《たく》しにくいんです。ネットの向こうの実態は見えないし、いたるところに埋《う》め込まれたチップもセンサーも超小型化して隠《かく》されている。［　B　］先端《たん》技術も、※4ナノテクノロジーや※5iPS細胞《ほう》のように微細で見えない領域に向かっています。未来が見えにくくなっちゃったから、夢のあり方も変わっていくはずですね。

こうして、世界の半分がネット内に建設されるようになると、君たちは自然と、人生の半分をネット内で暮らすようになります。《中略》

さて、ここで、もう1つ質問です。

AIが急速に発達していくと、人間の仕事が奪《うば》われ、人類の脅威《きょうい》になるということがいま世界中で議論されているのですが、君はどう思いますか？

ネットワークとつながったAIの高度化は、人間にとって脅威でしょうか？

僕はこう考えています。

ネットワークが広がれば広がるほど、AIが高度化すればするほど、④人間がより人間らしくなるはずだと。人間は、人間じゃなきゃできない仕事をするようになり、人間本来の知恵と力が生きてくるだろう、と。
　学校の先生の仕事が良い例ではないかと思います。
　どんなにネット上に知識が蓄《ちく》積されても、その前に立つ先生の仕事はなくならない。子どもたちを動機づけたり、ときには叱《しか》ったり、背中を押したり、勇気づけたり……そうした人間にしかできない仕事がますます大事になってくる。

ＡＩに取って代わられる仕事、生き残る仕事

　あとでも触《ふ》れますが、早く正確に処理する仕事、［Ｃ］単純な処理作業はいまでも続々とコンピュータに置き換《か》えられています。これは当たり前ですよね。
　でも、簡単な判断が求められる仕事もすでに機械ができるようになっていて、この10年でさらに、かなり複雑な判断が求められる仕事までＡＩ×ロボットに奪われていくだろうと予測されているのです。《中略》
　世界的な研究でも同じような分析《せき》結果が出ているのですが、面白いのは、電車の運転士はかなり早い段階でＡＩ×ロボットに取って代わられる運命にあるけれど（すでにモノレールなどで実現）、同じ電車運行の仕事でも、車掌《しょう》のほうは意外と生き残るだろうという予測もあることです。
　最終的な安全確認や電車の運行中に病人が出たときの対応など、想定外の（予測が難しい）事態への対応は人間に任せたほうがうまくいくと考えられているからでしょう。逆に言えば、そういう仕事が残るということでもあります。
　だから君たちには、ＡＩ×ロボットの時代に入るこのときに、人間として本当に必要な知恵と力を身につけてほしいと思うのです。

（藤原　和博「10年後、君に仕事はあるのか？」ちくま文庫より）

※注
1 ルンバ…円盤《ばん》状のロボット掃除機。
2 ガンダム…テレビアニメ「機動戦士ガンダム」に登場する、有人操作式の人型ロボット兵器。
3 可視化…そのままでは目に見えないものに、形を与えて見えるようにすること。
4 ナノテクノロジー…顕微《けんび》鏡で見えるよりもさらに小さい世界の中で、物質を研究開発するための科学技術。
5 ｉＰＳ細胞…細胞を培《ばい》養して人工的につくられた、あらゆる生体組織に成長できる万能細胞。

問1 空欄《らん》 A ～ C に入る適切な語を、それぞれ次のア～オの中から一つずつ選び、記号で答えなさい。ただし、同じ記号は一回しか使うことができません。

ア さらに　イ しかし　ウ だから　エ ただし　オ つまり

問2 ――線部①「そうなっている」とは、どのようになっていることを指《さ》しているのですか。本文中から漢字三字で抜き出して答えなさい。

問3 ――線部②「スマホ」をたとえを用いて説明している部分を、本文中から三十五字以内で抜き出して答えなさい。

問4 ――線部③「東京スカイツリーや、あべのハルカスよりも高い建物はもういらない」とありますが、それはなぜですか。次のア～エの中から適切でないものを一つ選び、記号で答えなさい。

ア 技術自体がナノテクノロジーやｉＰＳ細胞のように微細で見えない領域に向かっているから。
イ 今後「君たちの世代」は、ネット内の実態の見えない世界で未来を生きていくことになるから。
ウ どれだけ変化が激しくても未来はネット内に建設されるので、その姿は外には現れてこないから。
エ もうこれ以上競うようにして高層の建造物をつくることに、未来の意味を見いだせなくなったから。

問5　――線部④「人間がより人間らしくなる」とありますが、それはなぜですか。本文全体をふまえて、わかりやすく説明しなさい。

問6　図表は、本文の内容を図式化したものです。空欄X、Yにあてはまる言葉を本文中から抜き出して、それぞれ指定された字数で答えなさい。

X（五字）　　Y（四字）

図表 親世代と息子・娘世代の社会イメージの違い

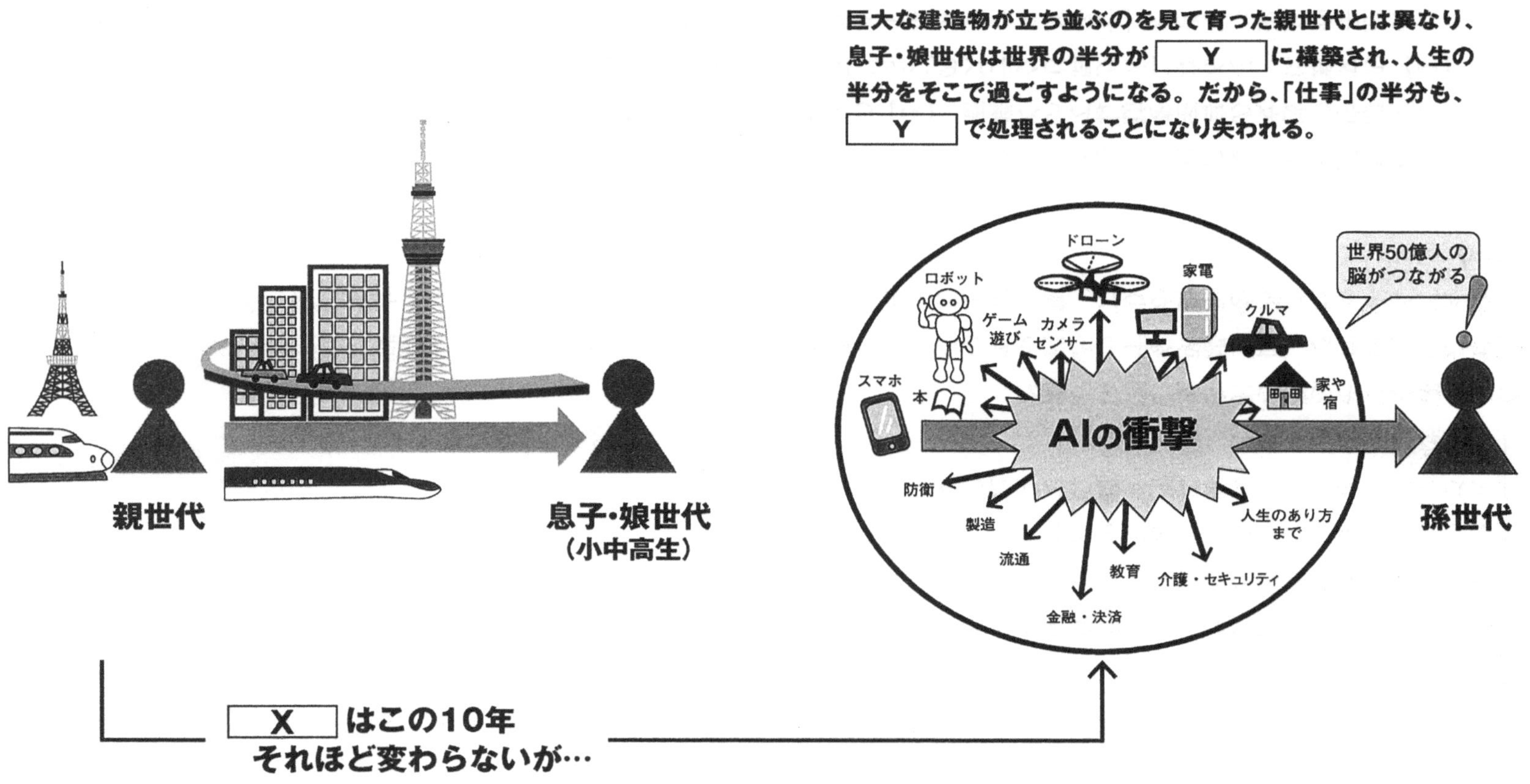

（藤原 和博「10年後、君に仕事はあるのか？」より 一部改変）

三　中学二年生の春野《はるの》暁《あかつき》は、母親を病で失い、会社を退職した父親の実家がある田舎《いなか》へ引っ越《こ》してきた。小さい頃《ころ》からバスケットボールに情熱を燃やしていた彼女だったが、転校先の中学校にバスケットボール部はなかった。バスケットボールができないことに耐《た》えられなくなっていた暁は、その思いをクラスのただ一人の友人吉田欣子《よしだきんこ》に打ち明ける。秀才だが運動神経ゼロの欣子から返ってきた「女子バスケットボール部、立ちあげましょうよ。」のひと言で、二人は創部に向けて動きだす。
【Ⅰ】の文章は、そんな二人が同じクラスのブミリア・リモに目をつけ、不登校の彼女を女子バスケットボール部に誘《さそ》うために欠席中の彼女の自宅を訪ねていく場面、【Ⅱ】の文章は、リモの自宅に到《とう》着し三人で会話をしている場面です。それぞれの文章を読んで、後の問いに答えなさい。

【Ⅰ】

教えてもらった住所を手掛《が》かりに、暁は欣子と一緒に国道を歩いていた。家とは逆のほうへと歩いていることはわかる。でも土地勘《かん》がないので、同じ場所をずっと巡《めぐ》っているような気もする。周りは水が張られた田んぼばかりになってきて、自分ひとりなら心細くてそろそろ引き返している頃だ。
「欣子はこの辺りの地理、詳《くわ》しいの？」
「まさか。中学一年生の時に引っ越してきたのよ」
「そのわりに迷いなく歩いてるじゃん」
「まあ、スマホがあるからね」
携《けい》帯のアプリを完璧《ぺき》に使いこなす欣子を、ちらりと横目で見る。
「いいなあ欣子は」
足元にあった小石を田んぼに向かって蹴《け》り飛ばした。田植えを終えたばかりの田んぼがこんなにきれいだなんて知らなかった。柔らかそうな緑の稲《いね》が風に吹かれ、波のようにうねっている。
「私のどこがいいの」
「だって賢《かしこ》くて、お金持ちで、とにかく毎日楽しそうだし、自由だし」

「楽しそう？　自由？　私が？　暁って洞察力《どうさつりょく》ゼロよね。私のなにを見てそんなことが言えるの」

「なにをって」

目を見張るくらいに立派な家に暮らす裕《ゆう》福なお嬢《じょう》様。学校に行くも休むも本人しだいだし、なにより自分というものを持っていて他人の目などいっさい気にしない。これを自由と言わずになんて表現すればいいのか、語彙力《ごいりょく》の乏しい自分には思いつかない。欣子がなにも言い返さないのをいいことに、暁は欣子の羨《うらや》ましい点をいくつも挙げて「あたしも欣子のようになりたいな」と呟《つぶや》いてみる。

「暁はPアカデミーって知ってる？」

暁の言葉が途切《とぎ》れると、それまで黙《だま》っていた欣子が訊《き》いてきた。ふいに立ち止まり、田んぼの溝《みぞ》に群れ咲くつゆ草に携帯を近づけ、写真を撮《と》っている。

「知らない。アメリカの映画の賞？」

「ううん、都心にある進学塾《じゅく》の名前よ」

淡々《たんたん》と口にしながら、欣子は携帯を空に向けた。今度は茜《あかね》色に染まった山の稜線《りょうせん》を撮り、満足そうにしている。夕陽に向かって歩いているので、ブミリアさんの家が町の西側にあることだけはわかってきた。

「私ね、小学一年の時からそのPアカデミーに通っていたの。みんなPアカって呼んでるんだけど、Pアカで受験勉強して、中学は桜明館《おうめいかん》に入るつもりだったのよ」

これは自慢《まん》ではないから気を悪くしないで聞いてほしい。そう前もって告げてから、欣子は出会って初めて自分の家族の話をした。父親は物理学の研究者で、もう十年近くアメリカに単身赴《ふ》任をしている。弁護士の母親は都心で法律事務所を経営している。物心ついた時から両親には中高一貫の桜明館に入学し、東京大学に進むように言われていたのだと欣子は話した。

「東大って……。それなにかの冗《じょう》談？」

うちでもたまに、そんな冗談を口にすることはある。

「もちろん本気よ。うちは両親ともに東大出身だから母校愛が強くてね。海外の大学に行きたいなら、東大を卒業した後で行くようにとも言われてる」

「でも親の出身校だからって、子供が同じ学校に行く必要はないんじゃないの」
「こっちの意見なんて聞いてくれないわよ。特に母親は」
うちの娘は自分の出身校でもある桜明館に進み、東京大学に入学する。そして将来は両親と同じように社会に貢献《こうけん》できる専門職につく。それが誕生と同時に自分に与えられたミッション[※1]なのだと欣子が笑う。
「いくら察しの悪い暁でも、①この話の続きはわかるでしょう」
欣子に突然振《ふ》られ、「え、わかんないんだけど」とうろたえてしまう。残念ながら欣子が思っている以上に、自分は察しが悪いのだ。

《中略》

小学校に入ってから今日までの七年間、暁はさほど勉強もせずに好きなバスケだけをやってきた。放課後は週に四日の練習があり、週末は練習試合に出かけていった。勉強は学校の宿題を一日二十分ほどする程度。両親に小言を言われたことは一度もない。むしろバスケに打ち込む自分を励まし、応援してくれていた。
自分とはまるで違《ちが》う欣子の人生を知り、愕然《がくぜん》としてしまう。同じ中学二年生でも過ごしてきた時間は全然違う。朝起きて、家を出て、学校に通う。教室で「おはよう」と顔を合わせて、放課後の「バイバイ」まで一緒に過ごす。同じ授業を受け、昼食を食べ、好きなアイドルやテレビドラマの話なんかをするのがこれまでの暁の知る友人関係だった。学校にいない時の友人の暮らしを想像したことなど、一度もない。でもいま気づいた。みんな、学校にいない時は全く別の時間を生きているのだろう。当たり前のことだけれど、だから人生は違《ちが》ってくる。
「この辺りじゃないかしら。ブミリアさんのお宅。②……どうしたの暁、さっきからぼんやりしちゃって」
無意識のうちに下を向いて歩いていたようで、欣子の声に顔を上げると目の前に木造アパートが二棟《とう》並んでいた。外壁《へき》にひび割れが目立つ古い建物で、外階段にも、その下に並ぶ郵便受けにも赤茶けた錆《さび》が浮いている。
「ほんとにここなのかなー」
茂《しげ》った雑草を掻《か》き分けるように、二人で建物に近づいていく。
「アプリの地図ではそうなってるけど」

【Ⅱ】

「吉田さん、春野さん、今日はありがとう」

※2茶封筒《ふうとう》の中身を取り出しながら、ブミリアさんが律儀《りちぎ》に頭を下げてくる。

「お礼なんていいのよ。それに私たちは同級生だから敬語もいらないわ」

「そうだよ。あたしのことは暁って呼んで。それで、この人は欣子。ブミリアさんのことはリモって呼んでいい?」

リモが頷《うなず》き、自分は日本で生まれ育ったが、母親はタンザニア人だと教えてくれる。

「タンザニア!」

欣子が口元に手を当て小さく叫《さけ》ぶ。暁が欣子ほど驚《おどろ》けないのは、恥《は》ずかしながらその国が世界地図のどこに位置するかがわからないからだ。

「タンザニアといえば東アフリカよね。ここね、これがタンザニア」

欣子がスカートのポケットから携帯を取り出し、広々とした草原と野生動物がアップされた画面を暁とリモに見せてきた。リモは画面に顔を寄せ、「たぶんこんな感じ」と呟《つぶや》き、「でも私、一度も行ったことないの」と小さく笑った。

「アフリカかあ、いつか行ってみたいよねー」

③暁の心は弾《はず》んでいた。突然訪ねて来て、会えるかどうかわからなかったクラスメイトとこうして話ができているのだ。自分の力で重い扉《とびら》をひとつ開けたような気分だった。だが欣子はとても冷静に、いつもの思慮《りょ》深い表情でリモを見ている。

「ねえブミリアさん、あなたどうして学校に来ないの」

畳《たたみ》の上に携帯を置き、欣子が慎重《しんちょう》に切り出した。

「暁は転校生で、この五月から一組に入ってきたのよ。あなたもこのタイミングで学校に来たら、私たち三人で仲良くできるんじゃない?」

リモの大きな目が、頼《たよ》りなげに揺《ゆ》れる。友達がいない、教室に居場所がないというのなら、これからは一緒《いっしょ》に過ごせばいいと、欣子がその目を見つめた。

「私も学校には……行きたい」
「だったらどうして？」
「勉強が……」
リモは唇《くちびる》を結び、数秒の沈黙《ちんもく》の後、「わからないから」と苦しそうに言葉を繋《つな》いだ。
小学校の低学年の頃までは、学校に通うのが毎日楽しかった。友達もたくさんいた。だがその後、何度か転校を繰《く》り返しているうちに授業についていけなくなった。特に算数が苦手で、割り算でつまずき、図形で苦しみ、割合の計算になるともう、先生が何を言っているのかさっぱりわからなくなった。算数が理解できなくなると、どうしてか理科や国語や社会まで嫌《きら》いになってしまった。そんな自分が恥ずかしくて、だんだん人と交わるのが辛《つら》くなり、いつしか学校に行けなくなったのだとリモが苦しげに打ち明けてくれる。
「何度かって、そんなに転校したの？」
④欣子が眉《まゆ》をひそめる。
「小学校の時は七回……憶《おぼ》えてない。ここに来たのが六年生の時で、それからは一度も転校していない……」
それだけ転校すれば、授業についていけなくなるだろう。勉強がさほど得意ではない暁には、授業が理解できない苦しみは十分すぎるほどわかる。それよりどうしてそんなに引っ越しを繰《く》り返しているのだろうかと、不思議に思う。
「中学校の勉強は小学校より難しい。無理に行かなくてもいいってママが……」
中学の先生も『学校に来なさい』とは言ってこないから、それでずっと家にいるのだとリモが寂《さび》しげに微笑《ほほえ》む。
「明日、あたしと一緒に登校しない？」
暁は思いきって口にした。勉強がわからないなら欣子に教えてもらえばいい。割り算も図形も割合も、わからなくなった単元に戻《もど》ってもう一度やり直せばいいじゃないか、と。
「明日から……一緒に？」
まさかそんなことを言われるとは思っていなかったのだろう。瞬《まばた》きを繰り返し、リモが口ごもる。
「あたしがここまで迎えに来るから、二人で行こうよ」

「え、でも……」
「今日一日考えて、それでも行きたくなかったら、明日の朝、迎《むか》えに来た時にそう言ってくれたらいいよ」
困惑《わく》顔のリモに向かって笑ってみせた。
「あ、そうだ」
欣子が大事なことを思い出したというふうに、パチンと手を打った。
「私たちバスケットボール部を創ったんだけれど、あなたも一緒にやらない？　なんだったら授業は受けずとも、放課後だけでも来ればいいじゃない」
にこやかに微笑《ほほえ》む欣子の顔を、⑤リモが長い首をすくめながら見つめていた。

（藤岡　陽子「跳べ、暁！」より）

※注　1　ミッション…果たすべき使命や任務のこと。
　　　2　茶封筒…二人が担任から不登校中のリモに手渡すように頼まれた、書類の入った封筒。

問1　――線部①「この話の続きはわかるでしょう」とありますが、「この話」の結末はどうなったと考えられますか。「欣子は」という書き出しで、簡単に説明しなさい。

問2　――線部②「……どうしたの暁、さっきからぼんやりしちゃって」とありますが、暁がぼんやりしていた理由として最も適切なものを、次のア～エの中から一つ選び、記号で答えなさい。

ア　欣子から「暁って洞察力ゼロよね」とか「いくら察しの悪い暁でも」などと言われたことにより、自分の思いやりのなさに気づき、恥ずかしく思っていたから。

イ　欣子は東大を目指していて将来は専門職につきたいという夢があるのに、自分はさほど勉強もせず好きなバスケだけをやっていることに対して、情けなくなってきたから。

ウ　同じ中学二年生だと思っていた欣子が、学校にいない時は自分とは全く違う生活をしていることを知り、それぞれの生き方の違いを痛感していたから。

エ　リモの自宅に近づくにつれて、不登校の外国人でしかも初対面のリモとうまくコミュニケーションがとれるか自信がなくなり、だんだん不安になってきていたから。

問3　――線部③「暁の心は弾んでいた」とありますが、この時の暁の気持ちとして最も適切なものを、次のア～エの中から一つ選び、記号で答えなさい。

ア　タンザニア人だと思っていたリモが、タンザニアへ行ったことがないと聞いて、おかしくてしかたがない気持ち。

イ　何とか自分の力で不登校のリモとうまくコミュニケーションがとれたことを、うれしく思う気持ち。

ウ　広々とした草原と野生動物が映し出された画面を見て、急にリモと一緒にタンザニアへ行きたくなった気持ち。

エ　リモと欣子と自分が急接近したことで、女子バスケットボール部の結成がうまくいくことを確信する気持ち。

問4　――線部④「眉をひそめる」の本文中での意味として最も適切なものを、次のア～エの中から一つ選び、記号で答えなさい。

ア　相手の発言に対して、本当にそうなのかと疑うこと。
イ　家族の状況を不思議に思って、表情を変えること。
ウ　体調が悪くなり、苦しそうな表情になること。
エ　見たくないものを見てしまい、目をそむけること。

問5　――線部⑤「リモが長い首をすくめながら見つめていた」とありますが、この時のリモの気持ちとして最も適切なものを次のア～オの中から一つ選び、記号で答えなさい。

ア　あこがれ　　イ　落ち込み　　ウ　希望　　エ　恐怖　　オ　不安

問6 ━━線部「家族」についてハナコさんとタロウさんが話し合っています。この話し合いについて、後の問いにそれぞれ答えなさい。

ハナコさん「欣子の家族って裕福で高学歴で、私もうらやましいとは思うけど、欣子自身は何か不満がありそうね。」

タロウさん「欣子の言葉に『［ a 十八字 ］。』とあるように、両親の言いなりになっている感じがするよ。」

ハナコさん「暁の家族はどうだろう。本文中に『［ b 十八字 ］。』とあるように、むしろ欣子よりも自由にさせてもらっている感じがするね。」

タロウさん「じゃあ、リモはどうだろう。リモにとって家族はママしかいないみたいだけど。」

ハナコさん「ママはリモに対して、［ c ］と思っているんじゃないかな。だって、不登校のリモを無理に学校へ行かせようとはしていないよ。」

タロウさん「それがリモにとって本当に正しいことなのかどうかは、この場面だけではわからないよね。」

(1) 空欄a、bに入る最も適切な言葉を、本文中からそれぞれ十八字ずつで抜き出して答えなさい。

(2) 空欄cに入る最も適切なものを、次のア～エの中から一つ選び、記号で答えなさい。

ア 自分のことで精いっぱいなので、リモの学校や勉強のことに構っている余裕《ゆう》がない。

イ ただでさえ転校生のリモを、これ以上学校や勉強のことで追いつめたくない。

ウ タンザニアと日本では生活状況も違うので、タンザニア人らしく自由に生きてほしい。

エ 担任の先生が「学校に来なさい」と言わないので、出来るだけ家にいてほしい。

問7 Ⅱの文章から推察される、リモの今の一番の願いを、二十五字以内で答えなさい。

令和５年度

暁中学校入学試験問題

算　　数

（45分）

〔注　意　事　項〕

(1)　試験開始のチャイムが鳴るまで，この問題冊子の中を見てはいけません。

(2)　試験開始の合図で，解答用紙に受験番号と名前を書きなさい。

(3)　答えはすべて解答用紙の決められたところに，はっきり書きなさい。

(4)　試験終了のチャイムが鳴りましたら，すぐに鉛筆《えんぴつ》をおき，監督《かんとく》者の指示にしたがいなさい。

(5)　問題用紙は，持ち帰ってよろしい。

＊円周率は 3.14 とします。

1　次の □ にあてはまる数を求めなさい。

(1)　$16-14\div(1+2\times3)=$ □

(2)　$2\frac{1}{12}\div4\frac{1}{2}\times1\frac{4}{5}=$ □

(3)　$\frac{1}{2}$，$\frac{3}{4}$，$\frac{5}{6}$，$\frac{7}{8}$，$\frac{9}{10}$，…

上の数はあるきまりによって並んでます。このとき，25 番目の数は □ です。

(4)　□ 個のボールを何人かの生徒に分けるのに，1 人に 6 個ずつ分けると 4 個余り，1 人に 7 個ずつ分けると 4 個足りなくなります。

(5)　仕入れ値が 800 円の商品を定価の 20 %引きで売ると，仕入れ値の 10 %の利益があります。このとき定価は □ 円です。

(6) 右の図で，A 地点から B 地点まで最短で行くとき P 地点を通る行き方は □ 通りあります。

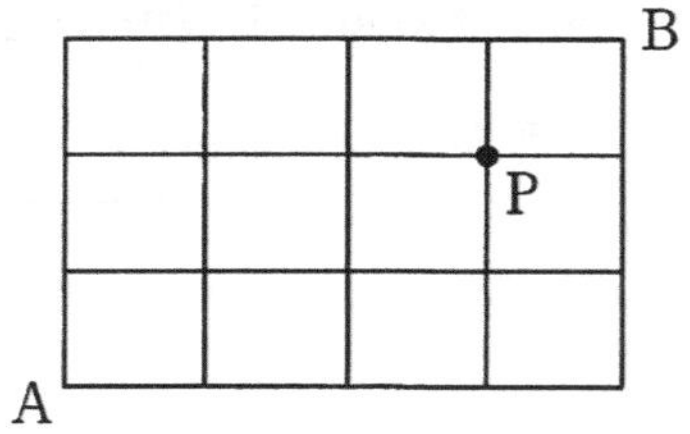

(7) 図において，角㋐の大きさは □ 度です。

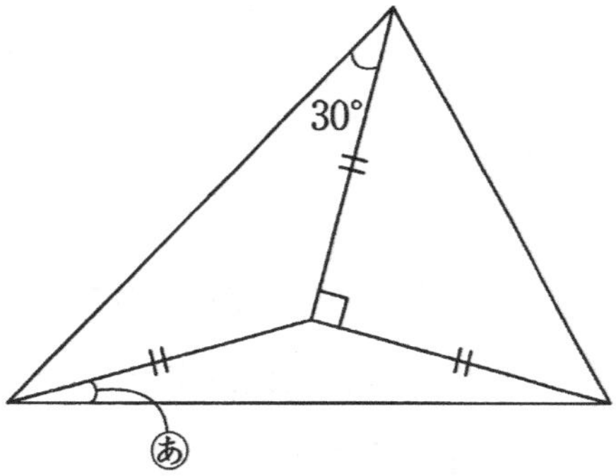

(8) 図のような，1 辺が 16 cm の正方形の紙を点線が折り目となるようにして 5 回折っていきます。辺 AB と辺 BC の真ん中の点を結ぶ線分で直角三角形 ABC の斜線《しゃせん》部分を切り落とします。切り落とした後に残った紙の面積は □ cm^2 です。

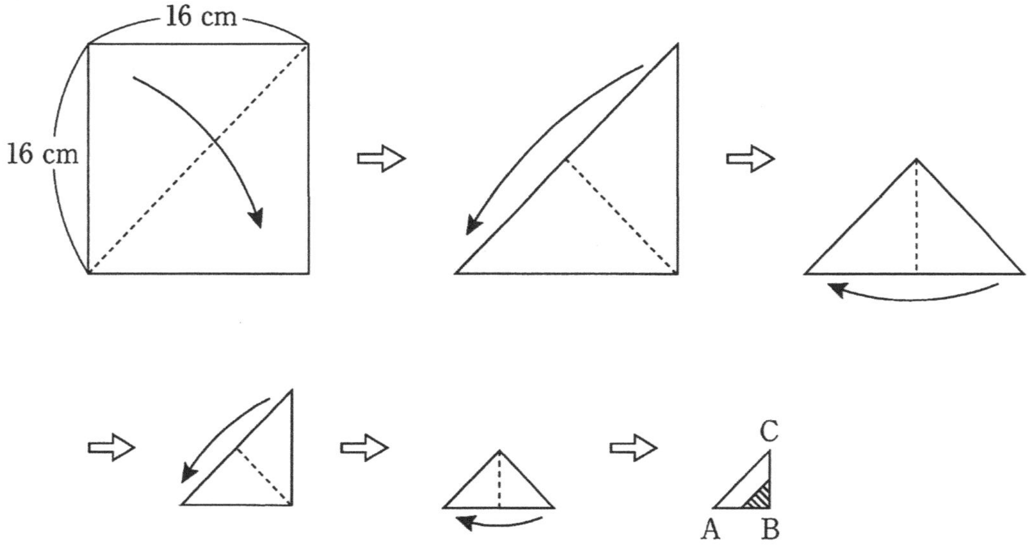

(9)　次の図は1辺が4cmの正方形4つとおうぎ形を組み合わせた図形です。斜線部分の

まわりの長さは□cm，面積は□cm^2です。

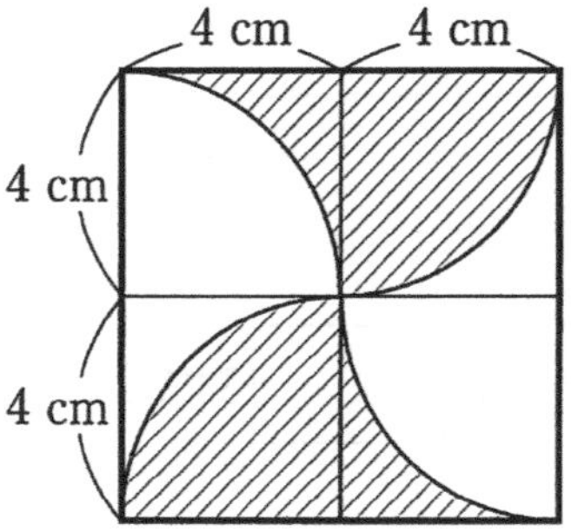

(10)　20人のクラスで算数のテストがありました。問題は3問あって，1番ができれば10点，2番ができれば20点，3番ができれば30点です。

右の表は20人の点数の結果をまとめたものです。このとき，平均点は□点です。また，1番ができた人は最も多くて□人，最も少なくて□人と考えられます。

点数	人数
0	0
10	2
20	2
30	7
40	4
50	3
60	2
計	20

2 図1のような容器があり，底が水平になるように置かれています。容器には給水管Aと排《はい》水管Bがついています。

給水管Aを満水になるまで水を入れ続けます。排水管Bについては，最初の15分間は閉じ，次の10分間は開き，その後再び閉じます。

図2のグラフは水を入れ始めてからの時間（分）と水面の高さ（cm）について，容器が満水になるまでを表したものです。

図1

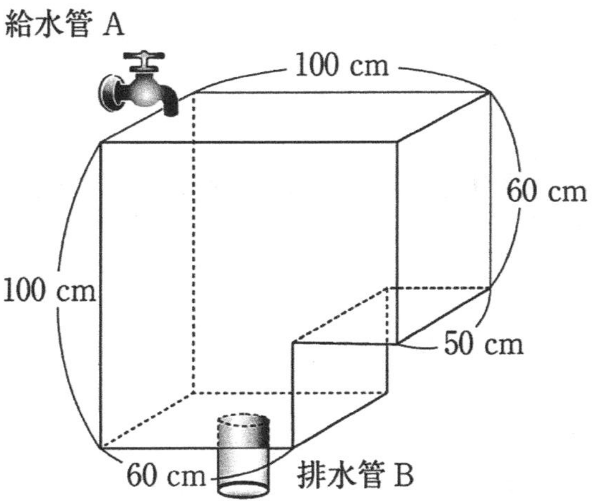

図2

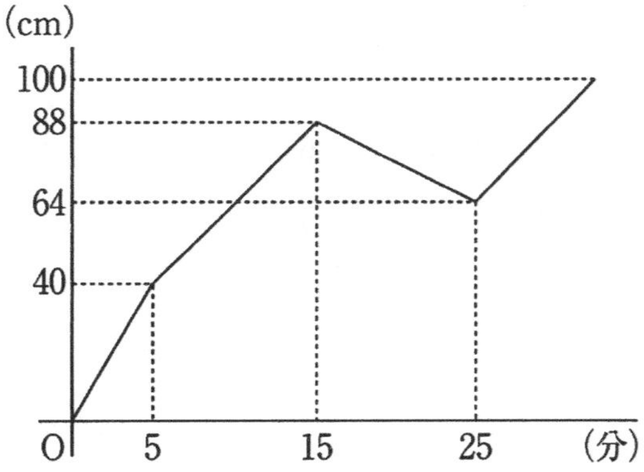

1）給水管Aからは毎分何Lの水が入りますか。

2）排水管Bからは毎分何Lの水が出ますか。

3）空の状態から排水管Bを閉じたまま給水管Aを使って水を入れていったとき，満水になるまでの時間は何分早くなりますか。

3 立方体について，次の問いに答えなさい。

(1) 次の展開《てんかい》図《ず》の中に１つだけ正しくないものがあります。それを選び記号で答えなさい。

ア

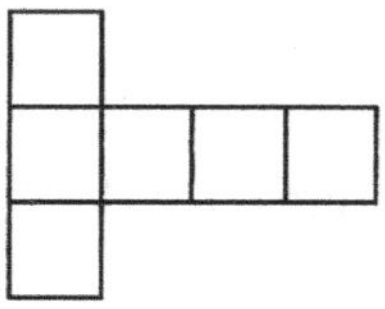

イ

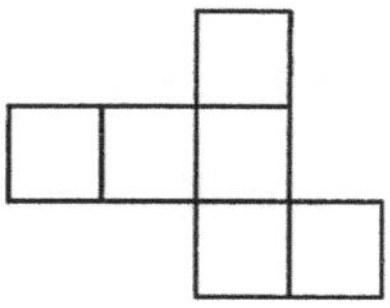

ウ

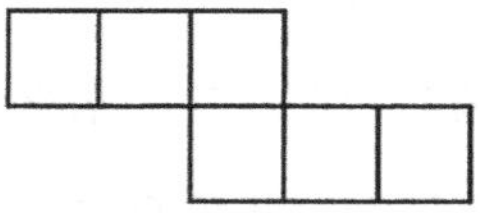

エ

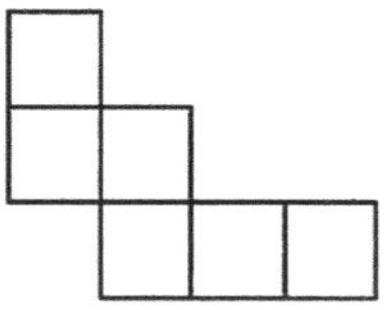

オ

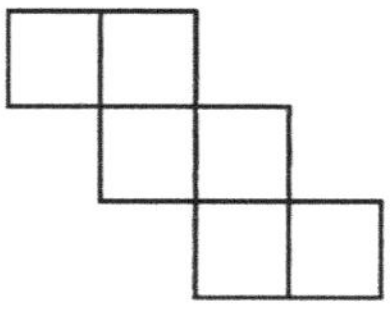

(2) 下の図は，１辺６cmの立方体です。この立方体を点B，D，Eを通る平面で切ると２つの立体にわかれます。

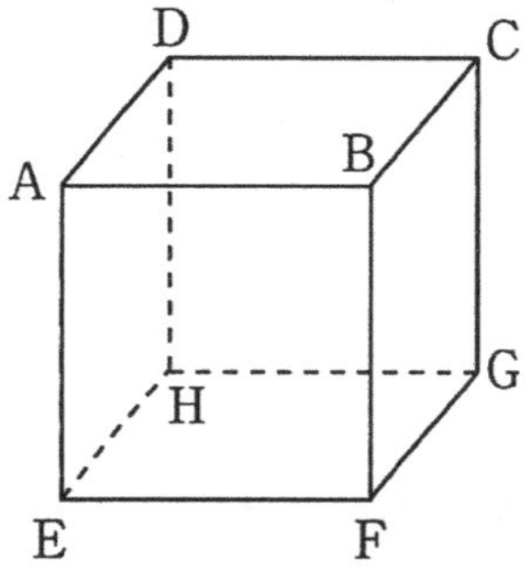

① 切り口の図形はどのようになりますか。次の中から最も適するものを１つ選び，記号で答えなさい。

ア 正三角形　イ 三角形　ウ 直角三角形　エ 長方形
オ 正方形　カ 台形　キ 四角形

② 体積が大きい方の立体の表面積と小さい方の立体の表面積の差は何cm^2になりますか。

このページに問題はありません。

4は次のページからです。

4　「SDGs（エスディージーズ）」とは，「Sustainable Development Goals（持続可能な開発目標）」の略称《りゃくしょう》であり，2015年9月に国連で開かれたサミットの中で世界のリーダーによって決められた国際社会の目標のことで，17の目標が掲《かか》げられています。

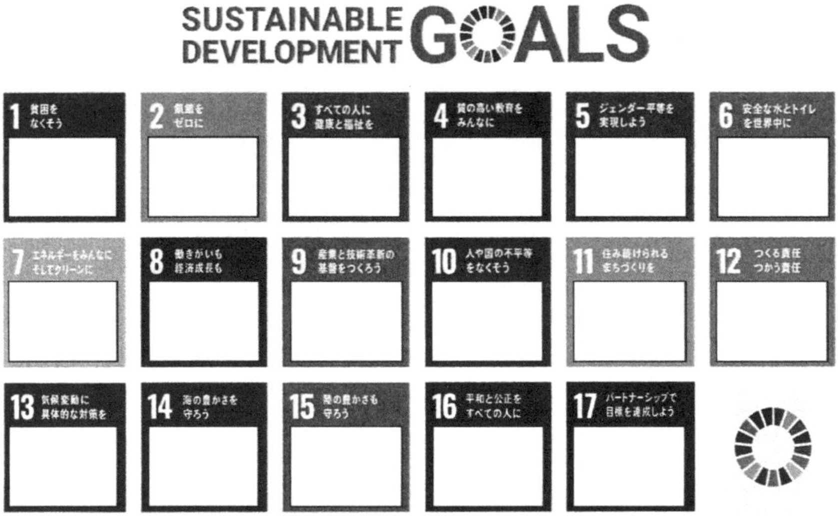

※お詫び：著作権上の都合により，イラストは掲載しておりません。
ご不便をおかけし，誠に申し訳ございません。　教英出版

ある中学校の1年生はこの「SDGs」について考えることにしました。次の問いに答えなさい。

(1)　1年生130人は，SDGsの17個のそれぞれの目標について調査することになりました。7人と8人のグループを合わせて17組作ります。それぞれ何組できますか。

(2)　「8．働きがいも経済成長も」について調査したグループは，世界の給料を比較するために通貨単位である「ドル」と「ユーロ」と「円」の関係について調べました。1ドルが110円，100ユーロが117ドルのとき，1ユーロは何円になりますか。小数第1位を四捨五入して答えなさい。

(3) 「12. つくる責任，つかう責任」を調査したグループは，リサイクルを推進していくために牛乳パックを回収することにしました。ある生徒と先生が牛乳パックについて話しています。□にあてはまる数を答えなさい。ただし，[エ]については下の1～4から最も適当な番号を選びなさい。

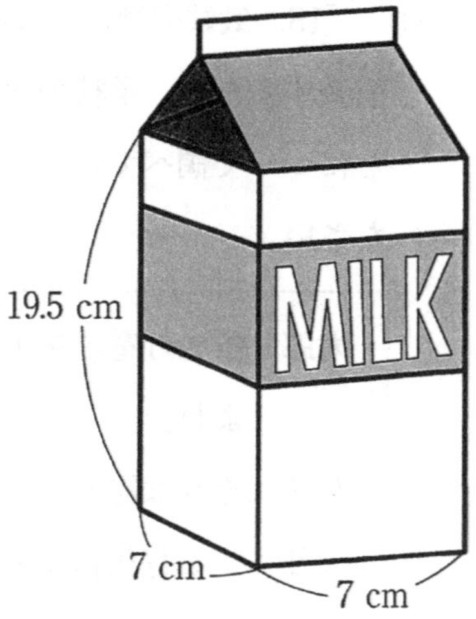

生　徒：1L入りの牛乳パックの大きさを測ると図のようになりました。

先　生：では，容積を求めてみましょう。

生　徒：縦と横はどちらも7cm，高さが19.5cmの直方体として容積を計算すると，[ア] cm^3 です。あれっ，1Lは[イ] cm^3 だから，[ウ] cm^3 だけ入りきらないです。

先　生：牛乳を入れると，牛乳パックの側面はふくらみますよね。実はこのふくらみに入りきらないと思われていた牛乳が入っているのです。[エ]ということが関係しています。

[エ]

1　周りの長さが等しい正方形と円について，面積を比べると，正方形の方が大きい
2　周りの長さが等しい正方形と円について，面積を比べると，円の方が大きい
3　面積が等しい正方形と円について，周りの長さを比べると，正方形の方が長い
4　面積が等しい正方形と円について，周りの長さを比べると，円の方が長い

(4) 「13. 気候変動に具体的な対策を」を調査したグループは，温室効果ガスの排出《はいしゅつ》量を削減《さくげん》するため，学校の教室の蛍光灯《けいこうとう》電球を省エネ効果の高いLED電球へ切り替えることについて調べています。太郎さんと花子さんの会話の[　]にあてはまる数を答えなさい。

太郎：蛍光灯電球をLED電球に替えると省エネになるので，すぐ替えた方が良いよね。

花子：そうは言っても，LED電球は蛍光灯電球よりかなり高いよ。

太郎：でも電気代が安くなるから，高くても替えるべきだよ。電球の寿命《じゅみょう》も長いしね。

花子：あるメーカーの蛍光灯電球とLED電球を調べてみると，表のようになったよ。

	1個の値段	1時間の電気代	電球の寿命
蛍光灯電球	300円	0.35円	6000時間
LED電球	3000円	0.2円	42000時間

太郎：1本の電球を1日10時間，年間300日使うことを今から考えよう。このときLED電球は[ア]年は使うことができますね。

花子：[ア]年でかかる電気代にLED電球の値段を加えると，合計[イ]円の費用がかかることになりますね。

太郎：[ア]年で1本の蛍光灯電球を同じように1日10時間，年間300日使うとすると，費用はどうなるかな？

花子：蛍光灯電球は[ウ]本必要だから，合計の費用は電気代と蛍光灯電球の値段の合計で[エ]円となりますね。

太郎：1本でもかなりの差が出ますね。

花子：1本の電球を1日10時間，年間300日使うとして，1年ごとに費用を考えていくと，[オ]年で費用はLED電球の方が安くなりますね。

2023(R5) 暁中
K 教英出版

令和５年度

暁中学校入学試験問題

理　　科

（45分）

〔注　意　事　項〕

⑴　試験開始のチャイムが鳴るまで，この問題冊子の中を見てはいけません。

⑵　試験開始の合図で，解答用紙に受験番号と名前を書きなさい。

⑶　答えはすべて解答用紙の決められたところに，はっきり書きなさい。

⑷　試験終了のチャイムが鳴りましたら，すぐに鉛筆《えんぴつ》をおき，監督《かんとく》者の指示にしたがいなさい。

⑸　問題用紙は，持ち帰ってよろしい。

1．暁《あかつき》太郎《たろう》さんは塩酸について興味をもったため，次の【実験１】～【実験３】を行い，性質などを調べることにしました。あとの問いに答えなさい。

【実験１】　塩酸にさまざまな金属を入れ，その様子を観察した。

【実験２】　塩酸に水酸化ナトリウム水よう液を加え，反応後の水よう液の性質を調べた。

【実験３】　実験２でつくった水よう液を加熱し，水分を完全に蒸発させた。

(1)　次の文①～③は塩酸について説明したものです。①～③について，文中の（　　）に当てはまる最も適当なものを，ア～オから１つ選び，記号で答えなさい。

①　塩酸は（　　　）を水にとかした水よう液である。

ア．水素　　イ．塩素　　ウ．アンモニア

エ．二酸化炭素　　オ．塩化水素

②　赤色のリトマス紙に塩酸をつけたとき，（　　　）。

ア．色の変化は起こらない　　イ．赤色が消え，白色になる

ウ．赤色から緑色に変化する　　エ．赤色から青色に変化する

オ．赤色から黄色に変化する

③　塩酸はからだの（　　　）にたくさん含《ふく》まれている。

ア．尿《にょう》　　イ．胃液　　ウ．血液　　エ．だ液　　オ．涙《なみだ》

(2)　【実験１】について，試験管に塩酸とある金属を入れると，図１のように金属の表面から小さいあわが発生していることに気付きました。

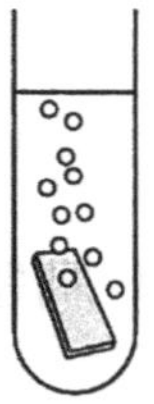

図１

①　右図のようにあわが発生するのは，塩酸にどの金属を加えたときですか。適当なものを次のア～オからすべて選び，記号で答えなさい。

ア．亜鉛《あえん》　　イ．鉄　　ウ．銅

エ．金　　オ．アルミニウム

②　発生したあわは何という気体ですか，その気体名を答えなさい。

③　あわが発生している試験管の口を指で閉じ，時間経過した後，火をつけたマッチを近づけました。このとき，起こる現象を説明しなさい。

(3)　【実験2】について，図2のように，ある濃度《のうど》の塩酸A 10 cm³(以後，A液とする)をビーカーに入れ，ある濃度の水酸化ナトリウム水よう液B(以後，B液とする)を2 cm³ずつ加えました。次の表は加えたB液の体積と，反応後の水よう液に緑色のBTB液を加えたときの色をまとめたものです。

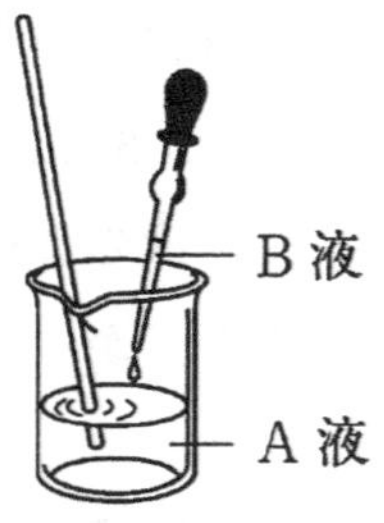

図2

加えたB液の体積〔cm³〕	0	2	4	6	8	10	12
BTB液を加えたときの色	黄	黄	黄	(あ)	緑	青	青

①　A液10 cm³にB液を加えた水よう液が中性になっているのはB液を何cm³加えたときですか，答えなさい。

②　(あ)に当てはまる色は何ですか，答えなさい。

③　A液25 cm³を中性にするために必要なB液の体積は何cm³ですか，答えなさい。

④　Aとは濃度の異なる塩酸C 10 cm³を中性にするために必要なB液の体積を求めたところ，16 cm³でした。この塩酸Cの濃度はA液に比べて濃《こ》いか，薄《うす》いか，答えなさい。

⑤　A液10 cm³にB液20 cm³を加えた水よう液がある。この水よう液を塩酸Cで中性にしたい。必要は塩酸Cの体積は何cm³ですか，答えなさい。

(4)　【実験3】について，【実験2】でA液とB液を混ぜ合わせ，中性にした水よう液を用意しました。次に，図3のように，この水よう液を蒸発ざらに入れ加熱し，完全に水分を蒸発させました。このとき見られる蒸発皿の様子について，説明しなさい。

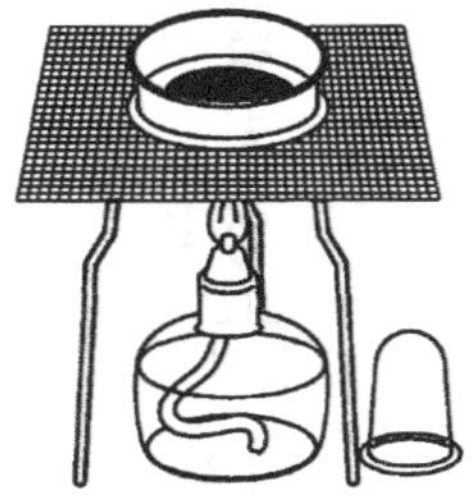
図3

2．材質やつくりなどが同じで，長さのみがちがう3つのばね（10 cmのばねA，5 cmのばねB，8 cmのばねC）と，長さ70 cmの棒，糸，かっ車，いろいろな重さのおもりを用いて，次のような実験を行いました。あとの問いに答えなさい。ただし，ばね，糸，棒の重さと，かっ車でのまさつは考えないものとします。

【実験1】　図1のように，天井からばねをつるし，いろいろな重さのおもりをつけ，ばねAとばねBの長さを調べたとき，次の表のような結果になりました。

おもりの重さ[g]	10	20	30	40	50
ばねAの長さ[cm]	11	12	13	14	15
ばねBの長さ[cm]	5.5	6	6.5	7	7.5

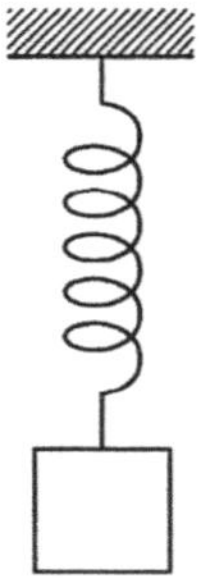

図1

【実験2】　図2のように，ばねAとばねBをつなぎ，いろいろな重さのおもりをつけて，ばねA，ばねBの長さを調べました。

【実験3】　図3のように，ばねに糸とかっ車を用いて，50 gの重さのおもりを2つつけたときのばねB，ばねCの長さを調べました。

【実験4】　図4のように，天井にばねA，ばねCをつるし，それぞれのばねを70 cmの棒の端にとりつけ，棒の真ん中に70 gのおもりをつけたところ，棒は水平になりませんでした。その棒を水平にするためのおもりの位置を調べました。

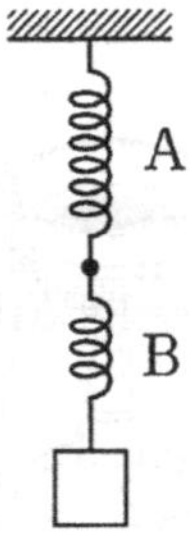

図2

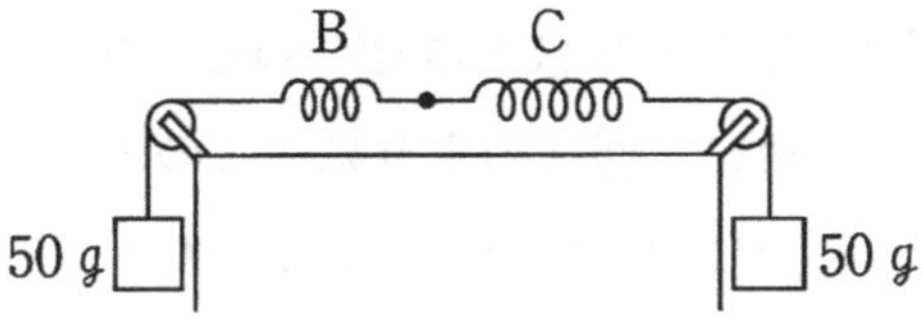

図3

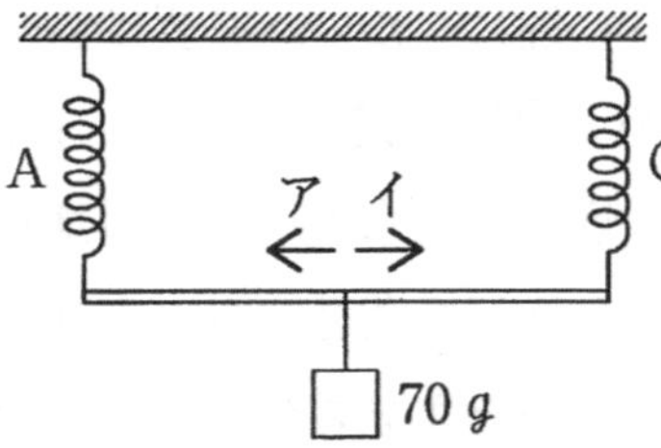

図4

(1) 次の文章は，【実験１】の結果から考えられることをまとめたものです。[あ]・[い]に適切な語句を入れなさい。

表１の結果から，ばねに加わる力とばねの[あ]は，[い]の関係にあります。長さがばねＡの半分であるばねＢは，同じ大きさの力を加えたとき，ばねのＡと比べると，ばねの[あ]も半分になっています。

(2) 【実験２】において，60 g のおもりをつけたときのばねＡの長さは何 cm ですか，答えなさい。

(3) 【実験２】において，ばねＢの長さが９cm になるのは，何 g のおもりをつけたときですか，答えなさい。

(4) 【実験３】において，ばねＢの長さは何 cm ですか，答えなさい。

(5) 【実験３】において，ばねＣの長さは何 cm ですか，答えなさい。

(6) 【実験４】において，棒の真ん中におもりをつけたとき，ばねＣの長さは何 cm ですか，答えなさい。

(7) 【実験４】において，棒が水平になったとき，ばねＡとＣの長さはともに何 cm ですか，答えなさい。

(8) 【実験４】において，棒を水平にするためにおもりを真ん中から，どちら向きに何 cm 移動させましたか，答えなさい。ただし，向きに関しては図４にあるアかイかをどちらか選び，解答欄《かいとうらん》の記号を囲みなさい。

3．次の文章は，暁子さんと学くんがある日，電車に乗っていたときと，その後日の学校での会話です。あとの問いに答えなさい。

《ある日の電車の中で》

暁子：電車に乗っていると，「ガタン　ゴトン」と音がして，振動《しんどう》が伝わってくるけど，なぜかな？

学　：それは，レールとレールのつなぎ目にある程度のすき間があって，そこを電車の車輪が通ることで，音と振動が発生するみたいだよ。

暁子：そうなんだ。でも，乗り心地を良くするためには音とか振動が出ないようにするために，すき間をできるだけ少なくした方が良いのじゃない？

学　：確かにすき間が少ない方が良いこともあるけど，ある程度のすき間をつくってあるのは，夏の暑い日に，レールが熱で あ〔ぼう張・収縮《しゅうしゅく》〕 し，レールのつなぎ目で い〔盛り上がり・さらにすき間〕 が生じ，脱線《だっせん》の原因になるからだよ。

暁子：なるほど。だから，ある程度のすき間がつくってあるのだね。今度，金属が熱でどれだけ あ するのかを調べてみるね。

《後日，学校で》

暁子：この前，金属の熱による あ について調べてみたら，金属の種類によってちがうことが分かったよ。この表のようなちがいがあるみたい。

暁子：(下の表を見せる)

金属の種類	温度が1℃上がることによる1mの金属棒の変化する長さ［cm］
鉄	0.0012
銅	0.0017
アルミニウム	0.0023

学　：この表の値から考えると，レールは棒ではないけれど，仮に棒状《じょう》の鉄でできているレールが１本 20 m の長さだとして，温度が 40 ℃上がるとレールの長さは，［ う ］cm 変化することになるね。

暁子：だからレールとレールの間には，ある程度のすき間があるんだね。さらに調べてみたら，この金属の種類による［ あ ］の違いを利用して，「バイメタル」というものがあるみたい。

学　：「バイメタル」って何？

暁子：簡単な図をかいてみるね。

暁子：（図１をえがき，その図を指さしながら）「バイメタル」っていうのは，熱による［ あ ］の仕方が異《こと》なる２枚の金属をはり合わせて固定したものなんだ。

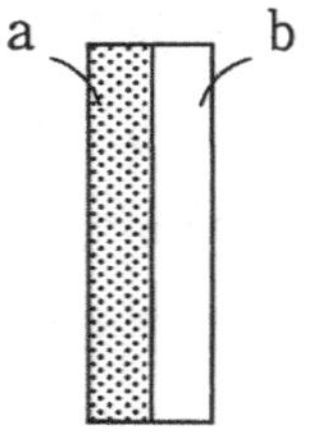

図１

学　：そうするとどんなことが起こるの？

暁子：（図２をえがき，その図を指さしながら）例えば，アルミニウムと鉄をはり合わせた場合，a 側の金属を，熱による［ あ ］の［ え〔大き・小さ〕］な［ お〔アルミニウム・鉄〕］にして熱を加えると，こうやって曲がるんだ。

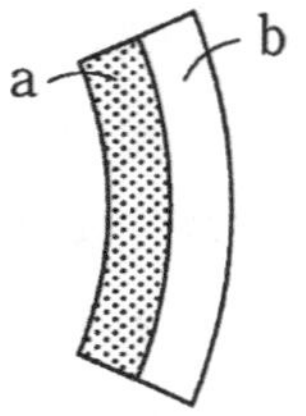

図２

学　：へぇー，すごいね。どんなところに使われているの？

暁子：蛍光灯《けいこうとう》をつけるときに使われている点灯管《てんとうかん》に利用されているみたい。

学　：そうなの。他にどんなところに使われているかを，僕も調べておくね。

(1)　文章中の［ あ ］・［ い ］に適する語句をどちらか選び，解答欄の語句を囲みなさい。

(2)　文章中の［ う ］に適する数字はいくらか，答えなさい。

(3)　文章中の［ え ］・［ お ］に適する語句をどちらか選び，解答欄の語句を囲みなさい。

4．翌日に開花しそうなアサガオのつぼみを使って，a，bのような実験を行い，実ができるかどうか確かめました。

【実験a】　そのままにした。

【実験b】　ふくろをかぶせた。

その結果，【実験a】，【実験b】とも実ができました。

昆虫によって花粉が運ばれてきていないのに実ができたことを不思議に思って調べたところ，アサガオでは，つぼみのうちに同じ花のおしべとめしべで受粉して(自家受粉して)実ができることがわかりました。

アサガオがつぼみのときに自家受粉して実ができることを確認するために，次のc，dのような実験を行い，実ができるかどうか確かめました。

【実験c】　つぼみの中のめしべを取って，すぐにふくろをかぶせた。

【実験d】　つぼみの中のおしべを取って，すぐにふくろをかぶせた。

その結果，【実験c】，【実験d】とも実ができませんでした。

(1)　図は，アサガオの花の断面を模式的に示したものです。

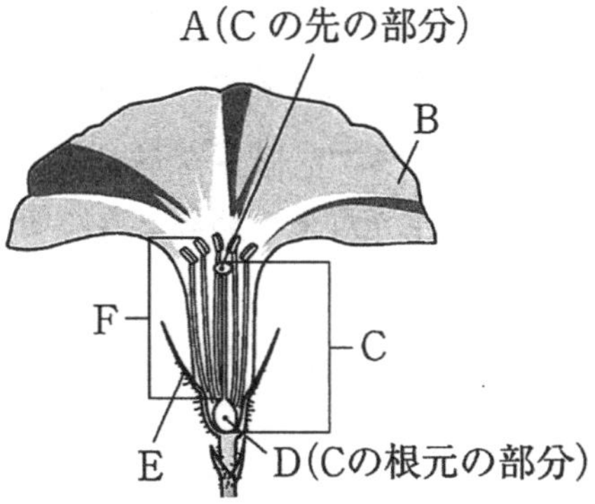

①　図のAの部分の名称を答えなさい。

②　アサガオで実になるのはどの部分ですか。図のA～Fから最も適当なものを1つ選び，記号で答えなさい。

③　虫めがねを使って，手に持ったアサガオの花を観察する場合，虫めがねの使い方として正しいものを，次のア～エから1つ選び，記号で答えなさい。

ア．花を持っている手と顔の位置は動かさずに，虫めがねを目に近づけたり，遠ざけたりする。

イ．虫めがねを花に近づけ，虫めがねを動かさずに，目を虫めがねに近づけたり，遠ざけたりする。

ウ．虫めがねを目から遠ざけ，虫めがねを動かさずに，花を虫めがねに近づけたり，遠ざけたりする。

エ．虫めがねを目に近づけ，虫めがねを動かさずに，花を虫めがねに近づけたり，遠ざけたりする。

(2) アサガオがつぼみのときに自家受粉して実ができることを確認するには，【実験ａ】～【実験ｄ】のどれとどれを比べればいいですか。正しい組合せを，次のア～カから１つ選び，記号で答えなさい。

ア．【実験ａ】と【実験ｂ】　　イ．【実験ａ】と【実験ｃ】
ウ．【実験ａ】と【実験ｄ】　　エ．【実験ｂ】と【実験ｃ】
オ．【実験ｂ】と【実験ｄ】　　カ．【実験ｃ】と【実験ｄ】

(3) 【実験ａ】，【実験ｂ】の結果からは，アサガオは受粉しなくても実ができると考えることができます。もし，受粉しなくても実ができるのであれば，【実験ｃ】，【実験ｄ】の結果はどうなりますか。正しい組合せを，次のア～エから１つ選び，記号で答えなさい。

	【実験ｃ】	【実験ｄ】
ア	実ができる。	実ができる。
イ	実ができる。	実ができない。
ウ	実ができない。	実ができる。
エ	実ができない。	実ができない。

5．次の文章を読んで，あとの問いに答えなさい。

チョウやバッタなどのこん虫のからだは3つの部分からできている。チョウのはねは，全部で（　あ　）枚あり，むねのところについている。チョウのむねは，はねを動かす（　い　）でいっぱいになっている。

(1)　上の文章中の(　あ　)に適する数字を答えなさい。

(2)　上の文章中の(　い　)に適する語句を答えなさい。

(3)　図は，モンシロチョウの幼虫を示したものです。モンシロチョウの幼虫のからだは多くの節に分かれています。むねに当たる部分をア～スからすべて選び，記号で答えなさい。

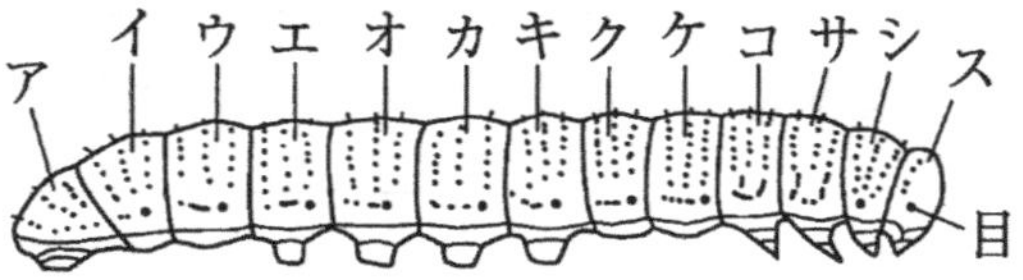

(4)　チョウが，空をとぶ理由はいくつかあります。たとえば，おすのチョウは，めすのチョウをさがしてとんでいます。他にどのような理由が考えられますか。考えられる理由を1つ簡単に答えなさい。

6．次の文章を読んで，あとの問いに答えなさい。

晴れた日の外の気温をはかる場合，温度計の液だめが地面から（　あ　）ぐらいの高さで，温度計の液だめに（　い　）が当たらないようにして，（　う　）の良い場所ではかる。

(1)　文章中の（　あ　）に適するものを，次のア～カから1つ選び，記号で答えなさい。

ア．10～20 cm　　イ．30 ～ 50 cm　　ウ．50～70 cm

エ．80～100 cm　　オ．1.2～1.5 m　　カ．1.5～2.0 m

(2)　文章中の（　い　），（　う　）に適する語句を答えなさい。

(3)　１日中雨がふった日の気温の変化のグラフを，次のア～エから１つ選び，記号で答えなさい。また，そのように判断した理由を答えなさい。

ア

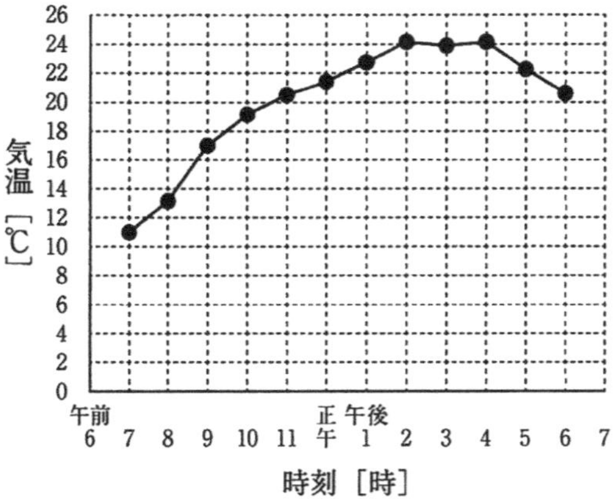

イ

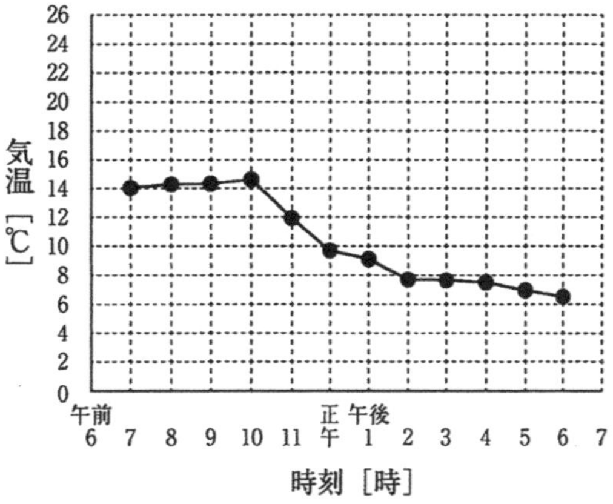

ウ

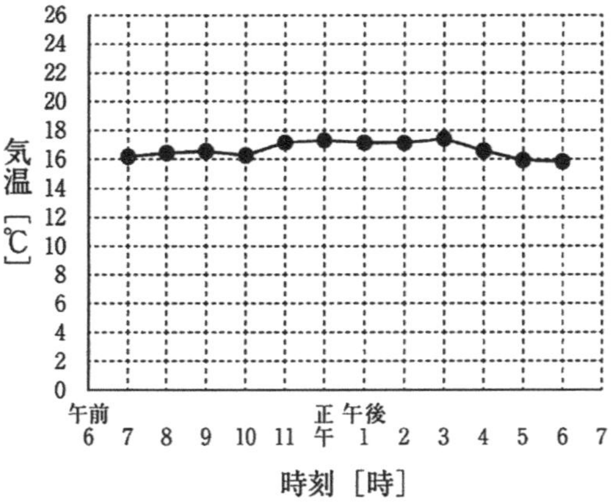

エ

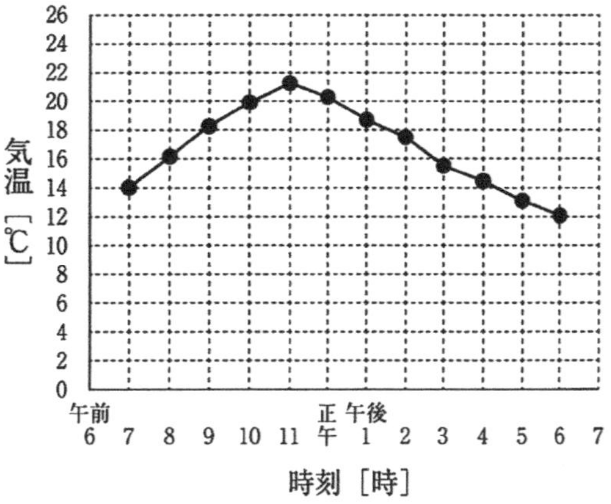

(4)　(3)のア～エのグラフの中には，１日中晴れの日のグラフが１つあります。そのグラフを記録した日の５日後の天気も１日中晴れでした。しかし，午前７時の気温はほぼ同じでしたが，気温の変化はゆるやかで，最高気温はグラフを記録した日よりも５℃ほど低くなりました。最高気温が低くなった原因としてどのようなことが考えられますか。１つ答えなさい。

(5)　１日中晴れの日の気温の変化について，最低気温が記録されるのはいつ頃ですか。次のア～エから最も適切なものを１つ選び，記号で答えなさい。

ア．午前５時～午前７時　　　イ．午後６時～午後８時

ウ．午後11時～午前１時　　　エ．午前２時～午前４時

令和５年度

暁中学校入学試験問題

社　　会

(45分)

〔注　意　事　項〕

(1)　試験開始のチャイムが鳴るまで，この問題冊子の中を見てはいけません。

(2)　試験開始の合図で，解答用紙に受験番号と名前を書きなさい。

(3)　答えはすべて解答用紙の決められたところに，はっきり書きなさい。

(4)　試験終了のチャイムが鳴りましたら，すぐに鉛筆《えんぴつ》をおき，監督《かんとく》者の指示にしたがいなさい。

(5)　問題用紙は，持ち帰ってよろしい。

1．次に示した地図をみて，あとの問いに答えなさい。

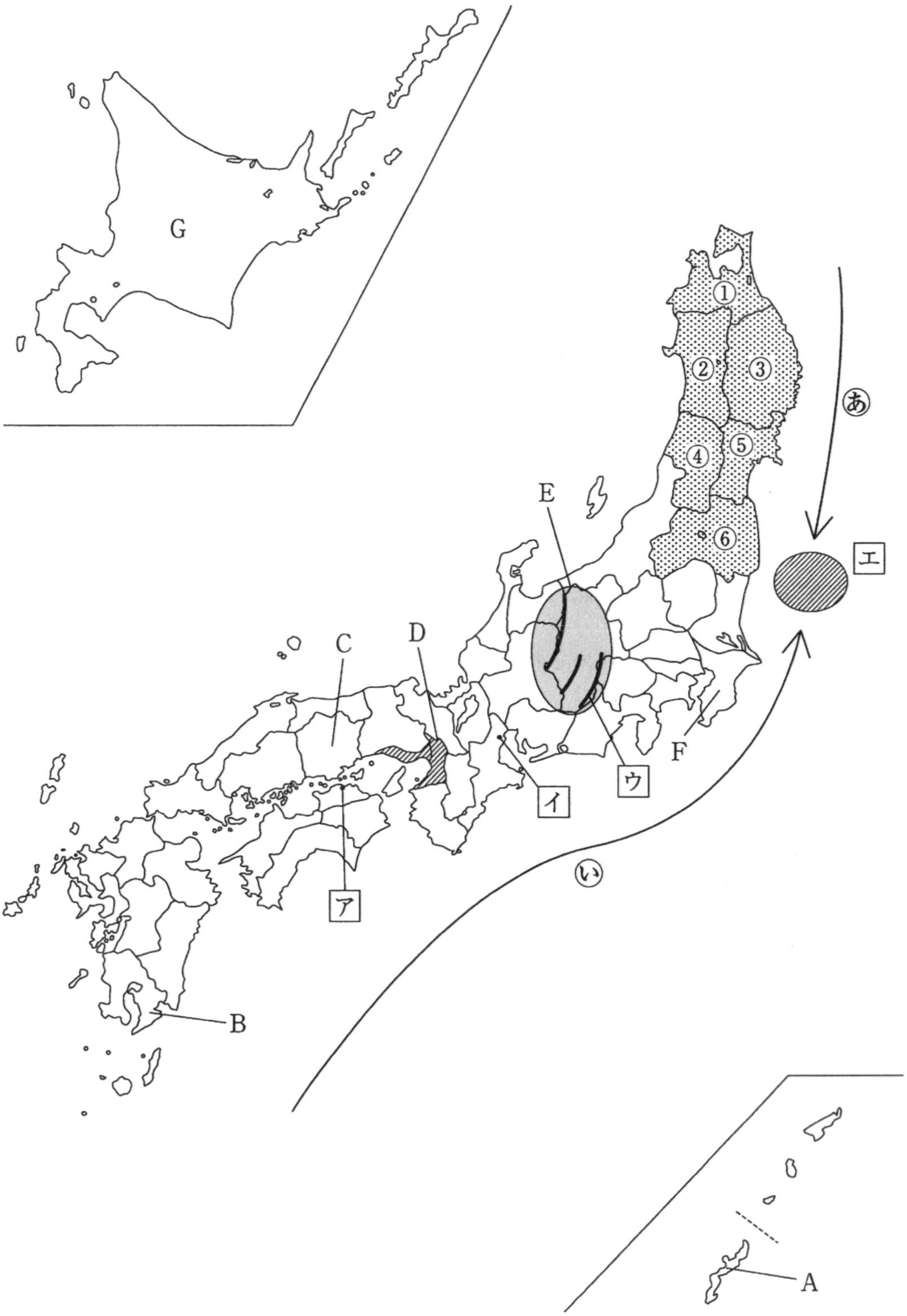

問１　地図中の ア の地点の気温と降水量を示したグラフとして正しいものを，次のア～エから１つ選び，記号で答えなさい。

ア

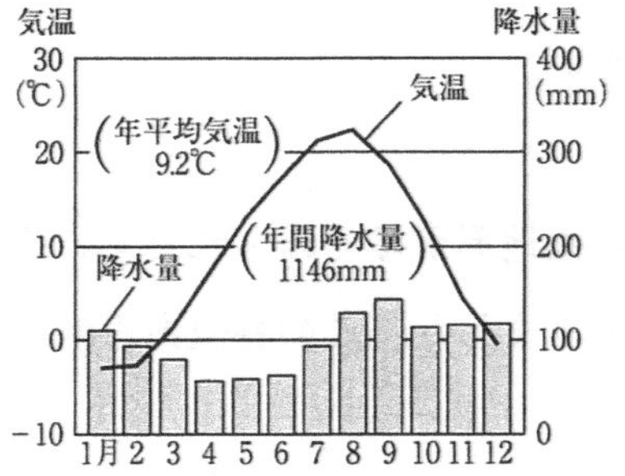

イ

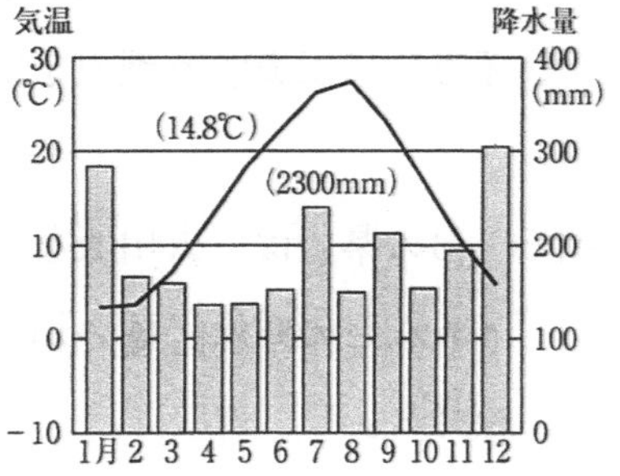

ウ

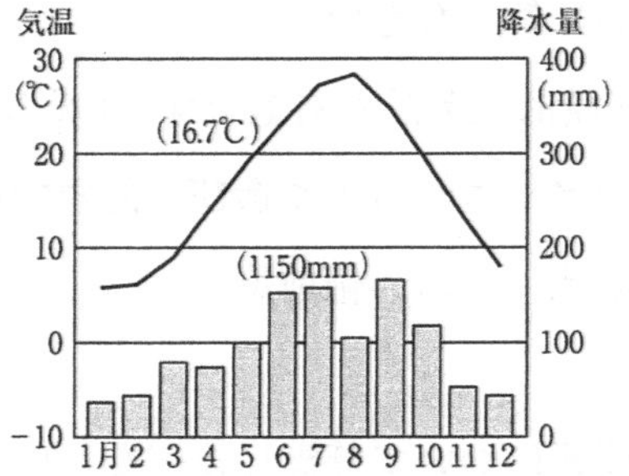

エ

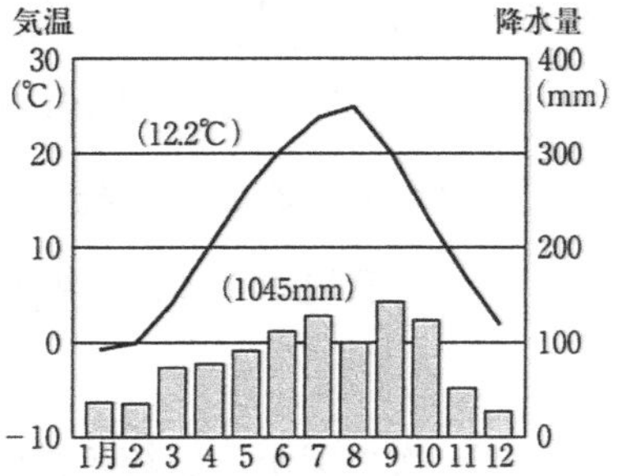

『日本のすがた 2022　日本国勢図会ジュニア版』より

問２　日本の地域ごとの気候は，地形のほかに，風の影響も受けています。太平洋から日本列島に向けて南東の風が吹く季節を四季の中から答えなさい。また，この風の名称を答えなさい。

問３　下の図は日本の河川と世界の河川を比較したものです。たて軸は「標高」，横軸は「河口からの距離」をあらわしています。日本の河川の特徴を図を参考にして，「長さ」と「流れ」にふれて簡潔に答えなさい。

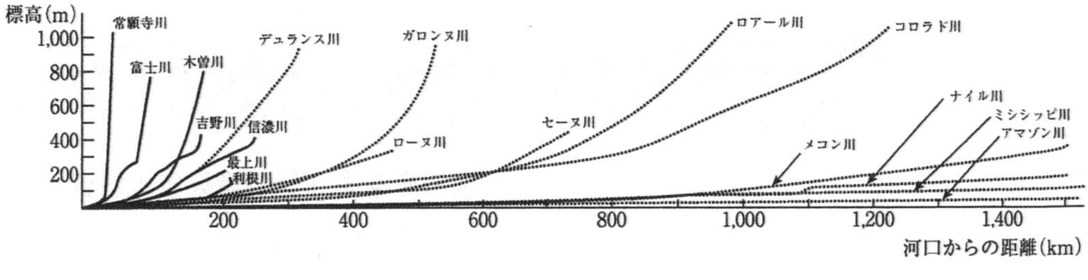

「国土交通省関東地方整備局 HP」より

問４　Ａの県では，家の建築の工夫として，屋根の瓦《かわら》が飛ばされないよう漆喰《しっくい》でしっかりと固めたり，家の周りをサンゴの石垣でかこんだりしています。このように工夫をするのは，ある気象現象が関係しています。それを明らかにしたうえで家を建てるさいに工夫する理由を簡潔に述べなさい。

問５　Ｂの県では，火山灰などがつみ重なった地形が多くみられます。そのためサツマイモなどの乾燥に強い畑作物を栽培してきました。この特徴ある地形の名前を答えなさい。

問６　Ｃの県に関連して，次の(1)・(2)の問いに答えなさい。

(1)　Ｃの県では，旧国名の名をつけた伝統的工芸品が有名です。「炎の芸術」とも呼ばれているこの伝統的工芸品を，次のア～エから１つ選び，記号で答えなさい。

ア．萩焼　　イ．信楽焼　　ウ．美濃焼　　エ．備前焼

(2)　次の図から伝統産業が抱えている問題について簡潔に述べなさい。

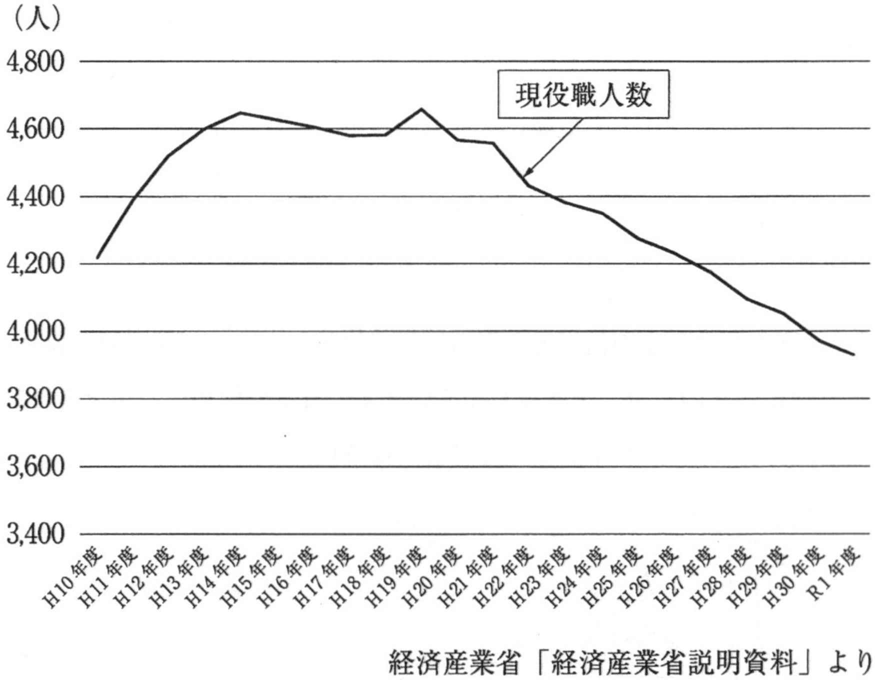

経済産業省「経済産業省説明資料」より

問７　地図中のＤの工業地帯を何といいますか。また，Ｄの工業地帯の「工業出荷額」の割合として正しいグラフを，次のア～エから１つ選び，記号で答えなさい。

ア

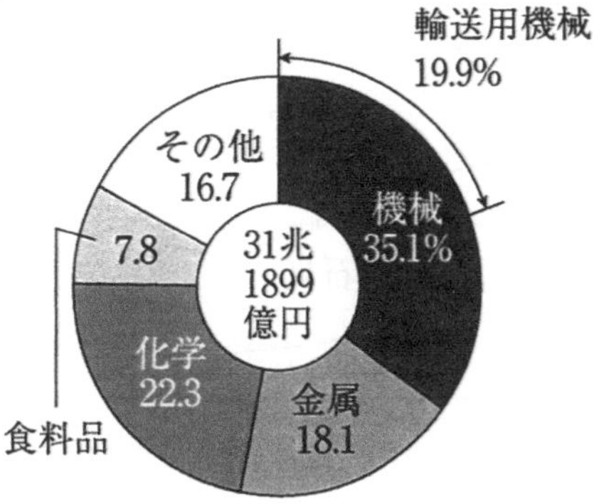

イ

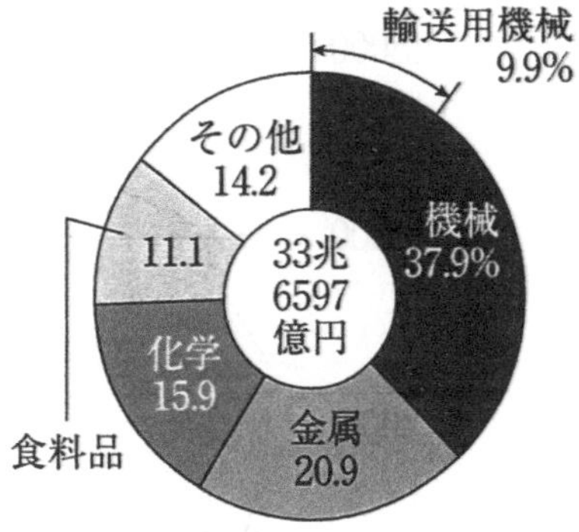

ウ

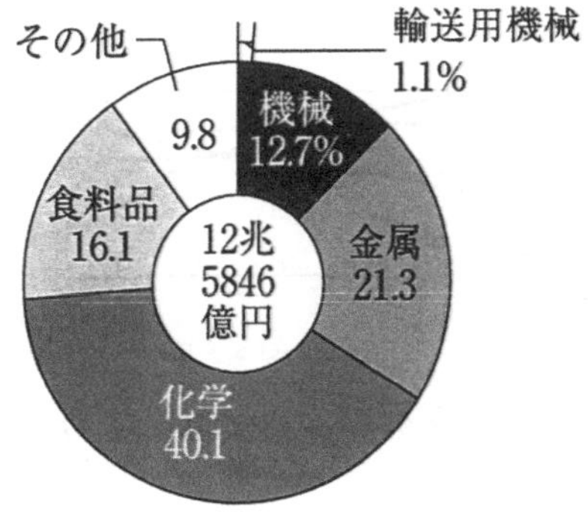

エ

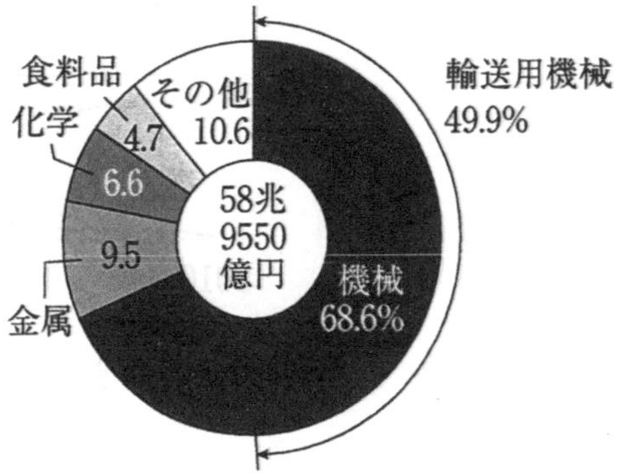

『日本のすがた2022　日本国勢図会ジュニア版』より

問８　次の図は「電源別の発電量」をあらわしたグラフです。2011年～2012年にかけて原子力発電の発電量が急激に減少している主な原因について答えなさい。

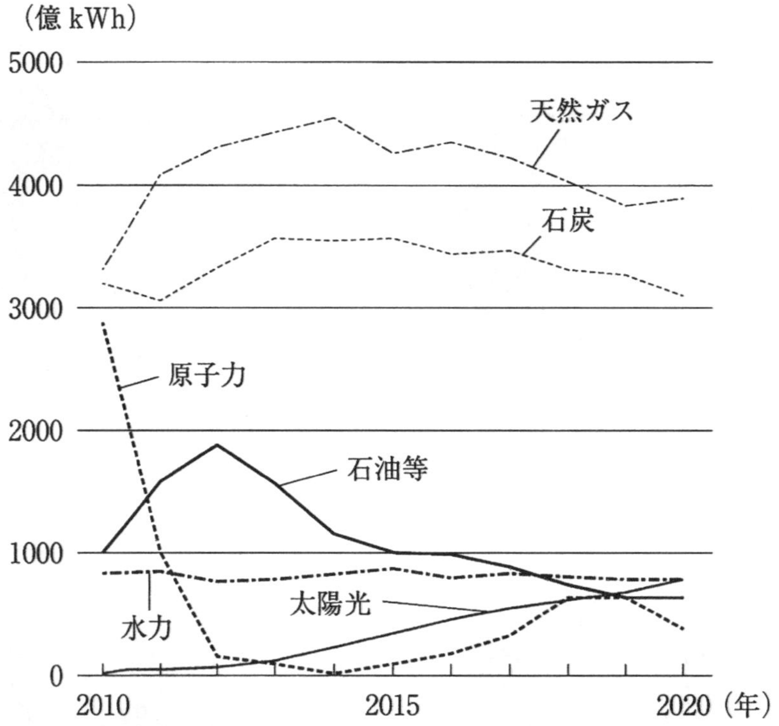

『日本のすがた 2022　日本国勢図会ジュニア版』より

問９　地図中［イ］の地域について，次の地図を参考に，(1)～(3)の問いに答えなさい。

〔地図Ⅰ〕

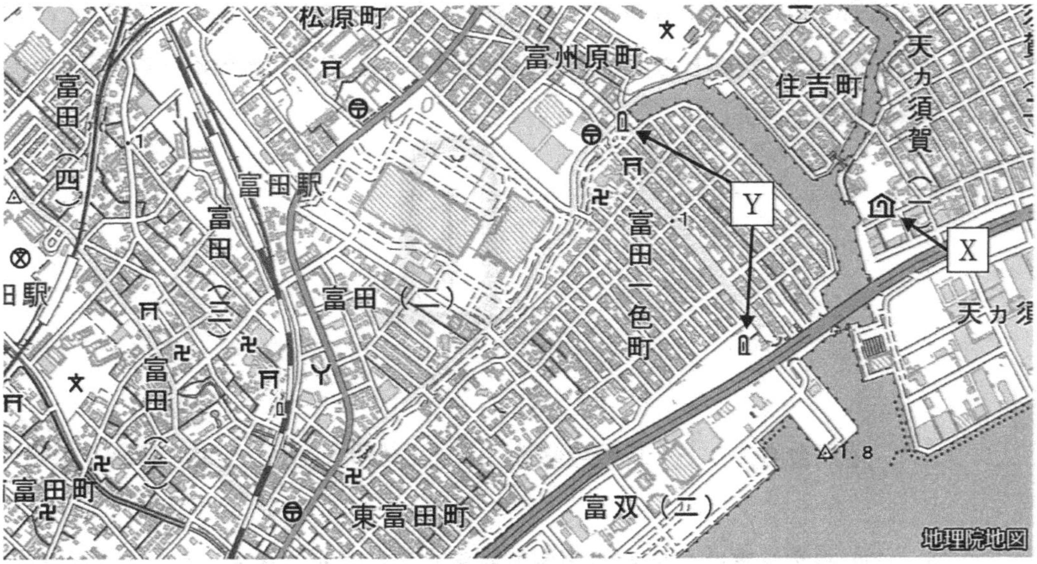

「地理院地図（電子国土 Web）」より一部加工

(1)〔地図Ⅰ〕の［X］で示した地図記号を拡大したものが図１です。次の文章は図１の地図記号を説明したものです。図１の地図記号は何をあらわしていますか。答えなさい。

> この地図記号は2006年に作られました。
>
> 1995年以降，日本では65歳以上のお年寄りが年々増えています。そのため，お年寄りが介護を受けやすくするための法律ができました。
>
> 2000年以降，図１の地図記号があらわす建物が次々と建てられ，その数は１万３千か所をこえました。そこで地図記号を作成することとなり，小中学生にデザインを募集しました。およそ５万７千点の作品が集まり，小学校６年生の女の子がデザインした図１の作品が選ばれました。杖《つえ》をつくお年寄りが，安心してすごせる施設をイメージしたといいます。このように地図記号は，時代とともに新しくなり，変化し続けています。

図１

(2) 〔地図Ⅰ〕の[Y]で示した地図記号を拡大したものが図2です。これは「自然災害伝承碑」という地図記号で，過去に起きた津波，洪水，火山災害，土砂災害等の自然災害の情報を伝える碑やモニュメントをあらわしています。地図中[Y]の自然災害伝承碑は，次のどの自然災害に関連していますか。次のア～エから1つ選び，記号で答えなさい。

図2

ア．室戸台風　　イ．伊勢湾台風　　ウ．紀州大水害　　エ．阪神・淡路大震災

(3) (2)の自然災害は，日本の高潮対策を大きく進展させました。次の〔地図Ⅱ〕は〔地図Ⅰ〕にピクトグラム（）を加えたものです。〔地図Ⅰ〕と見比べて，どのような場所が避難場所に指定されていますか。簡潔に述べなさい。

〔地図Ⅱ〕

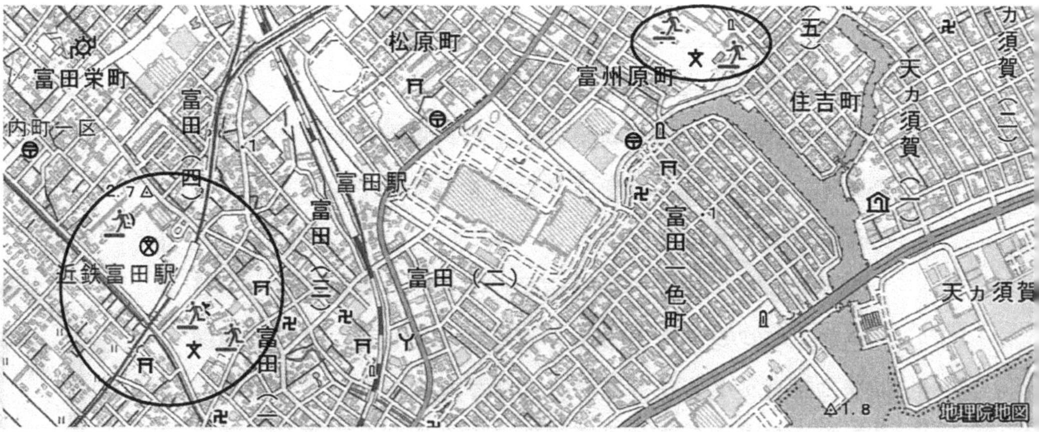

「地理院地図（電子国土 Web)」より一部加工

問10　Eの地域にある3つの山脈は「日本アルプス」と総称されています。飛驒山脈は「北アルプス」と呼ばれ，木曽山脈は「中央アルプス」と呼ばれています。「南アルプス」と呼ばれる[ウ]の山脈の名前を答えなさい。

問11　地図中の㋐・㋑は，日本の近海を流れる海流を示しています。㋐・㋑にあてはまる海流の名前を，次のア～エから１つずつ選び，記号で答えなさい。

ア．リマン海流　　イ．千島海流　　ウ．対馬海流　　エ．日本海流

問12　日本の水産業について説明した文章を読み，次の(1)・(2)の問いに答えなさい。

地図中の［エ］の部分は，寒流と暖流がぶつかる部分で（　①　）と呼ばれ，プランクトンが多く発生することからよい漁場となっています。また，日本の周りの海には魚介類や海藻《かいそう》がよく育ち，海岸から水深200ｍまでのなだらかな海底の（　②　）が広がっています。おもな漁港としてＦの県にある（　③　）は近海の魚をとる沖合漁業の基地で，マイワシなどが水あげされています。

(1)（　①　）・（　②　）にあてはまる語句を答えなさい。

(2)（　③　）にあてはまる港の名前を，次のア～エから１つ選び，記号で答えなさい。

ア．釧路　　イ．焼津　　ウ．銚子　　エ．八戸

問13　次の会話文中の（　ア　）・（　イ　）に当てはまる県を，地図中の①～⑥からそれぞれ選び，番号で答えなさい。

良子さん：学くん，久しぶり！夏休みはどう過ごしたの？

学くん：久しぶり！東北地方へ家族で旅行に行ったよ。充実した夏休みだった。

良子さん：うらやましいな～。どこをまわったの？

学くん：最初に訪れたのは（　ア　）県。８月上旬には弘前ねぷた祭りや八戸三社大祭が行われるから，それを見に行ったよ。

良子さん：りんごの生産が日本一の県ね。

学くん：次に訪れたのは（　イ　）県です。長井市で行われる最上川花火大会が９月３日（令和４年）に延期になって，残念ながら見ることができなかったんだ。

良子さん：その県はさくらんぼの生産が日本一ね。

学くん：最後に訪れたのは福島県。わらじ祭りという長さ12mの大わらじを羽黒神社に奉納する，古来より続く伝統行事が有名だよ。

良子さん：その県は桃《もも》の生産が日本で第２位ね。

学くん：さっきから気になったんだけど，なぜ良子さんはそんなに果物に詳しいの？

良子さん：果物が好きだから，好きなものから勉強をはじめると覚えがいいの。そういう学くんも祭りの話ばかりじゃない。

学くん：あ，本当だね。

問14　Gの地方では，安全安心な生乳の供給のため，搾乳《さくにゅう》段階から工場搬入までの管理状況や履歴《りれき》の一元管理を行っています。このことについて説明した次の文章中の下線部のしくみを何といいますか。カタカナで答えなさい。

> 近年，食品の安全性を保つため，農産物がいつ，どこでつくられたのかを表示する産地表示が義務付けられました。そして，農産物を生産してから運ばれるまでを消費者に伝えるしくみも取り入れられました。また，環境を保護し，人間や動物などが生活しやすいようにする環境保全の取り組みや食料自給率を高めるための取り組みも行われています。

2．次の文章を読み，あとの問いに答えなさい。

国技といわれ日本の伝統文化である相撲は，その起源，源流をたどると神話の時代にまでさかのぼります。我が国の相撲の起源としては，①『古事記』や『日本書紀』の中にある力くらべの神話や，野見《のみ》 宿禰《のすくね》と當麻《たいま》 蹶速《のけはや》の天覧《てんらん》勝負の伝説があげられます。

相撲はその年の②農作物の収穫を占う祭りの儀式として毎年行われ，後に③宮廷の行事となりました。

④鎌倉時代から戦国時代にかけては，武士の戦闘の訓練として盛んに相撲が行われました。⑤織田信長は深く相撲を愛好し，⑥元亀・天正年間（1570～92年）に近江の安土城などで各地から力士を集め，勝ち抜いた者を家臣として召し抱えたと伝えられています。

⑦江戸時代に入ると，力自慢の者の中から相撲を職業する人たちが現れ，全国で行われるようになり，江戸時代中期には定期的に相撲が興行されるようになり，相撲は⑧歌舞伎と並んで庶民の娯楽として浸透していきました。

相撲は，長い歴史の中で次第にルール化され，洗練されてスポーツとしての形態を整え，⑨明治・⑩大正・（　X　）・⑪平成の時を経て，我が国固有の伝統文化として⑫現在の令和に受け継がれています。

問１　下線部①に関連して，『古事記』や『日本書紀』が編纂された時代に関係の深い出来事を次のア～エから１つ選び記号で答えなさい。

ア．清少納言により『枕草子』が著された。

イ．平等院鳳凰堂が建立された。

ウ．遣隋使が派遣された。

エ．東大寺に大仏がつくられた。

問２　下線部②に関連して，次の図について先生と生徒の会話文中の（　A　）・（　B　）に入る語句の組合せとして正しいものを，次のア～エから１つ選び，記号で答えなさい。

先　生：この図は何を表していると思いますか？

生徒A：人が二人，杵《きね》を使って稲を脱穀している様子を表していると思います。

生徒B：二人の真ん中にあるのは，臼《うす》ですね。

先　生：そうです。では，この図は何に描かれていたと思いますか？

生徒A：（　A　）に描かれていたのを見たことがあります。

生徒B：（　A　）は青銅器ですよね。確か銅と錫《すず》の合金だったと記憶しています。

先　生：その通りです。よく知っていましたね。ところで（　A　）が広まっていた時代を代表する遺跡には何がありますか？

生徒B：（　B　）遺跡が有名です。

ア．A　銅鐸　　　B　吉野ヶ里

イ．A　銅鐸　　　B　三内丸山

ウ．A　銅鏡　　　B　吉野ヶ里

エ．A　銅鏡　　　B　三内丸山

問３　下線部③に関連して，平安京に都が移されてから鎌倉幕府が成立するまでの出来事について述べた文として最も適当なものを，次のア～エから１つ選び，記号で答えなさい。

ア．運慶らによって，東大寺南大門の金剛力士像が制作された。

イ．奥州藤原氏によって，平泉に中尊寺金色堂が建てられた。

ウ．観阿弥・世阿弥によって，能が大成された。

エ．鑑真によって，唐招提寺が建てられた。

問４　下線部④について，次の年表は鎌倉幕府に関する歴史を年表にまとめたものです。執権の北条泰時が，裁判の公平をはかるため武士による最初の法令「御成敗式目」を制定した時期を次の年表中のア～エから１つ選び，記号で答えなさい。

1185年	源頼朝が守護・地頭を置く
	↕　…　ア
1192年	源頼朝が征夷大将軍に任じられる
	↕　…　イ
1221年	承久の乱がおこる
	↕　…　ウ
1274年	文永の役がおこる
1281年	弘安の役がおこる
	↕　…　エ
1333年	鎌倉幕府が滅亡する

問５　下線部⑤について，次の資料は，織田信長が行った経済政策に関する法令を現代語訳したものの一部です。これを見て，次の(1)・(2)の問いに答えなさい。

>（　　　）令
> 定　安土山《さん》下《げ》町《ちょう》中へ
>
> 一，この町を（　　　）と命じた以上は，諸座の特権や諸負担，雑税など一切免除する。
> 一，他国者・他所者が当町に来往した場合，以前からの居住者同様，誰の家臣であろうとも差別的な取り扱いはしない。

(1)　（　　　）に入る語句を漢字２字で答えなさい。

(2)　この法令を定めた目的について簡潔に述べなさい。

令和五年度　暁中学校　入学試験問題解答用紙　国語

受験番号

名前

※50点満点
（配点非公表）

一

問1
①
②
③

問2
(1)
(2)
(3)

問3
(1)
(2)
(3)
(4)

二

問1
A
B
C

問2

問3

(1)	(2)①	(2)② cm²

(1)　7人グループ 組	8人グループ 組	(2) 円	
(3)　ア	イ	ウ	エ
(4)　ア	イ	ウ	エ
オ			

受験番号	名　　前

※50点満点 （配点非公表）

4	(1)	①	②	③	
	(2)		(3)		

5	(1)	枚	(2)		(3)	
	(4)					

6	(1)		(2)	い	う
	(3)	記号 ：			
		理由 ：			
	(4)				
	(5)				

受験番号	名　　前

※50点満点
（配点非公表）

問5	(1)		(2)

問6 → → →		問7	問8
問9	問10		
問11	問12 (1)	(2)	問13
問14 (1)	(2)	(3)	

3

問1	問2	問3	問4
問5	問6	問7	問8
問9			

受験番号	名　　前

※50点満点
（配点非公表）

令和５年度　暁中学校　入学試験問題解答用紙　　　社　会

1

問1		問2	四季： 風の名称：

問3	
問4	

問5		問6	(1)		(2)	

問7	工業地帯： 記号：	問8	

問9	(1)		(2)	
	(3)			

問10		問11	㋐： ㋑：

問12	(1)	①		②		(2)		問13	ア： イ：

問14	

【解答

令和５年度　暁中学校　入学試験問題解答用紙　　理　科

1	(1)	①	②	③
	(2)	①	②	
		③		
	(3)	① cm^3	②	③ cm^3
		④	⑤ cm^3	
	(4)			

2	(1)	あ		い		(2)	cm
	(3)	g	(4)	cm	(5)	cm	
	(6)	cm	(7)	cm	(8)	ア・イ　向きに　cm	

3	(1)	あ　ぼう張　・　収縮		い　盛り上がり　・　さらにすき間	
	(2)	う	(3)	え　大き　・　小さ	お　アルミニウム　・　鉄

令和５年度　暁中学校　入学試験問題解答用紙　　　算　数

1

(1)	(2)	(3)
(4)	(5)	(6)
(7)	(8)	
(9)　まわりの長さ	面積	
(10)　平均点　　点	多くて　　人	少なくて　　人

2

(1)　毎分　　L	(2)　毎分　　L
(3)　　分	

問5

問6

X

Y

三

問1

欣子は

問2

問3

問4

問5

問6

(1)

a

b

(2)

問7

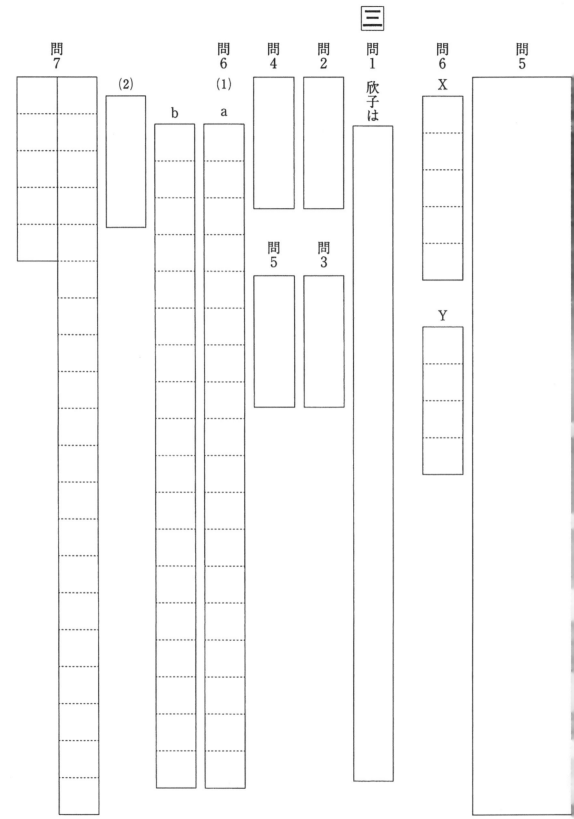

問６　下線部⑥について，次のア～エのカードは，元亀・天正年間（1570～92年）におきた出来事を示したものである。ア～エのカードを，書かれた内容の古いものから順に並べかえなさい。

ア	比叡山にある延暦寺を焼きうちした。

イ	刀狩令が出され，武士と農民の身分が区分された。

ウ	長篠の戦いで武田勝頼を大将とする武田軍を破った。

エ	バテレン追放令が出され，キリスト教宣教師が追放された。

問７　下線部⑦について，次の資料は江戸幕府が1635年に出した法令を，現代語訳したものの一部です。この資料に示した法令の名前を答えなさい。

> 大名が自分の領地と江戸とを参勤交代するように定める。
> 毎年四月中に参勤すること。…

問８　下線部⑧に関連して，人形浄瑠璃の脚本作家として人々の義理や人情を描いた人物は誰ですか。次のア～エから１つ選び，記号で答えなさい。

ア．近松門左衛門　　イ．井原西鶴　　ウ．松尾芭蕉　　エ．滝沢馬琴問9　下線部⑨について，次の年表は明治時代の外交に関する出来事をまとめたものです。年表中の次の文章の（　A　）・（　B　）にあてはまる語句の組合せとして正しいものを，次のア～エから1つ選び，記号で答えなさい。

1871年	岩倉使節団が出発する
1883年	鹿鳴館が完成する
1894年	日清戦争がおこる
1895年	清との間に下関条約を結び、（　A　）・遼東《りょうとう》半島を獲得する
1902年	イギリスと同盟を結ぶ
1904年	日露戦争がおこる
1905年	ポーツマス条約を結ぶ
1911年	関税自主権の（　B　）に成功する

ア．A－台湾　　　B－回復
イ．A－台湾　　　B－撤廃
ウ．A－樺太　　　B－回復
エ．A－樺太　　　B－撤廃

問10　下線部⑩について，次のグラフは大正時代の日本の輸出額・輸入額の推移を示したものです。輸出額と輸入額の関係について，⟷の時期にみられる特徴を，当時のヨーロッパの状況をふまえて説明しなさい。

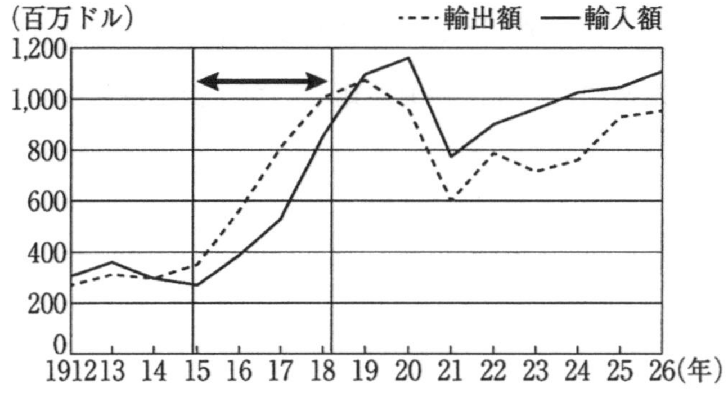

「数字でみる日本の100年」改訂 第7版

問11　下線部⑪について，平成におきた出来事として誤っているものを，次のア～エから1つ選び，記号で答えなさい。

ア．税制改正が行われ，消費税が導入された。

イ．日本国有鉄道が分割民営化され，JR グループ各社などが発足した。

ウ．PKO 協力法が成立し，カンボジアなどに自衛隊が派遣された。

エ．世界金融危機（リーマン・ショック）が起きた。

問12　下線部⑫について，次の資料は，2022年8月1日岸田文雄内閣総理大臣が，ある会議で行った演説の一部です。これを見て，次の(1)・(2)の問いに答えなさい。

> …私は，今回の（　　　）（核兵器不拡散条約）運用検討会議に強い危機感を持って，やって参りました。
>
> 外務大臣として参加した2015年会議の決裂以降，国際社会の分断は更に深まっています。特に，ロシアによるウクライナ侵略の中で核による威嚇《いかく》が行われ，核兵器の惨禍が再び繰り返されるのではないかと世界が深刻に懸念しています。
>
> 「核兵器のない世界」への道のりは一層厳しくなっていると言わざるを得ません。しかし，諦めるわけにはいきません。被爆地広島出身の総理大臣として，いかに道のりが厳しいものであったとしても，「核兵器のない世界」に向け，現実的な歩みを一歩ずつ進めていかなくてはならないと考えます。
>
> そして，その原点こそが（　　　）なのです。
>
> （　　　）は，軍縮・不拡散体制の礎石として，国際社会の平和と安全の維持をもたらしてきました。（　　　）体制を維持・強化することは，国際社会全体にとっての利益です。この会議が意義ある成果を収めるため，協力しようではありませんか。…

(1)　演説文中の（　　　）にあてはまる語句をアルファベット3字で答えなさい。

(2) 演説文中の下線部のウクライナはどこにありますか。次の地図中のア～オから1つ選び，記号で答えなさい。

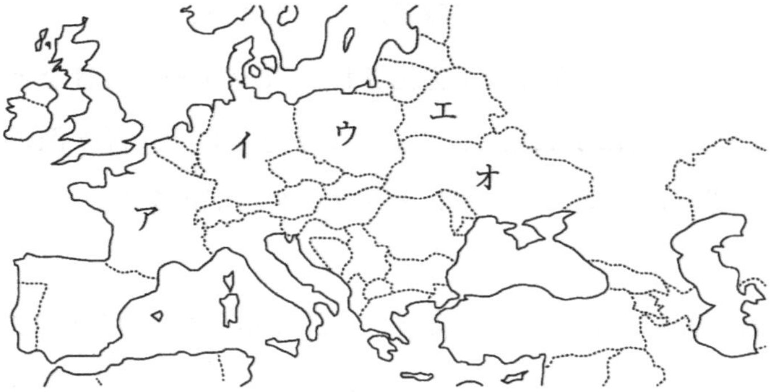

問13　文中の（　X　）にあてはまる元号を，漢字2字で答えなさい。

問14　番付表に関する会話文を読み，次の(1)～(3)の問いに答えなさい。

生徒A：相撲と言えば番付表があるよね。

生徒B：番付表について調べてみよう。

生徒A：番付表は縦110cm，横80cmのケント紙に書かれ，行司さんが手書きで作成しているんだって。

生徒B：ケント紙って何？

生徒A：硬くて表面が滑らかな紙で，スタンプカードのインクなどになじみやすいんだよ。

生徒B：ところで，紙のない時代，人々は木の葉や樹皮，皮など身近で手に入りやすい材料に書き記していたんだよ。紙は，(a)紀元前2世紀頃，中国で発明されたと考えられているんだ。その後，西暦105年頃に蔡倫という（　Y　）時代の役人が行った製紙技術の改良により，実用的な紙がたくさん作られるようになったんだ。

生徒A：へぇ～。よく知っているね。

生徒B：製紙技術は，日本には7世紀に朝鮮半島の（　Z　）の僧，曇徴が墨とともに製紙技術を伝えたと言われているんだよ。当時の朝鮮半島は三つの国に分かれていて（　Z　）はその中で最北部に位置した王朝だったんだ。ちなみに，紙が普及するまでは(b)木簡や竹簡が使われていたことって知ってる？

生徒A：いやぁ～ 知らなかったよ。

生徒B：平城京跡からも多くの木簡が出土していて，書く内容が多い場合は何本もの木簡・竹簡を使って，バラバラにならないように紐で縛って束ねていたんだ。また，平安時代には，「古紙の抄《す》き返し」という使用済みの紙のリサイクルが行われていたらしいよ。

⑴　会話文中の（　Y　）・（　Z　）に入る語句の組合せとして正しいものを，次のア～エから１つ選び，記号で答えなさい。

ア．Y　魏　　　Z　百済

イ．Y　魏　　　Z　高句麗

ウ．Y　漢　　　Z　百済

エ．Y　漢　　　Z　高句麗

⑵　下線部(a)に関連して，紀元前２世紀頃の日本について説明した文として正しいものを，次のア～エから１つ選び，記号で答えなさい。

ア．中国の皇帝に使いを送り，金印などを与えられた。

イ．人々は稲作を行い，収穫した米を高床倉庫にたくわえていた。

ウ．おもに木の実を採集したり，漁や狩りをおこなったりして生活していた。

エ．大仙古墳などの巨大な古墳がつくられた。

⑶　下線部(b)について，次の資料はこの時代に使われた木簡の文字の一部を活字にしたものです。この木簡の内容が示す税を何といいますか。次のア～エから１つ選び，記号で答えなさい。

ア．租　　イ．調　　ウ．庸　　エ．雑徭

上総国武昌郡高舎里荏油〔荏胡麻〕

※問題は次のページに続きます。

3．次の表は令和4年1月に行われた内閣総理大臣の施政方針演説の骨子をまとめたものです。この表中の下線部に対応する文章を読んで，あとの問いに答えなさい。

第208回国会における
内閣総理大臣施政方針演説の骨子（2022.1.17）

1	はじめに
2	A 新型コロナへの対応
3	B 新しい資本主義
4	気候変動への対応
5	C 全ての人が生きがいを感じられる社会へ
6	地域活性化
7	D 災害対策
8	外交・安全保障
9	E 憲法改正
10	おわりに

A　新しい感染症が流行して以来，昨年の12月で3年が経過しました。昨年の8月には第7波の流行が起こり，①政府や地方公共団体はそれまでの対策とは違い，経済の停滞を回避するために行動制限を行いませんでした。国民は自己判断の中で感染症対策を行わなければいけませんが，②この時に流行していたウイルスは感染力が今までのウイルスと比較すると非常に強く，新規感染者は拡大し，医療現場は混迷を極めることとなりました。

今後はこの状態が続くと考えると私たちは自分が感染しない，人に感染させない努力を自分たち自身の手でなお一層強めていく必要があります。

問１　下線部①に関連して，政府は国民の生命を守る義務があり，憲法には生存権が保障されていますが，それを保障している規定として適切な条文を，次のア～エから１つ選び，記号で答えなさい。

ア．第10条　　イ．第14条　　ウ．第25条　　エ．第36条

問２　下線部②に関連して，この時に流行していた感染力の強いウイルスの変異型として適切な名称を，次のア～エから１つ選び，記号で答えなさい。

ア．デルタ型　　イ．オミクロン型　　ウ．イプシロン型　　エ．アルファ型

B　③近年，石油や小麦など様々な商品の価格があがっています。その割に家計の収入が上昇していないため，人々の生活は苦しくなっています。たびたび価格の改定があり，政府は家計の圧迫を減少するために対策を取っていますが，効果が現れていないのが現状です。価格の上昇には様々な要因が考えられますが，それをおさえるために補助を出すばかりではなく，有効な対策が期待されるところです。

問3　下線部③に関連して，近年小麦の価格が上昇する要因として誤っているものを，資料を参考にして，次のア～エから1つ選び，記号で答えなさい。

資料Ⅰ

小麦出荷量（千 t）

	2018/19	2019/20	2020/21	2021/22	2022/23
ロシア	35,863	34,485	39,100	33,000	40,000
EU	24,686	39,788	29,740	29,500	36,000
アメリカ	26,202	26,390	26,702	21,750	21,000
ウクライナ	16,019	21,016	16,851	19,000	10,000

USDA「World Markets and Trade」より

資料Ⅱ

小麦生産量（千 t）

	2018/19	2019/20	2020/21	2021/22	2022/23
EU	123,124	138,799	126,694	138,418	136,100
ロシア	71,685	73,610	85,352	75,158	81,000
アメリカ	51,306	52,581	49,751	44,790	47,262
ウクライナ	25,057	29,171	25,420	33,007	21,500

USDA「World Markets and Trade」より

資料Ⅲ

日本の小麦輸入国（万 t）

1	アメリカ	240	49%
2	カナダ	168	34%
3	オーストラリア	84	17%
	合計	492	100%

「農林水産省 HP」より

資料Ⅳ

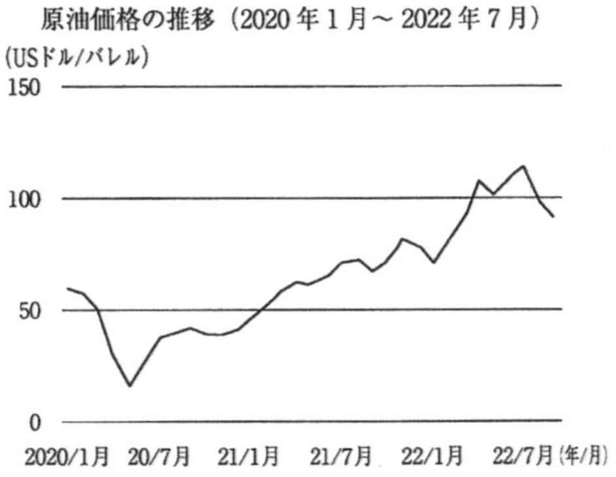

World Bank, Organization of the Petroleum Exporting Countries

ア．円高の影響により，小麦の取引価格が高騰しているため。

イ．日本への最大の輸出国のアメリカが不作になっているため。

ウ．世界的に有数の生産国が紛争していて，生産量・輸出量が減っているため。

エ．石油価格が上昇していて，輸送費がかかるため。

C　④昨年４月１日から成人年齢が変更になりました。それまでも数年，選挙に関しては，その年齢以上の人が有権者とされ，昨年７月の⑤参議院議員選挙で５回目の国政選挙となりました。今回の参議院議員選挙では，選挙区・比例区合わせて125人が当選しました。その中で女性は35名が当選しました。全体の投票率は52.05％でしたが，新成人となった年代の投票率は34.49％と前回より若干高くなりました。

問４　下線部④に関連して，下線部⑤に関連して，成人は何歳からに変更されましたか。適切な数字を答えなさい。

問５　下線部⑤に関連して，次に参議院議員選挙が行われるのは何年ですか。適切なものを次のア～エから１つ選び，記号で答えなさい。

ア．2025年　　イ．2026年　　ウ．2027年　　エ．2028年

D　昨年の梅雨の期間は非常に短く６月に梅雨明けが宣言されました。これは史上最短の期間であったといえます。しかし，７月に入り，戻り梅雨と言われる時期もありました。そしてその後も⑥天候が不安定で各地で豪雨があり災害が九州や東北など様々な地域で発生しました。また近年，夏の暑さは目を見張るものがあります。気象庁では暑い日の名称をこれまで定めてきましたが，現在，「日最高気温35度以上の日」を表す名称が一番暑い日を表す名称として気象用語で使用されています。しかし，昨夏には40度を超える日が全国各地で観測されるようになりました。そのため，昨年，⑦日本気象協会は，そのような40度を超える日を表すために新しい用語をしめしました。

問６　下線部⑥に関連して，発達した雨雲が列をなした積乱雲群により，数時間にわたって同じ場所を通過もしくは停滞して作り出され，連続して強い降水となる雨域の名前を答えなさい。

問７　下線部⑦に関して，日最高気温40度以上の日をあらわす名称として，日本気象協会が示した名称として適切なものを，次のア～エから１つ選び，記号で答えなさい。

ア．猛暑日　　イ．激暑日　　ウ．超暑日　　エ．酷暑日

Ｅ　1947年５月３日に施行された日本国憲法は，憲法第98条に規定されているように日本国の最高法規として位置づけられており，そのために改正については簡単に改正できないようなシステムをとっている硬性憲法です。⑧その改正についての要件は，憲法第96条で規定されています。

問８　下線部⑧に関連して，次の文章は，憲法の改正について述べた日本国憲法の条文です。（　１　）～（　５　）にあてはまる適切な語句や数字の組み合わせとして正しいものを，次のア～エから１つ選び，記号で答えなさい。

> １．この憲法の改正は，各議院の（　１　）議員の（　２　）の賛成で国会がこれを発議し，国民に提案してその承認を受けなければならない。その承認には特別の（　３　）又は国会の定める選挙の際に行われる投票において，その（　４　）の賛成を必要とする。
> ２．憲法改正について前項の賛成を経た時は，（　５　）は，国民の名でこの憲法と一体をなすものとして，直ちにこれを公布する。

ア	(1)　出席議員	(2)　過半数	(3)　住民投票	(4)　三分の二	(5)　天皇
イ	(1)　総議員	(2)　過半数	(3)　住民投票	(4)　三分の二	(5)　首相
ウ	(1)　総議員	(2)　三分の二	(3)　国民投票	(4)　過半数	(5)　天皇
エ	(1)　出席議員	(2)　三分の二	(3)　国民投票	(4)　過半数	(5)　首相

問９　次の文章を読んで，二重下線部の国会の違いについて内容も含めて簡単に説明しなさい。

今年１月に国会(あ)で行われた内閣総理大臣の施政方針演説は，表にみられる項目について述べられていますが，これは項目こそ違うものの，一昨年12月の国会(い)での所信表明演説で述べられたものであり，日本のリーダーとして国民の生活が向上するように期待されるところです。

2023(R5) 暁中
教英出版

令和４年度

暁中学校入学試験問題

国　　語

（45分）

〔注　意　事　項〕

⑴　試験開始のチャイムが鳴るまで，この問題冊子の中を見てはいけません。

⑵　試験開始の合図で，解答用紙に受験番号と名前を書きなさい。

⑶　答えはすべて解答用紙の決められたところに，はっきり書きなさい。

⑷　試験終了のチャイムが鳴りましたら，すぐに鉛筆《えんぴつ》をおき，監督《かんとく》者の指示にしたがいなさい。

⑸　問題用紙は，持ち帰ってよろしい。

2022(R4) 暁中
K 教英出版

＊字数制限のある問いでは、特に指示のないかぎり、句読点などの記号も一字に数えるものとします。

一 次のそれぞれの問いに答えなさい。

問1　次の①〜③について、正しいものには○を、まちがっているものには×を、解答用紙に書きなさい。

①　「あざやかな印象を心のカメラに焼き付ける。」このような表現を「比ゆ」という。

②　「丸山さんと友達の角川さんが私の家まで遊びにきた。」この文章を分かりやすくするためには、遊びに来たのが二人の場合は、読点「、」を「角川さんが」の後に入れると良い。

③　「大雨なので、運動会を中止する以外に方法がない。」これと同じ意味になる表現として「大雨なので、運動会を中止せざるを得ない。」と言いかえることができる。

問2　次の空らん□に後のリストから漢字を選んで当てはめて、ことわざを完成させなさい。そのあと、(1)、(2)の問いに答えなさい。

● □きこそ□の□①なれ
● □②は□□にしかず
● □を③て□を□ず

一　水　上　木　手　石　好　百　見　見　見　物　森　焼　聞

(1)　空らん①〜③に入る漢字を答えなさい。

(2)　リストの中で最後まで残った3つの漢字にひらがなを足してできるもう一つのことわざを答えなさい。

問3　次の文章を読んで、後の問いに答えなさい。

お詫び
著作権上の都合により、文章は掲載しておりません。
ご不便をおかけし、誠に申し訳ございません。
教英出版

「すべてのビジネスパーソンのためのWebマガジン TRANS. Biz」より

問　「この会社は若者を重用している。」という文章の――線部「重用」について、次の各問いに答えなさい。

(1)　「重用」の読みは次のア、イのどちらが正しいとあなたは考えますか。一つを選び、記号で答えなさい。

ア　じゅうよう　　イ　ちょうよう

(2)　(1)の答えを選んだ理由（あなたの考え方）を、わかりやすく説明しなさい。

二

次の文章は、筆者が最初に発した問い（═══線部）に対して、二人の哲学《てつがく》者がそれぞれの考えを述べる、という形式になっています。よく読んで、後の問いに答えなさい。（設問の都合上、文章を中略したところがあります。）

お詫び

著作権上の都合により、文章は掲載しておりません。
ご不便をおかけし、誠に申し訳ございません。

教英出版

お詫び

著作権上の都合により、文章は掲載しておりません。
ご不便をおかけし、誠に申し訳ございません。

教英出版

（野《の》矢《や》　茂《しげ》樹《き》「子どもの難問――哲学《てつがく》者の先生、教えてください！」による）

問1　――線部①「どういう状況でしょうか」とありますが、哲学者（清水　哲郎）は具体的な例（状況）を、いくつ挙げて説明していますか。漢数字で答えなさい。

問2　――線部②「ひょんなこと」の本文中での意味として最も適切なものを、次のア～エの中から一つ選び、記号で答えなさい。

ア　意地悪なこと　　イ　考えもおよばないこと　　ウ　ささいなこと　　エ　びっくりするようなこと

問3　空らん［A］～［C］に入る適切な語を、それぞれ次のア～オの中から一つずつ選び、記号で答えなさい。ただし、同じ記号は一回しか使うことができません。

ア　あるいは　　イ　しかし　　ウ　そもそも　　エ　つまり　　オ　ところで

問4　――線部③「こんな風に」とはどういうことを指していますか。本文中の言葉を抜き出して「～ということ」に続くように、三十字以内で答えなさい。

問5　空らん［Ⅰ］、［Ⅱ］には、小見出しが入ります。それぞれの文章の内容から考えて、最も適切な小見出しをそれぞれ一つずつ選び、記号で答えなさい。

［Ⅰ］

ア　家族と友だちの根本的な違いについて
イ　喧嘩をしたあとで仲直りをすることの重要性
ウ　異なる相手とどう付き合うかの第一歩
エ　仲良し友だちと喧嘩をした時の対処法
オ　「独りだって平気さ」と強がることの大切さ

［Ⅱ］

ア　手紙 ビデオ 写真を通じて孤独を解消する方法
イ　友だちとは、一緒にいてくれる「自分以外の誰か」のこと
ウ　「ひとりぼっち」とは、実は誰かに教わった捉え方
エ　「ひとりぼっち」な人なんて本当は存在しない
オ　友情という言葉のさまざまな捉《とら》え方について

問6　Ⅰ、Ⅱの文章を比べると、「友だち」についての二人の哲学者に共通する考え方がみられます。それはどのようなものですか。最も適切なものを、次のア～オの中から一つ選び、記号で答えなさい。

ア　友だちとは、一緒に生きる存在である。
イ　友だちとは、喧嘩《けんか》をする存在である。
ウ　友だちは、生きていくために必要である。
エ　友だちは、一人いればじゅうぶんである。
オ　友だちは、必要ない。

三　小学六年生の大島愛衣《あい》は、嘘《うそ》や隠《かく》しごとの匂《にお》いを嗅《か》ぎ取ってしまう鼻を持っています。愛衣はウサギが好きで、今年初めて同じクラスになった辻珠紀《つじたまき》と共に、飼育係でもないのに、毎日飼育小屋へ通っていました。次の文章の【Ⅰ】は、愛衣と珠紀が二人でショッピングセンターへ出かけた場面です。【Ⅱ】はその次の日、係でもないのにウサギの世話をしていたことを先生から注意された二人が、最後に小屋のウサギに会いに行った場面です。よく読んで、後の問いに答えなさい。

【Ⅰ】

エスカレーターで一階に下りて、食料品売り場でカップのアイスクリームを購入《こうにゅう》する。愛衣はイチゴ味、珠紀はチョコミント味だ。フードコートの椅子《いす》に向かい合って腰《こし》を下ろし、蓋《ふた》をめくった。珠紀の手元に現れた、わずかに緑を溶《と》かしたような水色に目を奪《うば》われる。黒い粒《つぶ》が全体にアクセントを加えていて、きれいだ。

「私、チョコミント味って食べたことない」

なんの気なしに告白すると、本当に？　と珠紀は目を丸くした。一口食べてみる？　とカップを差し出され、礼を言って受け取る。木のへらで一口ぶんをすくい、口に運んだ。歯磨《みが》きみたい。愛衣の感想に、珠紀は口を大きく開けて笑った。

「辻さんも食べる？」

「いらない。私、イチゴ味って好きじゃないんだ。果物のイチゴは好きなんだけど」

「あっ……そうなんだ」

愛衣は行き場を失った木のへらを自分の口に含《ふく》んだ。甘《あま》ったるい匂いが鼻を抜《ぬ》ける。A一番好きなアイスクリームを選んだはずが、なぜか味があまりしない。ちまちますくっていたからか、珠紀のカップが空になった時点で、愛衣はまだ半分しか食べていなかった。①手持ち無沙汰《ぶさた》になったらしい珠紀が、本屋の袋《ふくろ》から漫画《まんが》を出して読み始める。その横顔に声をかけた。

「本当にその漫画が好きなんだね」

「うん、大好き。今度、大島さんにも続きを貸すね」

「……うん」

珠紀が漫画から顔を上げた。

「大島さんは誰《だれ》が好き？　研吾《けんご》？　雅希《まさき》？　春奈《はるな》かな」
「うーん、雅希かなあ」
あの底なしに快活なキャラクターの名前が、雅希だったはずだ。短髪《たんぱつ》で、口と耳が大きくて、変な絵のTシャツばかり着ていて。愛衣は記憶《きおく》をたぐり寄せる。まだ三巻を読み終わっていないとは、どうしても言い出せなかった。
「雅希かあ。意外かも。どうして？　どこが好き？」
「やっぱり明るいところかなあ」
「明るいところ？」
愛衣と目を合わせたまま、珠紀は二度瞬《まばた》きをした。
「だったら五巻までの中で、どの話が一番よかった？」
「えっ、話？　どれかなあ」
声が裏返りそうになる。愛衣はますます頭を巡《めぐ》らせた。かろうじて思い出せるのは、もっとも熱意を持って読んでいた一巻の冒頭《ぼうとう》で、しかし、雅希をいいと感じた理由は挙げられない。愛衣がまごついていると、
「私はね、研吾と雅希が海に行くところが好き」
愛衣は口の中のイチゴアイスを飲み下した。珠紀の目に、Xいつもと違《ちが》う光が点っているような気がしたのだ。挑戦《ちょうせん》的にも思える眼差しに、なにかがおかしいと脳が訴《うった》えてくる。だが、珠紀から隠《かく》しごとの甘酸《あまず》っぱい匂《にお》いはしない。愛衣は慎重《しんちょう》に顎《あご》を引いた。
「私も、その場面は好き」
Yその瞬間《しゅんかん》、百年に一度しか咲《さ》かない花が開くみたいに、自分の身体があの匂いを発するのを感じた。今まで親や友だちから醸《かも》し出されていたものよりも、遥《はる》かに刺激《しげき》的だ。目に涙《なみだ》がにじみそうになる。こんな経験は初めてで、愛衣は内心うろたえたが、嘘《うそ》を取り消すことはできなかった。珠紀と仲良くなりたい。自分に格好いい友だちができたことを、※1仁美《ひとみ》と香奈恵《かなえ》に見せつけたい。いいよね、あそこ、と相槌《あいづち》を重ねた。
「だよね」

珠紀が漫画《まんが》に視線を戻《もど》す。さっきと同じ横顔のはずが、なぜか拒《こば》まれているように感じる。珠紀は無言でページをめくった。愛衣も黙《だま》って残りのアイスを食べた。Bやはり美味《おい》しいとは思わなかった。

【Ⅱ】

「あの、辻さん」
同じく※2ゴマを腕《うで》から放した珠紀に声をかけた。
「なに?」
「ウサギの世話はできなくなっちゃったけど、これからも一緒《いっしょ》に遊びたいな。休み時間とか、放課後とか」
「大島さんと?」
「うん」
愛衣はズボンのポケットに手を入れた。小さく折り畳《たた》んだ紙袋《かみぶくろ》が指に触れる。昨日渡《わた》しそびれた※3ヘアピンをこっそり持ってきていた。まさかウサギのことで注意を受けるとは思いも寄らなかったが、かえってよかったかもしれない。これがゴマの代わりになればいい。愛衣が紙袋を摑《つか》んだときだった。
「無理。私、大島さんとは友だちになれない」
「えっ」
ポケットの中で手が止まった。
「嘘《うそ》を吐《は》く子って、嫌《きら》いなんだ」
大島さんとウサギ小屋に通うのももうやめようと思っていた、だから②先生に怒《おこ》られてちょうどよかった、と珠紀は続けた。
「嘘? なんのこと?」
声が震《ふる》えた。
「研吾と雅希が海に行く話なんて、本当は漫画にないんだよ。雅希は明るく見えるけど、実はすごく繊細《せんさい》で、家に一人でいるときはめちゃくちゃ暗くて、お風呂《ふろ》に浸《つ》かって泣くこともある。でも、大島さんは雅希のそういうところを全然知らなかった。もしかしてちゃんと読んでないのかもしれないと思って、③それで私、試したんだ」

「なんでそんなこと――」

「大島さんが正直に感想を言ってくれてるのか、気になったからだよ。本当は読んでないとか、全然面白くなかったとか、そういうことでもよかったのに」

後ろから頭を叩《たた》かれたみたいだった。あのとき珠紀から隠しごとの匂いがしなかったのは、彼女《かのじょ》にやましい感情がなかったからなのだとはっとする。だが、自分が嘘《うそ》を吐《は》いたのは、珠紀のことが好きで、話を合わせたかったからだ。欺《あざむ》こうとしたわけではない。そう弁解したくなる一方で、あのとき自分から感じた匂《にお》いを思い出し、納得せざるを得なかった。Zあれほどの悪臭《あくしゅう》を放っていた自分が、どうして珠紀と仲良くなれるだろう。

「大島さんは私に合わせてばっかりだよね。別々の人間なのに、そんなの変だよ」

言うなり珠紀は小屋を出て行った。オレンジ色の傘《かさ》が咲《さ》き、遠ざかっていくのをぼんやりと見送る。昼休みの終わりを告げるチャイムが鳴り、自分も教室に戻《もど》らなければと思うが、足が動かない。下半身の感覚が消えていた。

愛衣はポケットの中の紙袋《かみぶくろ》を握《にぎ》り締《し》めた。珠紀と色違《ちが》いのヘアピンで前髪《まえがみ》を留めて、校内を並んで歩きたかった。その願いが永遠に叶《かな》わなくなったことを知る。※4廊下《ろうか》の端《はし》で香《かお》りつき消しゴムを交換《こうかん》していた一年生のことを、本当は全然笑えない。心の一部を預け合うような友だちを、自分はずっと求めている。

だって、それこそが真の友情でしょう?

愛衣は手のひらで顔を覆《おお》い、その場にしゃがみ込《こ》んだ。扉《とびら》の鍵《かぎ》は開いている。④金網《かなあみ》を通り抜《ぬ》けた雨風が、肌《はだ》を濡《ぬ》らす。それでも狭《せま》い密室に閉じ込められたように思えて、愛衣は大きく深く息を吸い続けた。

（奥田《おくだ》 亜希子《あきこ》「クレイジー・フォー・ラビット」朝日新聞出版より）

※注　1　仁美と香奈恵…愛衣の同級生。四年生から二年続けて愛衣とクラスが同じで親友であったが、六年生で愛衣だけが二人と別のクラスになったことから、愛衣と二人は疎遠《そえん》になりつつあった。

2　ゴマ…ウサギ小屋のウサギに、愛衣と珠紀が二人で付けた名前。

3　ヘアピン…愛衣は珠紀と一緒にショッピングセンターに行ったとき、同級生の女子に人気のファンシーショップで、白、灰色のウサギで飾《かざ》られた二種類のヘアピンを、珠紀には内緒《ないしょ》で購入《こうにゅう》した。

4　廊下の端で香りつき消しゴムを交換していた一年生…愛衣は以前、一年生の女子二人がこっそり、香りつきの消しゴムを交換しているのを見かけた。それを見て、自分が一年生の時にも香りつき消しゴムが流行し、買ってもらった消しゴムを数ミリ切り落とし、クラスメイトと交換することに夢中になった記憶《きおく》がよみがえった。

問1　――線部①「手持ち無沙汰」の本文中での意味として最も適切なものを、次のア～オの中から一つ選び、記号で答えなさい。

ア　のろまな相手を待てずにせかすこと。

イ　自分の楽しみをがまんしきれないこと。

ウ　話し相手がおらず不満であること。

エ　時間をむだにすることにたえられないこと。

オ　することがなくて時間をもてあますこと。

問2 ——線部A「一番好きなアイスクリームを選んだはずが、なぜか味があまりしない」、B「やはり美味しいとは思わなかった」について、花子さんと太郎《たろう》さんが話し合っています。空らん［　　　］に入る内容を三十字以内で答えなさい。

花子さん「愛衣が、『なぜか味があまりしない』とか、『美味しいとは思わなかった』と感じたのはどうしてなんだろう。」

太郎さん「AもBも、仲良くなりたい相手である珠紀との気持ちのすれちがいを感じて、愛衣がもどかしい気持ちを抱《かか》えているところは同じだと思う。」

花子さん「なるほど。でも、気持ちのすれちがいを感じた理由はAとBで異なるね。Aは愛衣が［　　　　　　］で、Bは愛衣が珠紀に対して嘘をついてしまったからだと思う。」

問3 ——線部②「先生に怒られてちょうどよかった」とはどういうことですか。最も適切なものを、次のア～オの中から一つ選び、記号で答えなさい。

ア 先生に怒られたことで、毎日欠かさずウサギの世話をするのは無駄《むだ》なことだと理解できたということ。

イ 先生に怒られたことで、ウサギの世話よりも漫画という趣味《しゅみ》を優先するという決心がついたということ。

ウ 先生に怒られたことで、当番でもないのに小屋に通うのは良くないと愛衣に知ってもらえたということ。

エ 先生に怒られたことで、小屋に通うのをやめて愛衣と距離《きょり》を置くきっかけを作ってもらえたということ。

オ 先生に怒られたことで、先生に隠れて小屋に通うという隠しごとをしている自分の醜《みにく》さに気づけたということ。

問4 ——線部③「それで私、試したんだ」とありますが、愛衣を試している珠紀の表情がよく分かる表現を、【Ⅰ】の中から十一字で抜き出して答えなさい。

問5 ——線部④「金網を通り抜けた雨風が、肌を濡らす」とありますが、このときの天候が読み取れる表現を、——線部④以外の本文中から十字で抜き出して答えなさい。

問6　══線部Z「あれほどの悪臭を放っていた自分が、どうして珠紀と仲良くなれるだろう」とありますが、愛衣が悪臭を放っていたのはなぜですか。X「珠紀から隠しごとの甘酸っぱい匂いはしない」、Y「その瞬間、百年に一度しか咲かない花が開くみたいに、自分の身体があの匂いを発するのを感じた」も参考にしながら、本文全体をふまえて、三十字程度で答えなさい。

2022(R4) 暁中
K 教英出版

令和４年度

暁中学校入学試験問題

算　数

(45分)

〔注　意　事　項〕

(1)　試験開始のチャイムが鳴るまで，この問題冊子の中を見てはいけません。

(2)　試験開始の合図で，解答用紙に受験番号と名前を書きなさい。

(3)　答えはすべて解答用紙の決められたところに，はっきり書きなさい。

(4)　試験終了のチャイムが鳴りましたら，すぐに鉛筆《えんぴつ》をおき，監督《かんとく》者の指示にしたがいなさい。

(5)　問題用紙は，持ち帰ってよろしい。

＊円周率は 3.14 とします。

1　次の□にあてはまる数を求めなさい。

(1)　(4×10－2)÷2＋6＝□

(2)　$\frac{3}{2}-1\frac{1}{6}-0.25=$□

(3)　$\left(\frac{2}{5}+\frac{2}{3}\right)\times\frac{3}{4}\div\frac{4}{5}=$□

(4)　おこづかいを 1 日目に全体の $\frac{1}{4}$ を使い，2 日目に残りの $\frac{2}{3}$ を使ったところ，300 円残りました。はじめにもっていたおこづかいは□円です。

(5)　酢《す》とオリーブオイルを混ぜ合わせてドレッシングを作ります。酢とオリーブオイルの混ぜ合わせる比率は 2：3 です。酢を 30 mL 使うとき，ドレッシングは全部で□mL できます。

(6)　図は正三角形と直角二等辺三角形を組み合わせたものです。角(あ)の大きさは □ 度です。

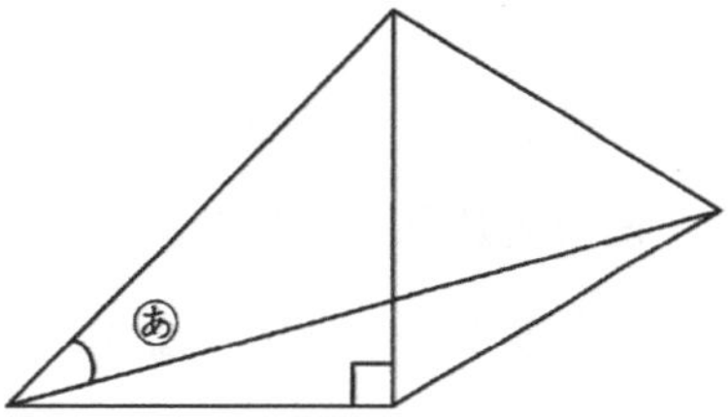

(7)　図のように，大きさの違う正方形 A，B，C が 3 つ並んでいます。このとき，正方形 B の 1 辺の長さは □ cm です。

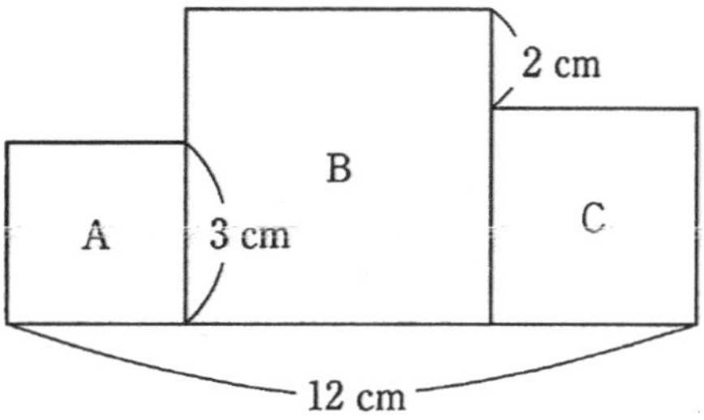

(8)　長方形の紙と，底辺が 6 cm，高さが 9 cm の平行四辺形の紙があります。長方形の紙を，その 1 辺が平行四辺形の対角線の交点を通るようにおくと，2 枚の紙は右の図のように重なりました。このとき，重なった部分の面積は □ cm^2 です。

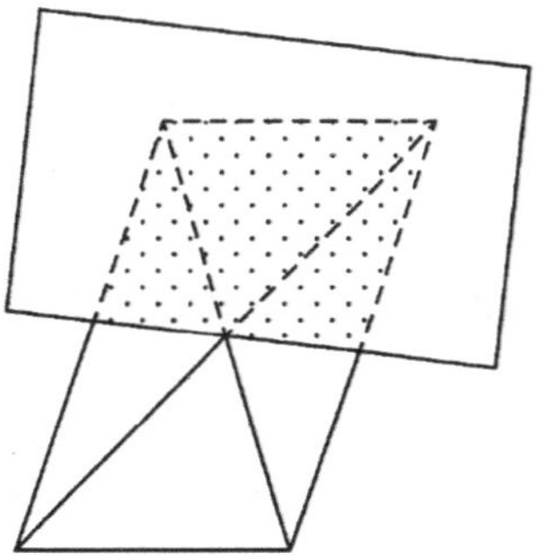

2　下の円グラフはＡ中学校の１年生と２年生の６つの部活に所属している部員数についてまとめたものです。グラフの角(あ)と角(い)の大きさが同じであることと，１年生のサッカー部の人数と２年生のバレー部の人数が同じことがわかっています。また，円グラフの一部の角度がわかっています。このとき，次の問いに答えなさい。

〈１年生〉

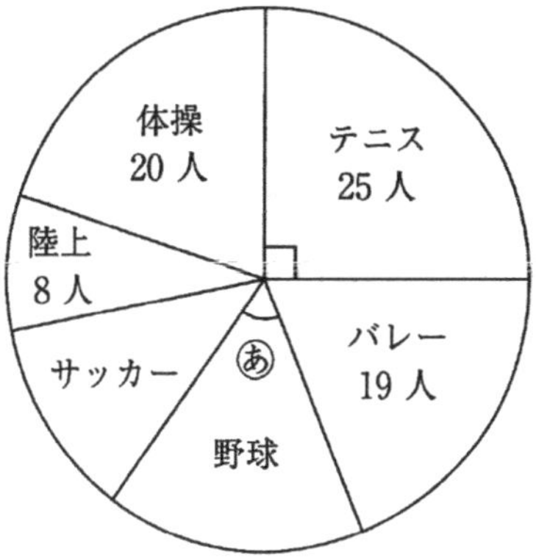

〈２年生〉

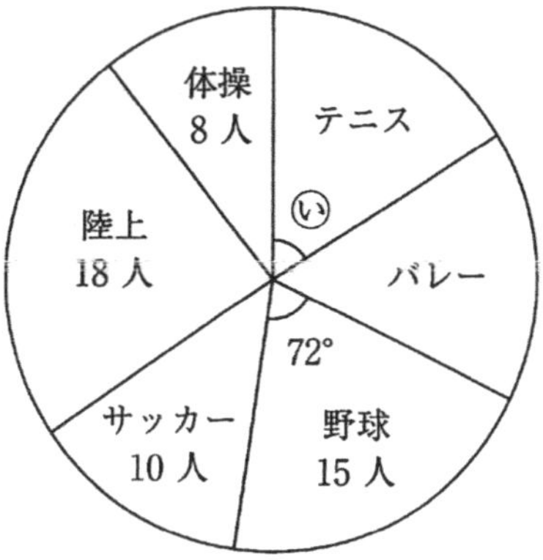

(1)　１年生と２年生の部員数の合計はそれぞれ何人ですか。

(2)　１年生の野球部と２年生のテニス部の部員数の比を最も簡単な整数の比で答えなさい。

(3)　１年生のサッカー部の人数と野球部の人数はそれぞれ何人ですか。

3　太郎さんと花子さんの２人は25 m の長さの水泳プールを一定の速さで泳ぐ練習をします。２人は同時に泳ぎ始め，太郎さんは25 m 泳ぎきったら60秒休みますが，花子さんは休まず泳ぎ続けます。下のグラフは２人が泳ぎ始めてからのようすを表したものです。２人が同時に泳ぎ始めてから30分間の練習を続けるとき，次の問いに答えなさい。

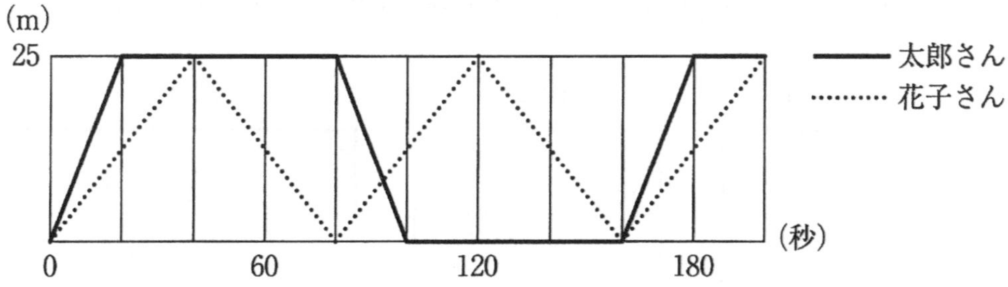

⑴　太郎さんの泳ぐ速さは分速何 m ですか。

⑵　この30分間の練習中に太郎さんは何 m 泳ぎますか。

⑶　２人が500 m を泳ぎきるのにかかった時間は何分何秒ちがいますか。

4 1辺2cmの正方形を組み合わせて大きな正方形をつくり，その中におうぎ形を規則的に組合せ，図形をつくっていきます。

図1は，1辺2cmの正方形を4個組み合わせた1辺4cmの正方形です。

図2は，1辺2cmの正方形を9個組み合わせた1辺6cmの正方形です。

図3は，1辺2cmの正方形を16個組み合わせた1辺8cmの正方形です。

図1

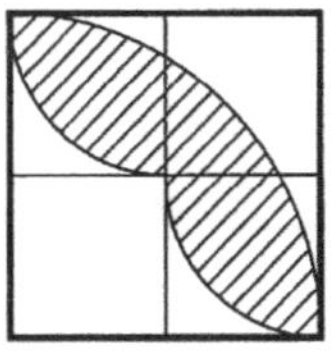

図2

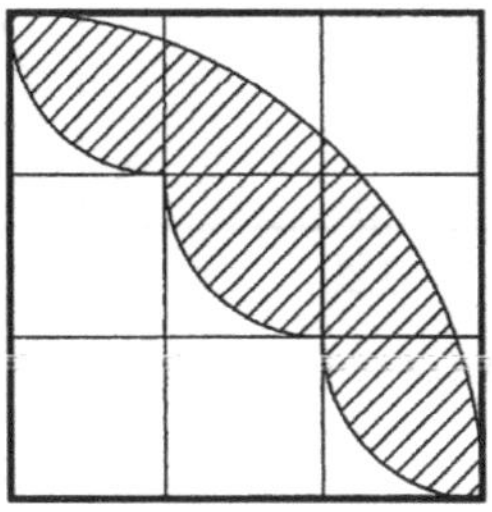

図3

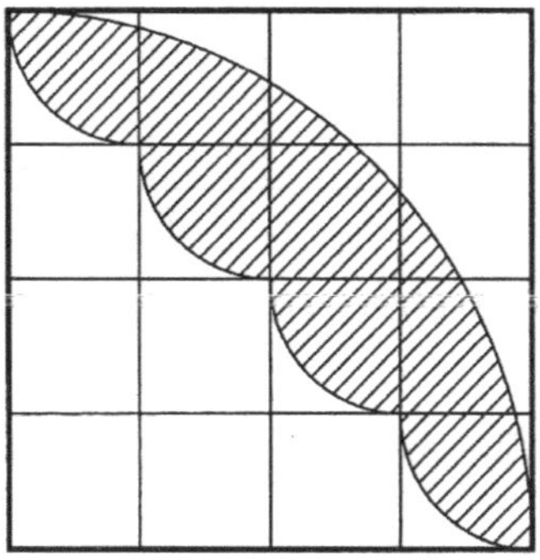

(1) 図1において，斜線《しゃせん》部分の周の長さは何cmですか。また，斜線部分の面積は何cm^2ですか。

(2) 図2において，斜線部分の周の長さは何cmですか。

(3) このような規則で図形をつくっていったとき，斜線部分の周の長さはどのように求められますか。次の□にあてはまる言葉を次のア～エから選びなさい。

斜線部分の周の長さ＝□×円周率

ア 1辺2cmの正方形の個数

イ 大きな正方形の周りの長さ

ウ 大きな正方形の1辺の長さ

エ 大きな正方形の面積

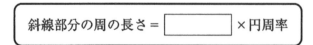

このページに問題はありません。

5は次のページからです。

5　21時に閉店する「スーパーいとう」では，定価500円の弁当を『食品ロス』をなくすため，19時と20時に売れ残りの個数を見て，「定価」で売り続けるか，または「20％引き」「半額」のどちらかの割引シールを残っているすべての弁当に貼《は》って販売《はんばい》するかを判断しています。このとき，1時間あたりに売れる弁当の個数は過去のデータから次のようにわかっています。

〈1時間あたりに売れる弁当の個数〉

定価のとき	10個
20％引きのとき	15個
半額のとき	25個

1個の弁当を売った時の利益《りえき》は販売価格から原価150円を引いた額です。また，弁当が売れ残った場合，1個につき150円の損失となります。

次の文章は店長Aさんとアルバイト B さんの会話文です。〈1時間あたりに売れる弁当の個数〉のデータを用いて，[　　]に当てはまる数や番号を答えなさい。

(会話文)

A：500円の弁当1個を20％引きで販売すると販売額は[ア]円で，利益は[イ]円になるね。

B：ということは，「半額」で販売しても1個あたり[ウ]円の利益がでますね。

A：そうだね。それでは今から19時から21時の2時間で売れる弁当の利益を考えましょう。19時に15個弁当が売れ残っているとき，「定価」で販売すると19時からの2時間売れるのですべてを売り切ることができるから，[エ]円の利益になるね。

B：もし30個残っていたらどうしましょうか。

A：仮に「定価」で販売すると，[オ]個売れ残るので，その損失を利益から引いて[カ]円の利益になるね。

B：その売れ残りは本来食べられるものですよね。これを捨ててしまう『食品ロス』の問題はニュースでもよく取り上げられています。何とかしてこの『食品ロス』をなくすために，弁当を売り切りたいですね。

A：そうなのです。では，次の２つの方法を比べてみましょうか。

方法①：19 時から 20 時は「定価」で販売し，20 時から 21 時は「半額」で販売する。
方法②：19 時から 21 時までずっと「20％引き」で販売する。

30 個残っていたときは，**方法** キ の方が， ク 円利益が高くなりますね。

B：なるほど，値引きシールをうまく貼ることで，利益を上げることもできるのですね。それに『食品ロス』もなくなりますね。

A：でもね，もし 35 個残っていたら，どちらの方法が良いと思うか計算して考えてみて。

B：このときは，**方法** ケ の方が， コ 円利益が高くなるけど，お弁当は サ 個残ってきますね。

A：そうなのです。利益のことだけを考えると仕方がない選択なのですよ。でもね，『食品ロス』をなくすために，余ったお弁当は従業員さんに原価で買い取ってもらっているのよ。

令和４年度

暁中学校入学試験問題

理　　　科

（45分）

〔注　意　事　項〕

⑴　試験開始のチャイムが鳴るまで，この問題冊子の中を見てはいけません。

⑵　試験開始の合図で，解答用紙に受験番号と名前を書きなさい。

⑶　答えはすべて解答用紙の決められたところに，はっきり書きなさい。

⑷　試験終了のチャイムが鳴りましたら，すぐに鉛筆《えんぴつ》をおき，監督《かんとく》者の指示にしたがいなさい。

⑸　問題用紙は，持ち帰ってよろしい。

1．棒磁《じ》石と電磁石について，次の問いに答えなさい。

(1) 棒磁石につくものはどれですか，次のア～クからすべて選び，記号で答えなさい。

ア．消しゴム　　イ．1円玉　　ウ．10円玉　　エ．ペットボトル

オ．スチール缶　　カ．アルミ缶　　キ．鉄くぎ　　ク．鉛筆の芯《しん》

(2) 図1のようなどちらがN極かS極か分からない棒磁石のはしAの方に方位磁針《しん》を近づけたところ，赤色のついた針がAの方を指して止まりました。N極はA，Bのどちらですか，記号で答えなさい。

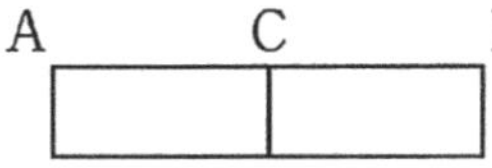

図1

(3) 図1の棒磁石が図2のように棒磁石のちょうど真ん中Cで折れてしまい，AとCの部分と，BとCの部分に分かれました。これについて述べた次の文の〔　　〕に当てはまる適当なものを下の選択肢《せんたくし》の中から1つずつ選び，記号で答えなさい。

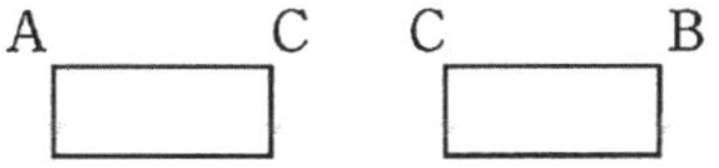

図2

BとCの部分だけを持ってきて，はしBの方から，方位磁針を近づけると赤色のついた針は〔 ① 〕。また，もとは棒磁石の真ん中だったCの方から，方位磁針を近づけると赤色のついた針は〔 ② 〕。

①の選択肢

ア．Bの方を指して止まる　　イ．Bと逆の方を指して止まる

ウ．何の反応もせずにもと指していた方を向いたままである

②の選択肢

ア．Cの方を指して止まる　　イ．Cと逆の方を指して止まる

ウ．何の反応もせずにもと指していた方を向いたままである

(4) 図3のように，電磁石，電流計，スイッチ，乾《かん》電池をつなぎました。この回路において，電流の流れる向きは図3のa，bどちらですか，記号で答えなさい。

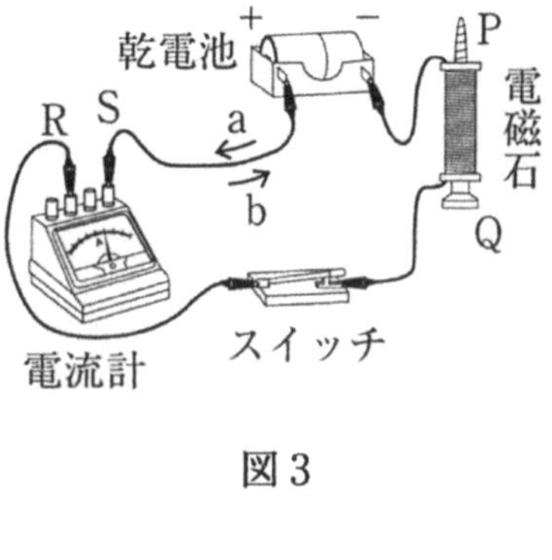

図3

(5) 図3の電流計の500 mA(0.5 A)の－端子《たんし》に導《どう》線をつないで電流の強さをはかりましたが，針のふれが小さかったので，より正確にはかれるようにつなぎ変えました。このときの操作《そうさ》について正しいものを次のア～エから1つ選び，記号で答えなさい。

ア．Rの導線を50 mA(0.05 A)の－端子につなぎ変える。

イ．Sの導線を50 mA(0.05 A)の－端子につなぎ変える。

ウ．Rの導線を5 Aの－端子につなぎ変える。

エ．Sの導線を5 Aの－端子につなぎ変える。

(6) 図3の電磁石に方位磁針をQの方から近づけてみると，赤色のついた針がQの方を指して止まりました。その後，Pの方から図1の棒磁石を近づけるとPの方に引きつけられるのはA，Bのどちらですか，記号で答えなさい。

(7) 図3より電磁石の強さを強くするために次の文のような操作を行いました。この文の〔　　　〕に当てはまる適当な言葉を答えなさい。

図3の回路の電池を2個にして〔 ① 〕につなぎ，電磁石のコイルの巻き数を〔 ② 〕と，電磁石はより強くなる。

2．光と音について，次の問いに答えなさい。

(1) 光と音について正しく述べている文はどれですか，次のア～オからすべて選び，記号で答えなさい。

ア．音は空気のない真空中では伝わらない。

イ．光は空気中や水中は直進するが，空気のない真空中では少しずつ曲がって進む。

ウ．黒いものは光を反射しやすいので，あたたまりやすい。

エ．水中では，空気中より音の伝わる速さが遅くなる。

オ．音は固体中でも伝わる。

(2) 雷《かみなり》から 2.55 km 離れた地点では，いなずまが見えてから雷の音が聞こえるまでに何秒かかりますか，答えなさい。ただし，音の速さを秒速 340 m とします。

(3) 暁子さんは音が伝わる速さが本当に秒速 340 m なのかということに興味《きょうみ》を持ち，学くんといっしょに校庭で，次の実験を行いました。

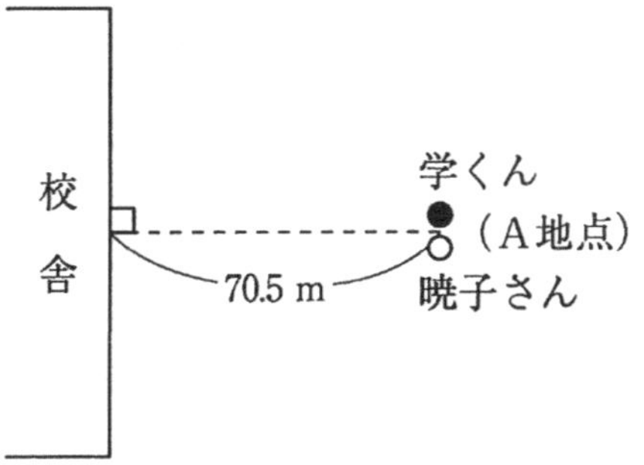

図のような位置に立ち，暁子さんがコンクリートの校舎の壁《かべ》に向かって「パン」と手をたたくと，少し遅《おく》れて校舎《こうしゃ》の壁ではね返ってきた音が聞こえました。手をたたく時間間隔《かく》を少しずつ変えながら，たたき続けたところ，手をたたく音と，壁ではね返ってきた１つ前に手をたたいた音とが，同時に聞こえるようになりました。その状態の場所を A 地点とし，次のように測定しました。

学くんは，暁子さんの横で，暁子さんが手をたたいた瞬間《しゅんかん》から，次にたたくのを１回目として，10 回目たたいた瞬間までの時間をストップウォッチで測定すると，4.20 秒でした。また，A 地点と校舎の壁との距離を測定すると，70.5 m でした。次の①，②の問いに答えなさい。

① この実験から，音の速さは秒速何 m となりますか，答えなさい。ただし，答えは小数第１位を四捨五入して整数で表しなさい。

② 暁子さんと学くんは，手を１回たたいてその音が校舎の壁ではね返ってきた時間を測定して音の速さを求めず，このような方法で音の速さを測定したのはなぜですか，答えなさい。

3．右図のような装置で，1.0g の石灰石に，いろいろな量の塩酸 A を加えたときに発生した気体の体積を測定すると，表のようになりました。あとの問いに答えなさい。

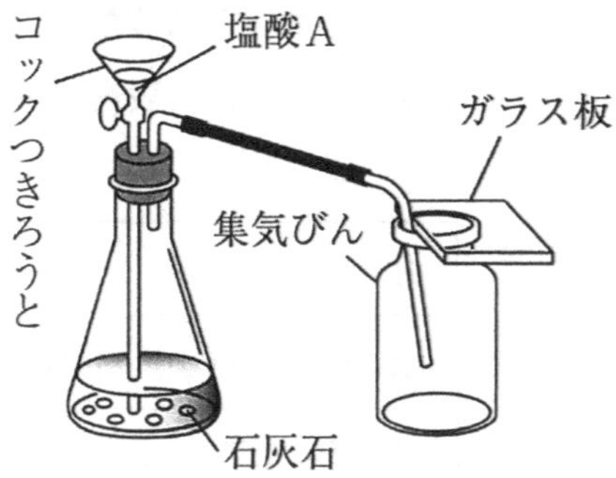

加えた塩酸 A の量(cm^3)	2	4	6	8	10	12
発生した気体の量(cm^3)	40	80	120	160	200	200

(1) このとき発生する気体は何ですか，答えなさい。

(2) 図のような気体の集め方を何置換といいますか，答えなさい。

(3) 3.7g の石灰石を完全に反応させてとかすには，塩酸 A を少なくとも何 cm^3 必要ですか，答えなさい。

(4) 0.8g の石灰石に塩酸 A を加えたところ，150 cm^3 の気体が発生し，石灰石がすべてとけないで，一部残りました。このとき，残った石灰石は何 g ですか，答えなさい。

(5) 十分な量の塩酸 A に，ある重さの石灰石を入れると，1080 cm^3 の気体が発生しました。このとき入れた石灰石の重さは何 g ですか，答えなさい。

4．次の表は，食塩とほう酸をそれぞれ100gの水に入れてかきまぜ，水の温度ととける量をまとめたものです。表を参考に，あとの問いに答えなさい。

水の温度(℃)	0	20	40	60	80
食塩の重さ(g)	35.6	35.8	36.4	37.0	38.0
ほう酸の重さ(g)	2.8	5.0	9.0	15.0	23.5

(1) 温度のちがいによってとかすことのできる重さが大きく変化するのは食塩とほう酸のどちらですか，答えなさい。

(2) 60℃の水200gにほう酸を20gとかしました。あと何gのほう酸をとかすことができますか，答えなさい。

(3) 80℃の水200gに，ほう酸をとけるだけとかした後，20℃まで冷やしました。このとき何gのほう酸の結晶が出てきますか，答えなさい。

(4) 40℃の水100gに食塩をとけるだけとかしました。このときの食塩水のこさは何％ですか，答えなさい。ただし，答えは小数第2位を四捨五入して小数第1位まで表しなさい。

(5) 20℃の水50gにほう酸を10g入れましたが，すべてとけませんでした。あと少なくとも何gの水を加えれば，ほう酸を全てとかすことができますか，答えなさい。

(6) 80℃の水に食塩をとけるだけとかした水よう液100gに，食塩は何gとけていますか，答えなさい。ただし，答えは小数第2位を四捨五入して小数第1位まで表しなさい。

5．心臓と血液について，次の問いに答えなさい。

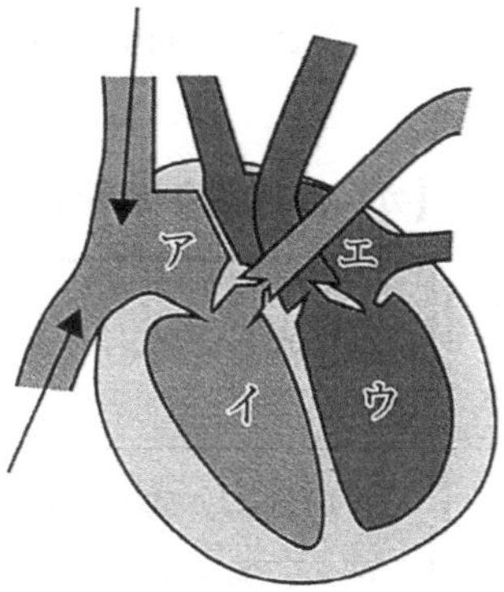

(1) 右図は心臓を表しています。右心室はどれですか，図のア～エから１つ選び，記号で答えなさい。ただし，図の→は肺以外の全身から血液が流れてきた方向を表すものとします。

(2) 図のア～エの中で，酸素がたくさんふくまれる血液が存在する場所はどこですか，図のア～エから２つ選び，記号で答えなさい。

(3) 病院で行える検査として，血液検査があります。血液検査とは血液中にふくまれている物質を調べる検査です。採血をする際，基本的には静脈を流れている血液を採ることが一般《いっぱん》的です。静脈について正しく述べている文はどれですか，次のア～オからすべて選び，記号で答えなさい。

ア．血液の逆流を防ぐ弁がある。

イ．心臓から，からだの各器官に送り出される血液が流れる血管である。

ウ．からだの表面近くを通っている血管が多い。

エ．からだの深い部分を通っている血管が多い。

オ．血管のかべが厚い。

(4) 血液にはヘモグロビンとよばれる物質がふくまれており，この物質が酸素を運ぶ役割を担当しています。1 g のヘモグロビンは最大で 1.34 mL の酸素を運ぶことができ，成人で血液 100 mL 中に 15 g のヘモグロビンがふくまれています。このとき，成人の血液 1 L にふくまれている酸素の最大量は何 mL ですか，答えなさい。

(5) 血液検査をすると，血液の中のにょう素などの不要物量の検査結果も得られます。これは，血液は酸素や養分を運ぶほかに，体外に出す不要物をじん臓や皮ふまで運ぶ役割を担っていることが原因です。じん臓や皮ふのように，不要物を体外に出すための器官を何と言いますか，答えなさい。

6．ある夏の晴れた日の夜，小学２年生のカエデさんが犬の散歩に出かけると，外灯《とう》のまわりにクワガタのオスとメスが飛んでいることに気付きました。カエデさんはその飛んでいる姿がとても印象に残ったので，日記にまとめることにしました。

【カエデさんの日記】

8月5日（木）　よる　7：30　　天気　はれ

今日は，おかあさんと①犬のさんぽに行きました。昼間はとてもあつかったですが，夜はあつくなく犬も楽しそうでした。

いつものみちを歩いていると，みちのあかりのちかくに②クワガタがあつまっていました。ひるまはほとんど見ないのに，あかりのちかくに４ひきもあつまっていたので，びっくりしました！よく見ると形がちがうクワガタがいました。おかあさんは，「２ひきはクワガタだけど，２ひきはちがう③こん虫じゃない？」といっていたので，「ちがうよ。おかあさんが言っている④２ひきはオスで，もう２ひきはメスのクワガタだよ。」と教えてあげました。おかあさんは「そうなんだ！」とおどろいていました。⑤クワガタをよく見てみたかったので，１ぴきを手にとって見てみると，ひるに見たアリのあしとぜんぜんちがうので，びっくりしました。

(1)　下線部①の犬，および下線部②のクワガタはどの仲間に分類されますか，次のア～カからそれぞれ１つずつ選び，記号で答えなさい。

ア．無せきつい動物　　イ．両生類　　ウ．は虫類

エ．ほ乳類　　オ．鳥類　　カ．魚類

(2)　下線部③について，こん虫であるものはどれですか，次のア～カからすべて選び，記号で答えなさい。

ア．クモ　　イ．チョウ　　ウ．バッタ

エ．ミミズ　　オ．ダンゴムシ　　カ．セミ

(3)　下線部③について，こん虫とよばれる動物の特ちょうを答えなさい。

(4) 下線部④について，クワガタは卵を産み，ふ化することによって子孫を残します。この方法は「卵生」とよばれます。下の動物の中で**卵生にあてはまるもの**はどれですか，次のア～オからすべて選び，記号で答えなさい。

ア．両生類　　イ．は虫類　　ウ．ほ乳類　　エ．鳥類　　オ．魚類

(5) 下線部⑤について，下の図はクワガタの足とアリの足をカエデさんがスケッチしたものです。図のように，クワガタの足にはするどいつめがあり，この特ちょうはアリの足には見られません。するどいつめはクワガタが林や森で活動していく中でとても便利なものになっています。このクワガタのあしの便利な点とは何でしょうか，答えなさい。

クワガタのあし

アリのあし

7．天気について，次の問いに答えなさい。

(1) 図１のような日本にくる台風について正しいものはどれですか，下のア～カから１つ選び，記号で答えなさい。

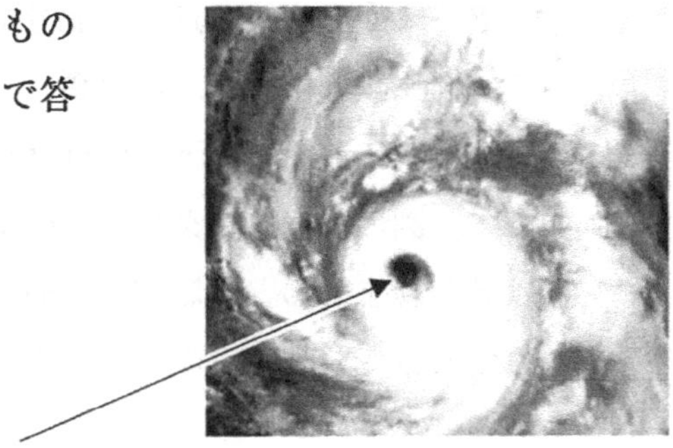

出典：気象庁ホームページ

図１

	ア	イ	ウ
台風の中心付近の風速	17.2 m/秒 以上	27.1 m/秒 以上	17.2 m/秒 以上
地表付近の風の向き			
台風の中心(図１の矢印)の名称	台風の目	台風の目	台風の目
	エ	オ	カ
台風の中心付近の風速	27.1 m/秒 以上	17.2 m/秒 以上	27.1 m/秒 以上
地表付近の風の向き			
台風の中心(図１の矢印)の名称	台風のいぼ	台風のいぼ	台風のいぼ

(2) 下の図２は台風の進路予想図です。図２のａ，ｂにあてはまる数字をそれぞれ答えなさい。

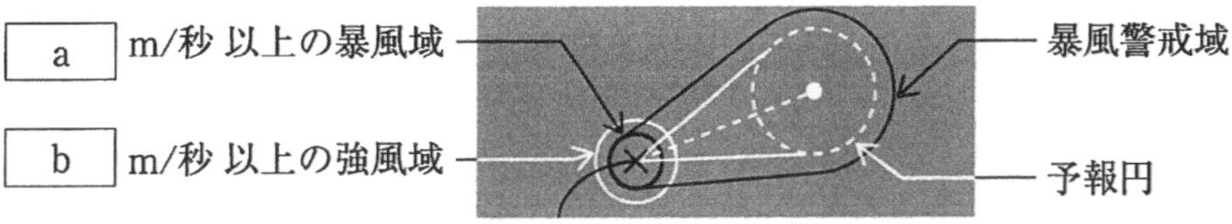

図２

(3) 山などでは図３のように霧が出て，見通しが悪くなることがあります。霧はどのような現象ですか，[　　　]にあてはまる言葉を答えなさい。

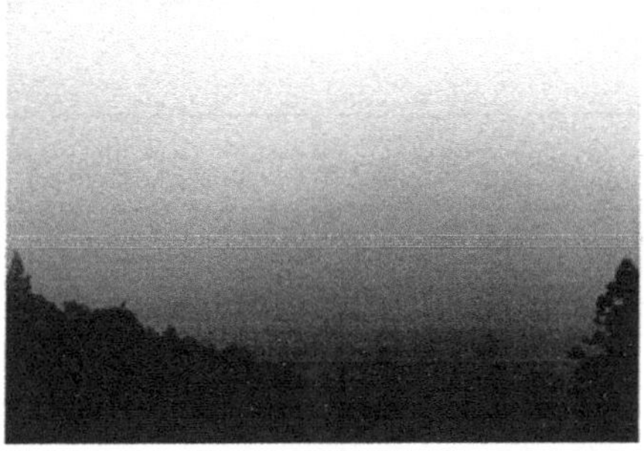

図３

地面近くで空気が［　①　］れ，空気中の［　②　］が小さな［　③　］のつぶになり，湯気や雲のようになる現象。

(4) まだ気象予報などがなかった時代，日本に住んでいる人は「夕焼けになると，明日は晴れ」と天気を予想していました。なぜ夕焼けになると，翌日は晴れることが多いのでしょうか，その理由を「夕焼けの方角」と「雲の動き」に着目して説明しなさい。

2022(R4) 暁中
教英出版

令和４年度

暁中学校入学試験問題

社　　会

(45分)

〔注　意　事　項〕

(1)　試験開始のチャイムが鳴るまで，この問題冊子の中を見てはいけません。

(2)　試験開始の合図で，解答用紙に受験番号と名前を書きなさい。

(3)　答えはすべて解答用紙の決められたところに，はっきり書きなさい。

(4)　試験終了のチャイムが鳴りましたら，すぐに鉛筆《えんぴつ》をおき，監督《かんとく》者の指示にしたがいなさい。

(5)　問題用紙は，持ち帰ってよろしい。

2022(R4) 暁中
教英出版

1．次の地図１～地図８は，日本の地方区分を示しています。地図を見て，あとの問いに答えなさい。

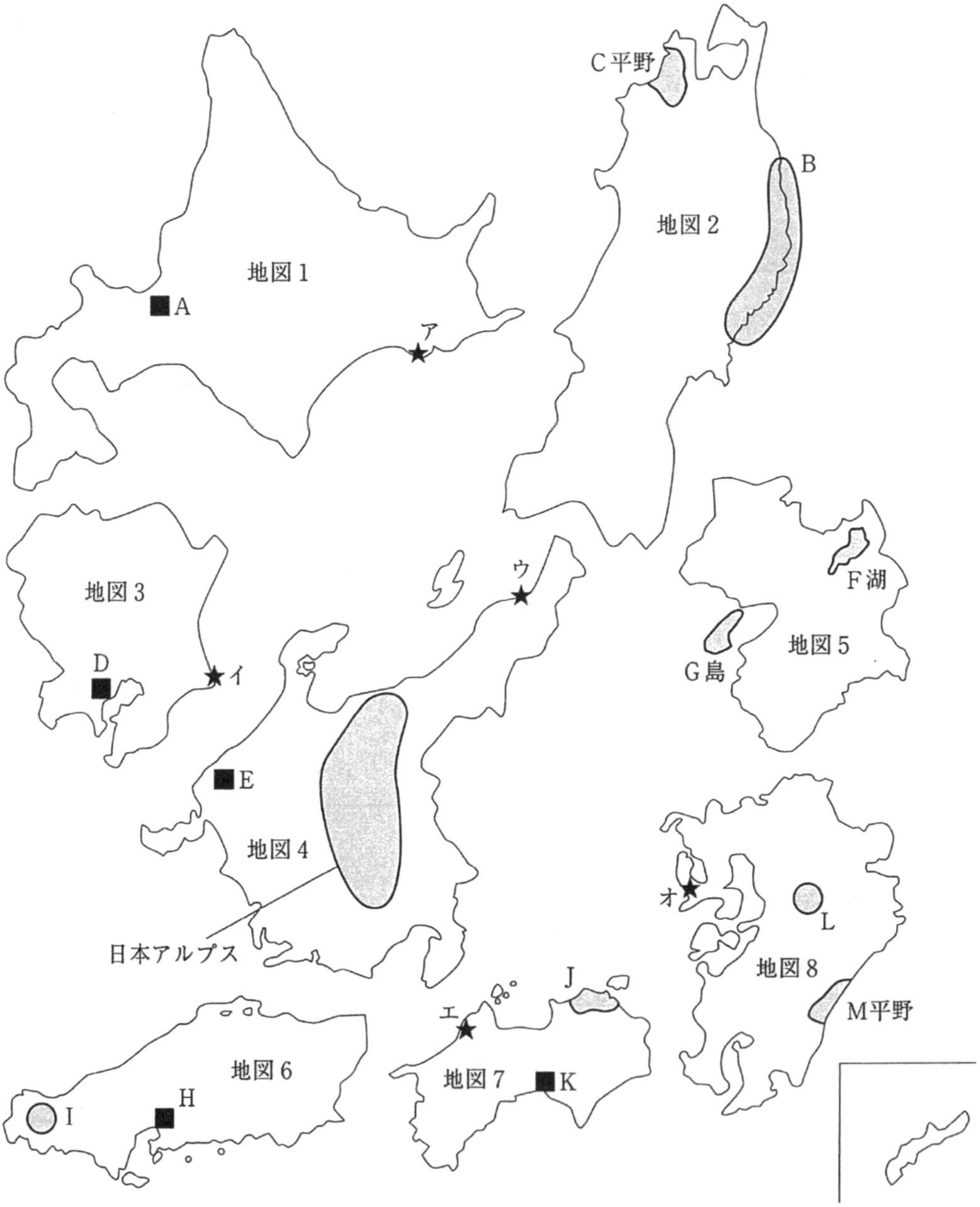

※面積は正しく表記されていません。

※一部の島を省略しています。

問1　地図1について，次の(1)・(2)に答えなさい。

(1)　地図1中のAの都市は，この地域の政治の中心都市です。この都市名を次のア～エから1つ選び，記号で答えなさい。

ア．札幌市　　イ．旭川市　　ウ．網走市　　エ．稚内市

(2)　地図1の地域には日本最北端の島があります。この島名をア～エから1つ選び，記号で答えなさい。

ア．択捉島　　イ．沖ノ鳥島　　ウ．南鳥島　　エ．与那国島

問2　地図2について，次の(1)・(2)に答えなさい。

(1)　地図2中のBの地域の沖合を流れる海流のうち，寒流の名称を答えなさい。

(2)　地図2中のC平野で栽培がさかんなくだものの生産量を示すグラフを，次のア～エから1つ選び，記号で答えなさい。

ア．

	t	%
青　森	409 800	58.4
長　野	127 600	18.2
岩　手	45 900	6.5
山　形	40 500	5.8
福　島	23 200	3.3
全国	**701 600**	100.0

イ．

	t	%
和歌山	156 600	21.0
愛　媛	125 400	16.8
静　岡	85 900	11.5
熊　本	80 700	10.8
長　崎	54 000	7.2
全国	**746 700**	100.0

ウ．

	t	%
茨　城	20 000	9.5
千　葉	19 300	9.2
栃　木	18 100	8.6
福　島	16 000	7.6
鳥　取	14 700	7.0
全国	**209 700**	100.0

エ．

	t	%
山　梨	36 900	21.4
長　野	31 700	18.4
山　形	16 400	9.5
岡　山	15 800	9.1
福　岡	7 640	4.4
全国	**172 700**	100.0

「日本国勢図会」ジュニア版

問３　地図３について，次の(1)・(2)に答えなさい。

(1)　地図３の地域には，日本最大の流域面積を持つ河川が流れています。その河川名を答えなさい。

(2)　地図３中のＤの都市には，江戸時代末期に開港された歴史ある港があります。この港と同じ条約により開港することとなった港を，地図１～地図８に示した★ア～★オからすべて選び，記号で答えなさい。

問４　地図４について，次の(1)・(2)に答えなさい。

(1)　地図４中のＥの都市の気温と降水量をあらわすグラフを，次のア～エから１つ選び，記号で答えなさい。

ア．

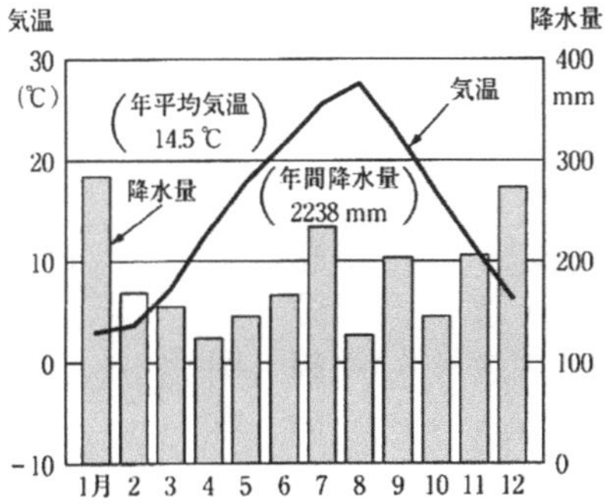

イ．

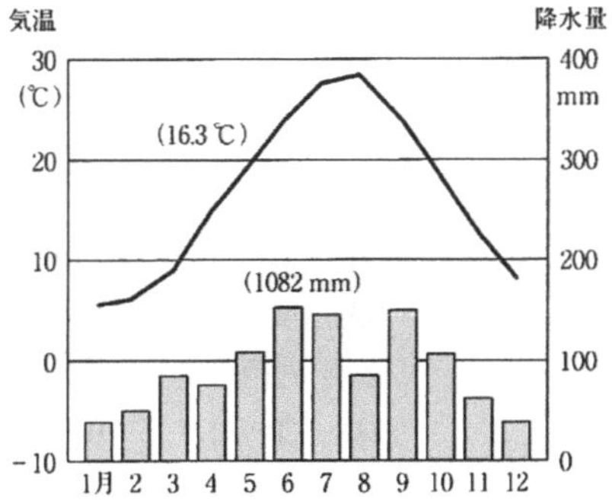

ウ．

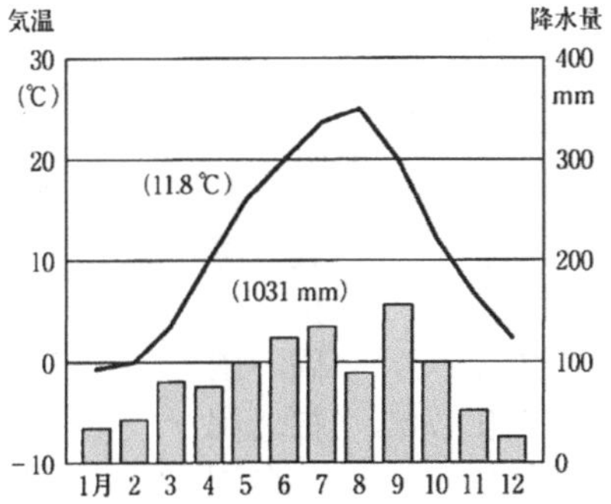

エ．

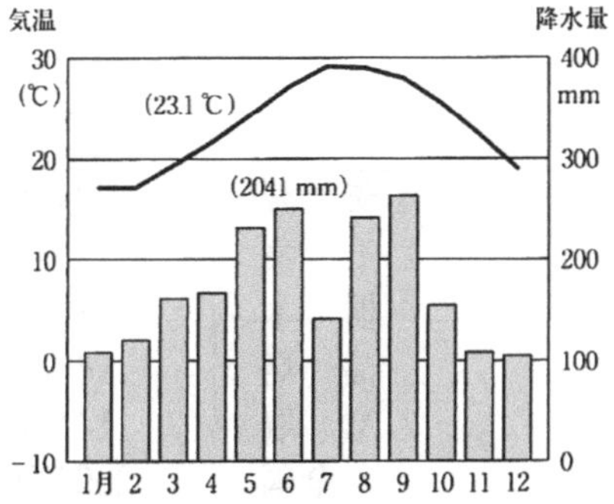

「日本国勢図会」ジュニア版

(2)　地図４中に示した日本アルプスには，3,000m級の山々がそびえる山脈があります。そのうち「北アルプス」と呼ばれる山脈を，次のア～エから１つ選び，記号で答えなさい。

ア．飛驒山脈　　イ．赤石山脈　　ウ．奥羽山脈　　エ．日高山脈問5　地図5について，次の(1)・(2)に答えなさい。

(1)　地図5中のＦ湖はこの地方の重要な水源となってます。日本最大の面積を持つＦ湖を，次のア～エから1つ選び，記号で答えなさい。

ア．十和田湖　　イ．猪苗代湖　　ウ．サロマ湖　　エ．琵琶湖

(2)　右のシンボルマークは，地図5中のＧ島が属する県の県旗です。海と若さを象徴するセルリアンブルーの下地に，白でこの県の頭文字の漢字をデザインし，表現しています。この県名を答えなさい。

問6　地図6について，次の(1)・(2)に答えなさい。

(1)　地図6中のＨの都市を説明した次のア～エの文章のうち，適当でないものを1つ選び，記号で答えなさい。

ア．政令指定都市であり，地図6の地域の中で最大の人口を誇《ほこ》る。

イ．瀬戸内海に面した地域であり，冬の降雪量の多い豪雪地帯である。

ウ．この都市の製造品出荷額で最も大きな割合を占めているのは輸送用機械である。

エ．河川の三角州に位置する都市である。

(2)　地図6中のＩの地域では，この地域でとれる石灰石を原料とした工業が行われています。この石灰石を原料とした工業を示すものを，次のア～エから1つ選び，記号で答えなさい。

ア．繊維工業　　イ．セメント工業　　ウ．石油化学工業　　エ．食品加工工業

問7　地図7について，次の(1)・(2)に答えなさい。

(1)　地図7中の，古くからため池によるかんがいがおこなわれてきたＪ平野を次のア～エから１つ選び，記号で答えなさい。

ア．濃尾平野　　イ．十勝平野　　ウ．庄内平野　　エ．讃岐平野

(2)　地図7中のＫにはこの土地出身の人物の名がついた空港があります。その人物を次のア～エから１つ選び，記号で答えなさい。

ア．大久保利通　　イ．木戸孝允　　ウ．勝海舟　　エ．坂本龍馬

問8　地図8について，次の(1)・(2)に答えなさい。

(1)　地図8中のＬの地域には大規模なカルデラ地形で知られる山があります。この山の名称を次のア～エから１つ選び，記号で答えなさい。

ア．普賢岳　　イ．阿蘇山　　ウ．宮之浦岳　　エ．霧島山

(2)　地図8中のＭ平野では野菜の促成栽培が行われています。栽培・出荷時期を早めることの利点を，簡単に説明しなさい。

問9　次の説明文が示す都道府県の形を下のア～エから１つ選び，記号で答えなさい。

・世界文化遺産に指定された富岡製糸場がある。

・都道府県庁所在地は前橋市である。

・こんにゃくいもの生産量が日本一である。

・海に面していない。

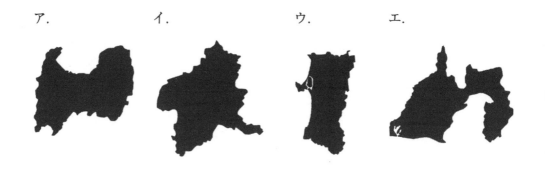

ア.

イ.

ウ.

エ.

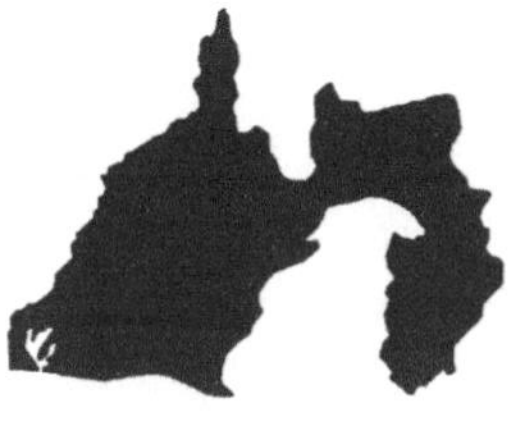

問10　次の都道府県が含まれる工業出荷額割合を表すグラフを，下の「工業地帯とおもな工業地域の工業出荷額割合」を示すア～エのグラフから１つ選び，記号で答えなさい。

ア．

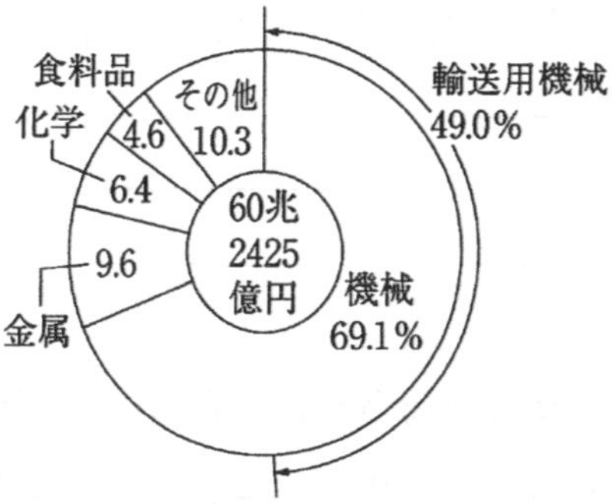

イ．

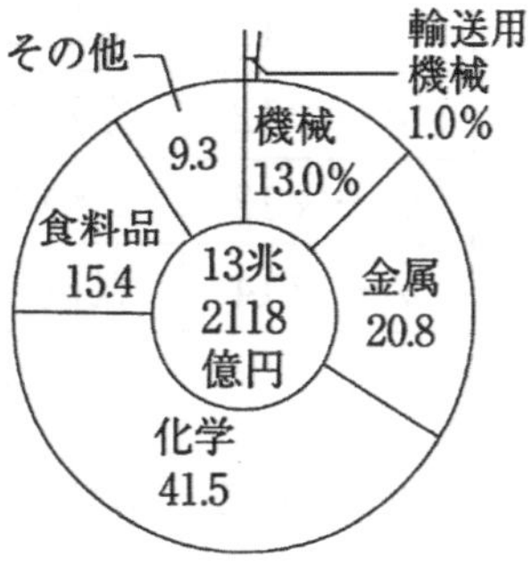

ウ．

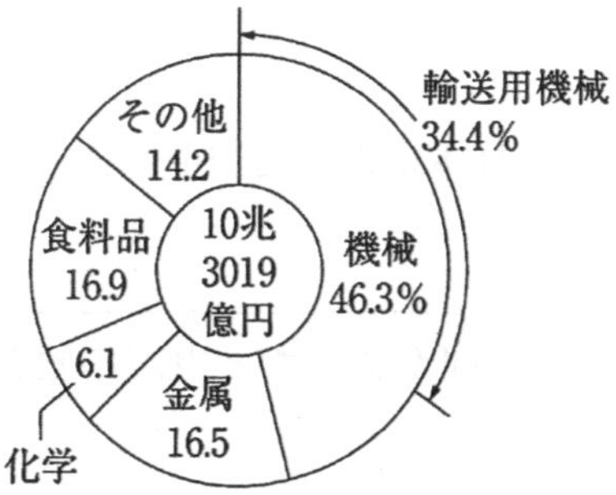

エ．

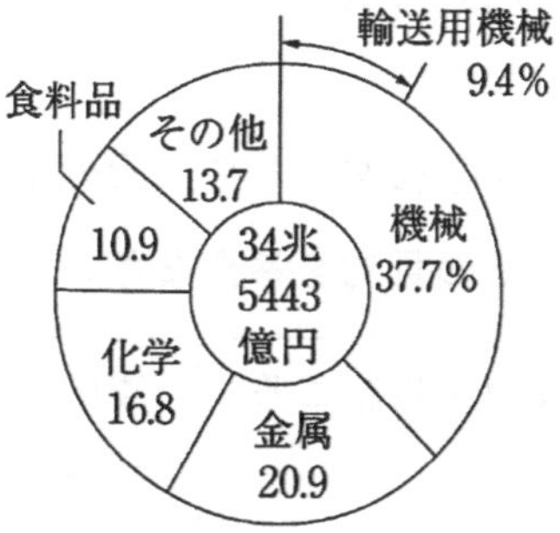

「日本国勢図会」ジュニア版

2．次の表は，暁中学校で歴史分野のグループ学習を行ったときに設定されたテーマを示したものです。これをみて，あとの問いに答えなさい。

テーマ１	日本で発見された古代の遺跡
テーマ２	大和政権（ヤマト政権）の勢力拡大
テーマ３	聖徳太子の政治改革
テーマ４	律令国家の成立と平城京
テーマ５	摂関政治と国風文化
テーマ６	武士政権の成立と展開
テーマ７	戦国大名の登場
テーマ８	ヨーロッパ人との出会い
テーマ９	元禄文化について
テーマ10	田沼意次の政治
テーマ11	開国と江戸幕府の滅亡（近代日本の歩み）
テーマ12	立憲国家の成立
テーマ13	二つの世界大戦
テーマ14	戦後の日本と国際連合

問１　テーマ１について，2021年に世界文化遺産に登録された「北海道・北東北の縄文遺跡群」のうち特に有名な青森県にある遺跡を，次のア～エから１つ選び，記号で答えなさい。

ア．三内丸山遺跡　　イ．岩宿遺跡　　ウ．吉野ケ里遺跡　　エ．登呂遺跡

問２　テーマ２に関連して，次の年表のように，日本はたびたび中国に使いを送っています。その目的を答えなさい。

紀元前１世紀ころ	倭国に100あまりの小国があったと中国の歴史書に記される
57年	倭の奴国の王が中国に使いを送り金印を授かる
239年	邪馬台国の卑弥呼が中国に使いを送る
478年	倭王の武が中国に使いを送る

問３　テーマ３について，聖徳太子は冠位十二階の制度を，資料のように整えました。このように整えた理由を説明しなさい。

資料　　　冠位名

大	小	大	小	大	小	大	小	大	小	大	小
徳		仁		礼		信		義		智	

問４　テーマ４について，次のように説明された文章の（　　　）に入る元号を答えなさい。

701年に，唐の律令をもとにした（　　　）律令を制定し，710年に平城京に都を移しました。

問５　テーマ５について，次の先生と生徒の会話文中の（　Ａ　）・（　Ｂ　）に入る語句の組合せとして正しいものを，次のア～エから１つ選びなさい。

先　生：この頃行われた摂関政治とはどのような政治ですか。

生徒Ｘ：藤原氏が天皇の幼いときには摂政に，成長してからは関白になって政治の実権をにぎった政治です。

生徒Ｙ：11世紀前半の藤原道長とその子頼通のときが摂関政治の全盛期でした。

生徒Ｘ：そう言えばその頃，末法思想が広く信じられ，極楽浄土へのあこがれから，阿弥陀仏をまつる阿弥陀堂が盛んに造営されましたよね。

生徒Ｙ：藤原頼通が（　Ａ　）を京都の宇治に建立したことは，その代表例です。

先　生：それでは，摂関政治が行われていた頃に栄えていた国風文化とは，どのような文化ですか。

生徒Ｘ：貴族が担い手で，日本の風土や生活に合った文化です。仮名文字を使用した優れた文学作品が多く生まれました。

先　生：例えば，どんな文学作品がありましたか。

生徒Ｙ：『古今和歌集』や（　Ｂ　）の『源氏物語』などが有名です。

ア．Ａ　法界寺　　Ｂ　清少納言　　　イ．Ａ　法界寺　　Ｂ　紫式部
ウ．Ａ　平等院　　Ｂ　清少納言　　　エ．Ａ　平等院　　Ｂ　紫式部

問6　テーマ6について，次の図は鎌倉幕府の将軍と御家人との主従関係をあらわしたものです。図の中の「御恩」にあたる最も適切なものを，次のア～エから1つ選び，記号で答えなさい。

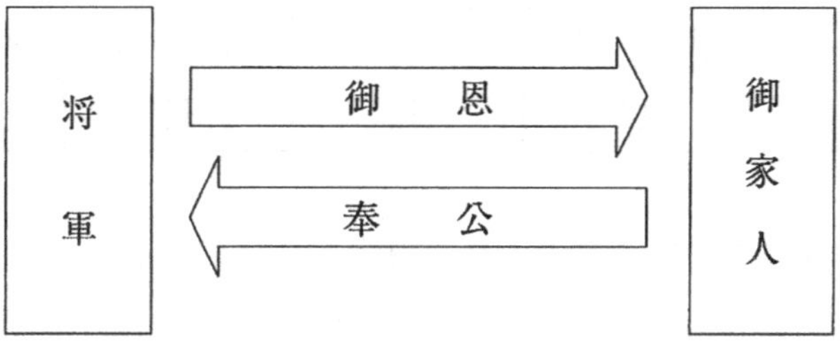

ア．管領に任命されること　　　　イ．領地を保護されること
ウ．国司に任命されること　　　　エ．口分田を与えられること

問7　テーマ7について，次の資料は戦国大名が定めた分国法の一部です。このような法令を定めた目的を答えなさい。（資料の文章は，省略したり，改めたりしたところがあります。）

> 一　わが朝倉家の城のほかは，絶対国の中に城をつくってはいけない。すべての有力な家臣たちを，一乗谷（朝倉家の城下）へ引っ越させて，その村々には，わずかに代官・下級役人だけをおくようにしなさい。（朝倉孝景条々）

> 一　けんかや口論は厳しく禁止する。この命令にそむいてお互いに勝負をするようなことになれば，理由のいかんをとわず両者とも処罰する。
> （長宗我部元親百か条）

> 一　先祖伝来の土地や，恩賞として与えられた土地を理由なく売ることは禁止する。
> （甲州法度）

令和四年度　暁中学校　入学試験問題解答用紙　国語

受験番号

名前

※50点満点
（配点非公表）

一

問1
①
②
③

問2
(1)
①
②
③
(2)

問3
(1)
(2)

二

問1

問2

問3
A
B
C

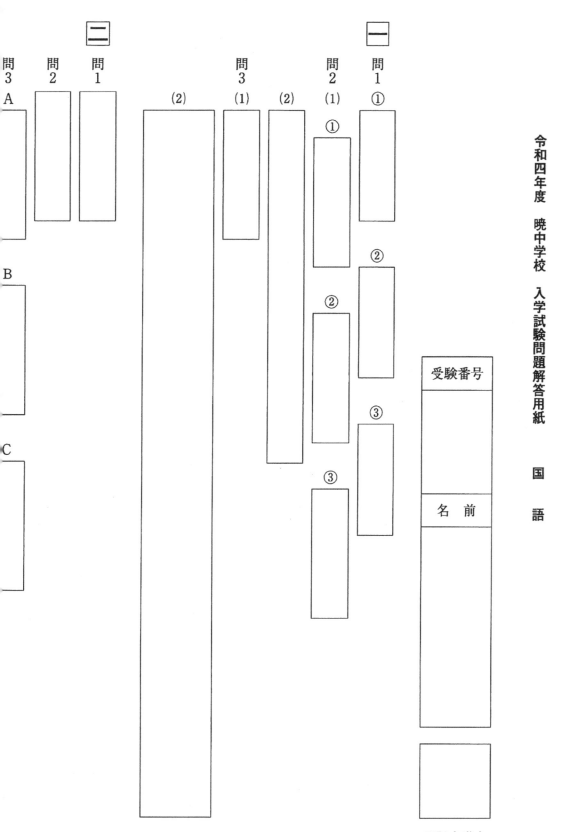

4

(1) 周の長さ cm	面積 cm^2
(2) cm	(3)

5

ア	イ	ウ
エ	オ	カ
キ	ク	ケ
コ	サ	

※50点満点
（配点非公表）

受験番号	名　　前	

6	(1)	①	②	(2)	
	(3)				
	(4)				
	(5)				

7	(1)		(2)	a	b
	(3)	①	②	③	
	(4)				

※50点満点
（配点非公表）

受験番号	名　　前

問12	A		B	

問13	⇒	⇒	⇒

問14	(1)		(2)	i	月　日	ii	

3

問1		問2	

問3	I				
	II	i		ii	

問4		問5		問6		問7	

問8		問9	

※50点満点
（配点非公表）

受験番号	名　　前

教英出版

令和４年度　暁中学校　入学試験問題解答用紙　　社　会

1

問1	(1)		(2)	
問2	(1)		(2)	
問3	(1)		(2)	
問4	(1)		(2)	
問5	(1)		(2)	
問6	(1)		(2)	
問7	(1)		(2)	
問8	(1)		(2)	
問9				
問10				

2

問1				
問2				
問3				
問4				
問5				
問6				
問7				
問				
問				
問				
問	(1)		(2)	

【解答

令和4年度　暁中学校　入学試験問題解答用紙　　理　科

1	(1)		(2)		(3)	①	②
	(4)		(5)		(6)		
	(7)	①	②				

2	(1)		(2)	秒	(3)	① 秒速　　m
	(3)	②				

3	(1)		(2)	置換		
	(3)	cm^3	(4)	g	(5)	g

4	(1)		(2)	g	(3)	g
	(4)	%	(5)	g	(6)	g

5	(1)		(2)		(3)	
	(4)	mL	(5)	器官		

令和４年度　暁中学校　入学試験問題解答用紙　　算　数

1

(1)	(2)	(3)
(4)	(5)	(6)
(7)	(8)	

2

(1) １年生　人	２年生　人
(2) ：	
(3) サッカー部　人	野球部　人

3

(1) 分速　m	(2) m
(3) 分　秒	

問4

ということ

問5

Ⅰ

Ⅱ

問6

三

問1

問2

問3

問4

問5

問6

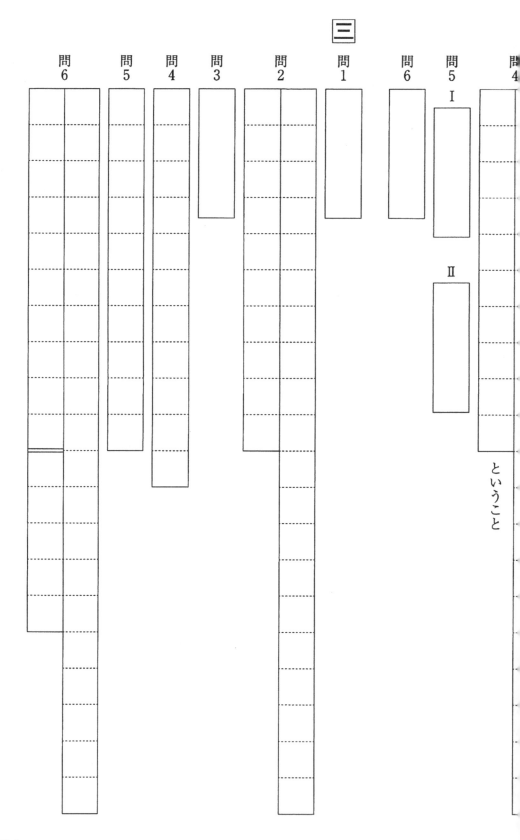

問８　テーマ８について，フランシスコ・ザビエルが日本に来て，キリスト教が広まっていったころのできごととして，最も適切なものを，次のア～エから１つ選び，記号で答えなさい。

ア．平清盛が，日宋貿易を進めるため，兵庫に港を整え，瀬戸内海の航路を整備した。

イ．北条時宗が，元寇に備えて，博多湾沿いに石塁を築かせた。

ウ．織田信長が，長篠の戦いで，足軽の鉄砲隊を活用して武田氏の騎馬隊に勝利した。

エ．伊能忠敬が，全国の海岸線を測量し，正確な日本地図をつくった。

問９　テーマ９について，この元禄文化を代表する人物について述べた文として誤っているものを，次のア～エから１つ選び，記号で答えなさい。

ア．井原西鶴は，町人の生活ぶりを浮世草子という小説に著した。

イ．近松門左衛門は，『南総里見八犬伝』などの長編小説を著した。

ウ．松尾芭蕉は，『奥の細道』などで俳諧（俳句）を残した。

エ．菱川師宣は，『見返り美人図』など町人の風俗を描いた。

問10　テーマ10について，田沼意次が行った政治の内容について述べた文として正しいものを，次のア～エから１つ選び，記号で答えなさい。

ア．公事方御定書を定めて，裁判の基準をつくった。

イ．財政難を乗り切るため，貨幣の質を落としてその数量を増やした。

ウ．生類憐みの令を出して，極端な動物愛護をおこなった。

エ．株仲間を積極的に認め，営業を独占させる代わりに税をとった。

問11　テーマ11について，次の年表は江戸幕府の末期から明治新政府の成立初期の間に起きた出来事をまとめたものです。これを見て，次の(1)・(2)の問いに答えなさい。

1853年	アメリカ合衆国のペリーが浦賀に来航する
1854年	日米和親条約が結ばれ，開国する（鎖国が終わる）
1858年	①日米修好通商条約が結ばれる
1860年	桜田門外の変で大老井伊直弼が暗殺される
1867年	15代将軍徳川慶喜は，②政権を朝廷に返すことを申し出る
1868年	新政府は五箇条の御誓文を出して新しい政治方針を定める
1869年	諸大名に土地と人民を新政府に返させる
1873年	地租改正を実施する

(1)　下線部①について，この条約の内容について述べた次の文章の（　　　）に共通する語句を答えなさい。

> ……また，アメリカが日本から輸入する貿易品に対して，自主的に（　　　）率を定めることができたが，日本がアメリカから輸入する貿易品に対しては自主的に（　　　）率を定めることはできなかった。

(2)　下線部②について，このことを何といいますか。漢字４字で答えなさい。

問12　テーマ12について，次の年表は立憲国家が成立するまでの出来事をまとめたものです。年表中の（　Ａ　）・（　Ｂ　）にあてはまる人名をそれぞれ答えなさい。

1874年	（　Ａ　）らが民撰議院設立の建白書を政府に提出する （　Ａ　）が立志社を設立し自由民権運動を進める
1880年	国会の開設を求める国会期成同盟が結成される
1881年	（　Ａ　）を党首とする自由党が結成される
1885年	内閣制度ができ，初代総理大臣に（　Ｂ　）が就任する
1889年	大日本帝国憲法が発布される
1890年	第１回衆議院議員選挙が行われ，帝国議会が開かれる

問13　テーマ13について，次のア～エのカードは，二度の世界大戦の間に起きたできごとを示しています。書かれた内容を古い順に並びかえて，記号で答えなさい。

ア	中国の東北部（満州）で日本と中国が軍事衝突し，日本は満州国を建国した。

イ	ほとんどの政党や政治団体が解散して，大政翼賛会という組織にまとめられた。

ウ	満25歳以上の男性に選挙権を与える，普通選挙法が成立した。

エ	陸軍の青年将校が東京の中心部を占拠する，二・二六事件が起こった。

問14　テーマ14について，次の(1)・(2)の問いに答えなさい。

(1)　次のア～エの資料は，戦後の日本が締結した条約または発表した宣言や声明の一部です。このうち日本が国際連合に加盟するきっかけとなった，最も関係の深い資料を１つ選び，記号で答えなさい。（資料の文章は，一部書き改めてあるところがあります）

ア．

> 日本国とソヴィエト社会主義共和国連邦との間の戦争状態は，この宣言が効力を生ずる日に終了し，両国の間に平和及び友好善隣関係が回復される。

イ．

> 1910年８月22日以前に大日本帝国と大韓帝国との間で締結されたすべての条約及び協定は，もはや無効であることが確認される。

ウ．

> 日本国の安全に寄与し，並びに極東における国際の平和及び安全の維持に寄与するため，アメリカ合衆国は，その陸軍，空軍及び海軍が日本国において施設及び区域を使用することを許される。

エ．

> 日本国と中華人民共和国との間のこれまでの不正常な状態は，この共同声明が発出される日に終了する。

(2) 次の資料は，2021年の広島平和記念式典に寄せられたアントニオ・グテーレス国際連合事務総長のビデオ・メッセージの一部です。これを読んであとの問いに答えなさい。

> …76年前のこの日，一発の原子爆弾がこの都市の人々に想像を絶する惨禍をもたらしました。原爆は数万の人々の命を一瞬のうちに奪い，その余波でまた数万の命を，そしてその後長い年月にわたり多くの人の命を奪いました。
>
> しかし広島は，この惨劇によってのみ語られているわけではありません。原爆を生き延びた被爆者の方々による他に例を見ない活動は，人間の不屈の精神力を証明するものです。自分たちが味わった苦しみや運命を他の者がたどらなくてすむようにと，彼らは自分たちの経験を伝える活動に身を捧げてきました。
>
> 国連は，（　　　）のない世界というビジョンを被爆者と共有しています。
>
> これはまた，総会決議第一号 ― 広島への原爆投下からわずか5カ月後に可決 ― 及び今年1月22日発効の（　　　）禁止条約のテーマでもありました。
>
> （中略）
>
> …私は，（　　　）を保有するすべての国に，単独及び合同で（　　　）のリスク削減措置を採択するよう呼びかけます。…

i）資料中の下線部の「この日」とは，何月何日ですか。その日付を答えなさい。

ii）資料中の（　　　）に共通する語句を漢字3字で答えなさい。

3．次の文章を読んで，あとの問いに答えなさい。

（　1　）とは，日本語では「持続可能な開発目標」と訳されています。貧しい国も豊かな国も豊かさを追求しながら，地球を守ることを呼びかけています。（　2　）年までに達成しようと，いま世界中の人々がこの目標に取り組んでいます。

1972年，環境と経済の関係が国連人間環境会議で初めて話し合われました。人口増加や干ばつなどによる環境破壊が続く中で，先進国と呼ばれる国々は，「地球環境を守ることが大切」と主張し，発展途上国と呼ばれる国々は，「これまで開発を優先してきた先進国の責任」と反論し，両者は激しく対立しました。

1987年になると国連総会で「持続可能な開発」が発表され，開発は「将来の世代と現在の世代，どちらの要求も満足させるもの」であり「環境と開発は対立ではなく，共存するもの」という新しい考え方に立脚したものでした。

2000年の国際会議において，ミレニアム開発目標が取り上げられ，開発途上国を対象に貧困や教育など８つの目標を2015年までに達成することを目指しました。ところが成果はありましたが，①「女性の地位の向上」や②「二酸化炭素の排出量」などは達成できませんでした。

また，異常気象が災害をもたらしたり，開発途上国の発展に差が出てきたり，先進国でも貧富の差や③人権問題など，新しい課題が出てきました。

2015年９月，国連サミットに集まった世界のリーダー全員が賛成して（　1　）が採択されました。（　1　）は「あらゆる貧困をなくし，不平等と戦い，④気候変動に対処しながら，だれも置き去りにしないための取り組み」として⑤17の緊急課題を目標に掲げ，ミレニアム開発目標では，主には開発途上国の課題解決を目的としましたが，（　1　）では先進国といわれる国々の課題解決も目的としました。取り組みの中心もミレニアム開発目標は⑥国連や⑦政府，（　1　）では⑧自治体や⑨企業，個人も加えられました。

達成期限は（　2　）年，あとわずかな期間ですが，地球規模の目標を達成するためには，私たち一人ひとりの高い意識と行動にかかっていることは言うまでもありません。

問１　文中の空欄に入る語句・数字の組み合わせとして適切なものを，次のア～エから１つ選び，記号で答えなさい。

ア．⑴　SDGs　⑵　2030　　イ．⑴　MDGs　⑵　2030

ウ．⑴　SDGs　⑵　2025　　エ．⑴　MDGs　⑵　2025

問２　下線部①の女性の地位向上に関連して，2015年の各国首脳の同意にある「ジェンダー平等を実現しよう」を表すものを，次のア～エから１つ選び，記号で答えなさい。

ア．

イ．

ウ．

エ．

＊　それぞれの白抜きの部分には，下のような実現しようとする目標が書かれています。

・　貧困をなくそう
・　つくる責任　つかう責任
・　ジェンダー平等を実現しよう
・　パートナーシップで目標を達成しよう

問３　下線部②に関連して，次のⅠ・Ⅱの問いに答えなさい。

Ⅰ　次の文章は，菅元首相の所信表明演説の一部です。文中の空欄に当てはまる適切な語句を答えなさい。

「菅政権では，成長戦略の柱に経済と環境の好循環を掲げて，グリーン社会の実現に最大限注力してまいります。

我が国は，2050年までに，温室効果ガスの排出を全体としてゼロにする，すなわち2050年（　　　），脱炭素社会の実現を目指すことを，ここに宣言いたします。」

Ⅱ　次の表は，Ａ～Ｄの各エネルギー（水力・化石燃料・原子力・その他新エネルギー）別の発電量割合を示したものです。これをみてあとの問いに答えなさい。

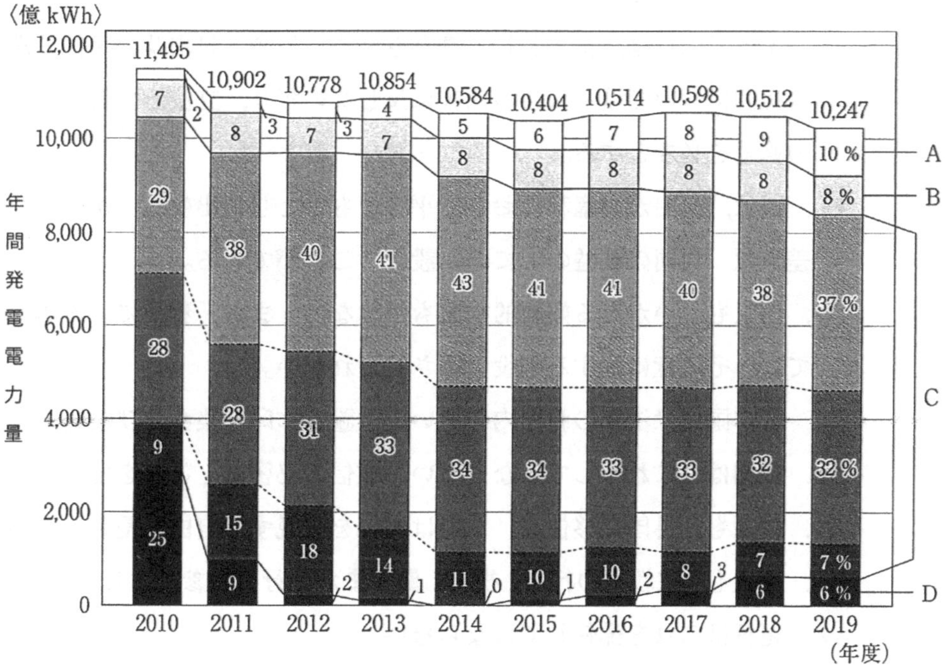

「資源エネルギー庁／電気事業連合会」

ⅰ　Ａのエネルギーの割合が年々増加していますが，どのようなエネルギーだと考えられますか。活用されるエネルギーとして代表的なものを１つあげなさい。

ⅱ　Ｄのエネルギーが，2010から2012年にかけて発電量の割合を減少させている理由として考えられることを簡潔に書きなさい。

問４　下線部③の人権に関連して，次の文章をみて，日本国憲法の人権について規定した条文として誤っているものをすべて選び，記号で答えなさい。（設問の都合上，表現を書きかえたところがあります）

ア．すべて国民は，個人として尊重される。生命，自由及び幸福追求に対する国民の権利については，公共の福祉に反しない限り，立法その他国政の上で，最大限の尊重を必要とする。

イ．人は，自由かつ権利において平等なものとして出生し，かつ生存する。社会的差別は，共同の利益の上にのみ設けることができる。

ウ．何人も，いかなる奴隷的拘束も受けない。また，犯罪による処罰の場合を除いては，その意に反する苦役に服させられない。

エ．日本国民は法律の範囲内に於いて言論著作印行集会及び結社の自由を有す。

オ．検閲は，これをしてはならない。通信の秘密は，これを侵してはならない。

カ．何人も，外国に移住し，または国籍を離脱する自由を侵されない。

キ．何人も，宗教上の行為，祝典，儀式または行事に参加することを強制されない。

ク．児童はこれを酷使してはならない。

問５　下線部④に関連して，1997年，気候変動枠組条約第３回締約国会議が開かれた都市として適切なものを，次のア～エから１つ選び，記号で答えなさい。

ア．リオデジャネイロ　　イ．パリ　　ウ．ストックホルム　　エ．京都

問６　下線部⑤に関連して，次にあげる目標を掲げている国際機関は何ですか，次のア～エから１つ選び，記号で答えなさい。

目標：「支援活動において，生存と成長，教育，子どもの保護，水と衛生，公平な機会と，分野横断的な優先課題として，ジェンダーの平等，人道支援」

ア．UNESCO　　イ．UNICEF　　ウ．WHO　　エ．UNHCR

問7　下線部⑥に関連して，私たちが安全・安心して生活できるように定められている日本国憲法第25条の規定にもとづいていない内容を次のア～エから１つ選び，記号で答えなさい。

ア．病気の蔓延《まんえん》を防ぐために，検疫をおこなったり，予防接種をおこなう。

イ．一人親と満20歳未満の扶養する児童からなる家庭の生活の安定と向上のために必要な措置をとる。

ウ．病気になった時の医療費の負担軽減や入院期間中の収入保障のために保険に加入する。

エ．生活が困窮したときに，最低限度の生活を保障するためにお金を支給する。

問8　下線部⑦に関連して，地方公共団体は，法律の範囲内で，議会の議決により，その地域だけに適用されるきまりをつくることができます。そのきまりのことを何といいますか。

問9　下線部⑧に関連して，企業による「産地の偽装《ぎそう》」や「粉飾《ふんしょく》決算」などの不祥事は，市民生活に大きな影響を与えるために，近年では「企業の社会的な責任」が強調されるようになりました。企業が果たすべき行動として誤っているものを，次のア～エから１つ選び，記号で答えなさい。

ア．コンサート・美術展などの文化事業の主催や，それらの事業に資金の提供，文化・芸術施設の開設や運営を行ったり，グラウンドや体育館など所有している施設を無料で開放する。

イ．従業員がボランティア活動をおこなうにあたって「休暇の扱い」や「表彰の制度」をつくって支援する。

ウ．経営者が勝手気ままに経営をおこなえないように，監査役を置く代わりに，社外取締役を設置し，より厳しい制度をつくる。

エ．コンプライアンスといわれ，法令や社会規範，企業倫理を遵守《じゅんしゅ》することを重視するようになった。

令和３年度

暁中学校入学試験問題

国　　語

（45分）

〔注意事項〕

(1) 試験開始のチャイムが鳴るまで，この問題冊子の中を見てはいけません。

(2) 試験開始の合図で，解答用紙に受験番号と名前を書きなさい。

(3) 答えはすべて解答用紙の決められたところに，はっきり書きなさい。

(4) 試験終了のチャイムが鳴りましたら，すぐに鉛筆《えんぴつ》をおき，監督《かんとく》の先生の指示にしたがいなさい。

(5) 問題用紙は，持ち帰ってよろしい。

※50点満点：解答用紙・配点非公表

2021(R3) 暁中
K 教英出版

*制限字数のある問いでは、特に指示のないかぎり、句読点などの記号も一字に数えるものとします。

一　次のそれぞれの問いに答えなさい。

問一　次の①、②、③の――線部を、送り仮名までふくめて漢字で書きなさい。

① けわしい山道を登る。

② 社会の変化がいちじるしい。

③ 平静をよそおう。

問二　次の①、②の――線部の漢字の読み方をひらがなで書きなさい。

① 類似品に注意してください。

② 拾得物を交番に届ける。

問三　次の①、②の意味になる言葉を、あとのア～エから一つずつ選び、記号で答えなさい。

① 国と国の間で商品を取引すること

ア　流通　　イ　貿易　　ウ　売買　　エ　商売

② 立派なものに深く心が動かされること

ア　寒心　　イ　関心　　ウ　本心　　エ　感心

問四　次の①、②は外国のことわざです。日本にも似たような意味のことわざや故事成語があります。それに当てはまるものをそれぞれあとのア～エから選び、記号で答えなさい。

①　卵を割らずにオムレツは作れない

②　プリンの味は食べてみなければ分からない

ア　まかぬ種は生えぬ

イ　急がば回れ

ウ　虎穴《こけつ》に入らずんば虎子《こじ》を得ず

エ　論より証拠《しょうこ》

問五　次の会話文を読んで、後の問いに答えなさい。

先　生「今から文化祭実行委員会の役員を決めます。まずは自己紹介からお願いしようかな。」

サオリ「私はたくさんアイデアを出して楽しい文化祭になるようにしていきたいと思います。情報をまとめたり書き留めることが得意で、文化祭だよりも作成したいと思っています。」

アカネ「私も全校生徒が楽しめる文化祭にしたいと思います。みんなを支えて役に立つことをするのが好きです。性格は冷静で、的確なアドバイスをすることができます。」

ケイタ「ぼくは人前に立って何か話すのは苦手だけど、資料を整理したり細かい作業を正確にすることが得意です。パソコンの計算ソフトも使えます。」

タカシ「ぼくは文化祭には地域の人にも声をかけて、参加してもらえるような取り組みを考えています。小学生の頃、児童会長をしていたからまとめ役ができると思います。」

問　この後、話し合いが進み、役員が決定しました。a～cに入る組み合わせとして最も適切なものをあとのア～エから選び、記号で答えなさい。

委員長	（ a ）
副委員長	（ b ）
書記	（ c ）
会計	（ケイタ）

ア　a　アカネ　b　サオリ　c　タカシ

イ　a　タカシ　b　アカネ　c　サオリ

ウ　a　サオリ　b　タカシ　c　アカネ

エ　a　アカネ　b　タカシ　c　サオリ

二　次のⅠ、Ⅱの文章を読んで、後の問いに答えなさい。（設問の都合上、文章を中略した箇《か》所《しょ》があります。）

Ⅰ

著作権に関係する弊社の都合により
本文は省略いたします。

教英出版編集部

（池田　晶子「14歳の君へ　どう考えどう生きるか」による）

※注　サ行下二段活用…「活用」とは言葉が変化すること。「下二段活用」は活用の種類の一つ。

Ⅱ

私たちは、「一つの問いに一つの答えがある」という考え方をやめなければならない。物事は、こちらからはこう見えるが、後ろから見ればこんなふうだ、といろいろな補助線を引きながら考えよう。みんなが一方からしか考えられなくなっているときに、別の方向から見ることがたいせつだ。例えば、自分の苦しみを打ち明けて絶望する友人に対して、いやそれだけではない、こういう考え方もある、と別の［X］を示せる「頼れるやつ」になろう。

相手の身になって問いを考え直すと、歯が立たないと思った問いも、違う見え方になるはずだ。文学や芸術作品も、同じ苦しみの中から生み出されたものだから、いろいろな［X］を与えてくれるはずだ。

なぜ生きているのか、自分の存在は何なのかという大問題に、答えはない。大昔からみんな考え続けていまだ答えられていないのだから。例えば、心と体の関係はギリシャ以来、二〇〇〇年以上哲学者が考え続けていて、まだその答えは出ていない。それでも大昔からその問題に食らいついて問い続けてきた。その結果としていろいろな思想や芸術が生まれ、文化が豊かになってきた。たいせつなのは、問い続けることにある。

自分自身の問題や世の中に起こる出来事は、理由や意味がわからないものがほとんどだ。また、科学の極限的な問題や、社会生活で重要な問題、生きるうえで重要な問題というのは、ほとんどが複数の解を持っていたり、正解が一つもなかったり、そもそも答えがない、というものばかりだ。だから、自分の持っている狭い枠《わく》組みの中で無理やり解釈して、わかった気になっても何も解決しないし、とても危ない。必要なのは、わからないことでもこれは大事、としっかりと自分で受けとめて、わからないままにずっと持ち続けることなのだ。そして何度も体当たりして痛い思いをして、問題に正確に対処するすべを身につけよう。

「頭がいい」と「賢い」とはなんの関係もない。じぐざぐにいろいろな補助線を立てて、誠実に考え続ける、「賢い」人になってほしい。

（鷲田清一「『賢くある』ということ」『何のために「学ぶ」のか』所収　ちくまプリマー新書による）

問一　Ⅰの文章を読んだ五人がそれぞれ意見を述べています。適切な指摘《してき》をしている人には○を、適切な指摘をしていない人には×を書きなさい。

Ａさん　授業で教わったことは、すぐに復習をしないと、試験が終われば忘れてしまうので、本当に「賢く」はなれないよ。

Ｂさん　暗記するだけの勉強がつまらないのは、そんな方法ではいい点やいい成績をとったと実感できないからなんだね。

Ｃさん　国語、理科、英語などを勉強することは、自分自身を知ろうとしていることになるから、それなりに意味があるよ。

Ｄさん　学校の試験では、文法や年号などの「唯一《ゆいいつ》の正しい答え」のある問いを出題するから、先生が採点できるんだね。

Ｅさん　今の学校の勉強は面白くないから、試験勉強なんかやめて、家で本を読んでいたほうが成績がよくなるということさ。

問二　――線部①「そういうこと」とはどういうことを指していますか。Ⅰの本文中から十字で抜き出して答えなさい。

問三　――線部②「答えのない問い」とありますが、次の中から「答えのない問い」にあたるものをすべて選び、記号で答えなさい。

ア　昨日の三重県北部の天気を答えなさい。

イ　けんかをした時の、仲直りをする方法を答えなさい。

ウ　３の約数をすべて答えなさい。

エ　なぜ嘘《うそ》をついてはいけないのか、その理由を答えなさい。

オ　宮沢賢治の代表的な作品を一つ答えなさい。

カ　現在の日本の総理大臣の名前を答えなさい。

問四　空欄《くうらん》 [A] ～ [C] に入る適切な語を、それぞれ次のア～オの中から一つずつ選び、記号で答えなさい。ただし、同じ記号は一回しか使うことができません。

ア　あるいは　　イ　そして　　ウ　だから　　エ　でも　　オ　ところで

問五　空欄 [X] に共通して入る漢字三字の言葉を、Ⅱの本文中から抜き出して答えなさい。

問六　Ⅰの文章は、次の段落が抜けています。この段落が入る最も適切な場所を、本文中の【ⅰ】～【ⅳ】から選び、記号で答えなさい。

たとえば数学や理科の場合は、歴史と違って、「正しい答え」というのが必ずあるように思えるね。計算すれば、答えは出るし、自然の法則は、そういうことに初めから決まっているからだ。

問七　文章Ⅰの――線部「『勉強ができる』ということと、『賢い』ということは、違うことだ」、文章Ⅱの――線部「『頭がいい』と『賢い』とはなんの関係もない」について、ⅠとⅡの文章で、それぞれの筆者が述べる「賢い」ということの共通点を、三十字以内で説明しなさい。

三　母と二人で暮らしている小学三年生の「矢島ダイアナ」は、自分の「ダイアナ」という名前に強いコンプレックス（引けめ）を持っています。次の文章のⅠは「ダイアナ」が始業式で自己紹介をする場面です。Ⅱはダイアナから放課後に町の図書館に誘われた彩子《あやこ》が帰り道を急ぐ場面です。よく読んで、後の問いに答えなさい。

Ⅰ

とうとう、自己紹介の順番が来た。ダイアナは［A］立ち上がった。①教室中の視線がこちらに集まるのがわかる。根元が黒くなり始めてパサパサした金髪《きんぱつ》頭、くだらないアニメのTシャツ、とがった顎《あご》、やせっぽっちの薄《うす》い体。自分でも嫌《いや》になるくらい鋭《するど》く大きな目に、皆が好奇のまなざしを向けている。

「矢島ダイアナです。本を読むのが好きです」

出来るだけ小さな声で言い、すぐさま椅子《いす》に腰を下ろす。周囲と目を合わさないように膝小僧《ひざこぞう》を見つめた。皆がひそひそ話しているのがわかる。

「ダイアナだって！　あの子、外国の子？」

「違《ちが》うよ。私、二年の時一緒だったけど、日本人だよ。確か、公園の近くのアパートにお母さんと二人で住んでるの」

「へえ、でも、髪が金色だよ」

「あれ、根っこは黒いじゃん。へんなの」

「染《そ》めたのかな？　子供がそういうことしていいの？」

お調子者らしい男子が右手を耳につけてぴんと伸ばした。

「ねー、ダイアナってどういう字書くの？　カタカナ？」

「……大きい穴《あな》」

②消え入るような声でつぶやくと、どっと笑いが起きた。

「はい、皆さん、静かになさい」

新しい担任の岩田敦子先生が［B］した口調でそう言うと、教室は一瞬《いっしゅん》で静まった。色白ででっぷりした四十代くらいの女の先生で、縁《ふち》なしの眼鏡の奥に鋭い目が光る。とても怖いけれど、一人ひとりと熱心に接してくれるから生徒に人気がある。

「質問は今じゃなくて、休み時間にしましょう。新しいお友達と仲良くなるチャンスですよ。……矢島さんは本がとっても好きなのよね」

突然話しかけられ、ダイアナはおそるおそる顔を上げた。

「一年生の時も二年生の時も、図書室をたくさん利用した人に贈られる『たくさん借りましたで賞』を受賞してますね。たくさん本を読むのはとてもいいことです。みんな、矢島さんを見習って図書室をどんどん利用しましょう」

はーい、と元気のよい声が響く。ダイアナの名前のことは忘れてしまったようで、③ほっと胸を撫《な》で下ろす。岩田先生が自分のことを知っているなんて、考えてもみなかった。ダイアナは先生のことがもうすっかり好きになっていた。先生なら二年生の時の担任みたいに頭ごなしに叱《しか》りつけたり、「乱暴で育ちの悪い子」と決めつけたり、※1ティアラを悪く言ったりもしないだろう。ほうれん草や魚など、給食で出る普段食べ慣れないものを残したって、怒《おこ》らないかもしれない。もっともっと本を借りて、先生に褒《ほ》められたい。

Ⅱ

今日、新しいクラスで、窓から差し込む日の光を浴びてきらきら輝く金髪を見付けた瞬間、あっと声をあげそうになった。金色の透けるような髪、びっくりするほど小さな顔。大きな瞳は相手を吸い込むような深い※2はしばみ色で、長い睫《まつげ》がびっしり縁取っている。きっと外国の血が入っているに違いない。おまけにダイアナちゃんが着ているのは、彩子《あやこ》が憧《あこが》れている、あのキャラクターのTシャツ――「ダンシング☆ステファニー」は小学校低学年の女の子に抜群の人気を誇《ほこ》っている。プレイヤーがステファニーという女の子の洋服をコーディネートし、彼女になりきってライバルらとダンスで対戦しながらポイントを稼《かせ》いでいくテレビゲームだった。ゲームの世界観そのままのアニメは、日曜日の朝放送しているらしいが、彩子はパパとママの方針でテレビを見せてもらえず、テレビゲームだって買ってもらえないのだ。遊んだのはお正月にいとこの家に行った時の、ただ一度だけだ。あの時の、脳がしびれ体が操《あやつ》られるように勝手に動き出す感覚は今も忘れがたい。

でも、ああいう可愛《かわい》い女の子はいじめっ子に目をつけられるから大変だ。自己紹介するダイアナちゃんを見て、隣《となり》に座る武田君という男の子がぼそっとつぶやいたことを思い出す。

——変な名前だな、ダイアナなんて。どう見ても日本人じゃんか。

意地悪な物言いにむっとした。武田君とは一年の時から同じクラスだったけど、ちゃんとしゃべるのはそれが初めてだった。

——あら、素敵な名前じゃないの。新しい友達のことをそんな風に悪く言うなんて、良くないわよ。

彩子がたしなめると、武田君はかすかに顔を赤らめて怒ったようにプイと横を向き「がみがみ女!」と毒《どく》づいたっけ。

嫌いたければどうぞご自由に——。信号を待つ間にあの不快な気分を思い出し、彩子は小さく身を震《ふる》わせて【　④　】。こっちだって男の子なんか乱暴で大嫌い。お肉屋さんの一人息子の武田君は、勉強はさっぱりだけどサッカーが得意な体の大きい人気者だ。女の子の中でもおませな子は、武田君っていいよね、なんて騒《さわ》いでいるけれど、彩子にはさっぱり魅力《みりょく》がわからない。彩子がいいなあ、と思うのは、ディズニーアニメに出てくるような白馬にまたがった優しい王子様。もしくはパパのように温かくて頼れる大人の男の人だ。

　ダイアナちゃんはきっと複雑な家庭に育った、おとぎばなしのヒロインのような女の子に違いないのだ。せっかくのTシャツも小柄《こがら》な彼女にはちょっとぶかぶかだし、上履《うわば》きも汚れている。でもきっとあれは仮の姿で、本当は小公女セーラみたいな、良家の子女なのだ。彼女だったらティアラ※3やパフスリーブ、マフや馬車もなんの違和感《いわかん》もなく似合うだろう。彩子から声をかけたら、ダイアナちゃんははにかみながらも図書館に誘《さそ》ってくれた。いつ見かけても一人で居《い》る彼女が、一緒《いっしょ》に遊ぶことを許《ゆる》してくれた——。⑤誇《ほこ》らしさと晴れがましさでいっぱいで、終業ベルが鳴るのが待ち遠しくてならなかった。

（柚木　麻子『本屋さんのダイアナ』新潮社刊による）

※注　1　ティアラ…「ダイアナ」の母親。「ティアラ」は仕事で使っている名前。

2　はしばみ色…うすい茶色

3　ティアラやパフスリーブ、マフ…ティアラはアクセサリーの一種。パフスリーブ、マフはファッションの一種。

問一　空欄《くうらん》［A］・［B］に入る適切な語をそれぞれ次のア～オの中から一つずつ選び、記号で答えなさい。

ア　きっぱりと　イ　のんびり　ウ　ひょろひょろ　エ　しぶしぶ　オ　しゃんと

問二　――線部①「教室中の視線」とありますが、この時の教室の雰《ふん》囲《い》気《き》を表す言葉を本文中から二字で抜き出して書きなさい。

問三　――線部②「消え入るような声」とありますが、この時のダイアナの気持ちを説明しなさい。

問四　――線部③「ほっと胸を撫《な》で下ろす」とありますが、その理由として最も適切なものを次のア～エの中から一つ選び、記号で答えなさい。

ア　新しい担任の先生が厳しいので、クラスのみんなの意地悪から守ってもらえると思ったから。
イ　自分がたくさん本を読むことをわかってもらえて、クラスでバカにされないと思ったから。
ウ　読書を通して、クラスのみんなと仲良くなれそうだと思ったから。
エ　先生の話題の切りかえで、クラスのみんなの関心が自分の名前のことからそれたと思ったから。

問五　【　④　】に入る表現として最も適切なものを次のア～エの中から一つ選び、記号で答えなさい。

ア　そっと席を立った
イ　ランドセルを背負い直す
ウ　ダイアナの側に駆《か》け寄った
エ　ぽっと顔を赤らめる

問六　この小説についてAさんとBさんが話をしています。この会話をもとにして、――線部⑤「誇らしさと晴れがましさでいっぱい」と「彩子」が感じる理由を説明しなさい。

Aさん　「この話のⅠはダイアナ、Ⅱは彩子の視線で書かれているね。」

Bさん　「わたしは二人の、ダイアナの見た目への感じ方の違いが面白いと思うよ。」

Aさん　「その感じ方の違いが二人の距離を近づけることになりそうだね。」

令和３年度

暁中学校入学試験問題

理　　科

（45分）

〔注　意　事　項〕

(1)　試験開始のチャイムが鳴るまで，この問題冊子の中を見てはいけません。

(2)　試験開始の合図で，解答用紙に受験番号と名前を書きなさい。

(3)　答えはすべて解答用紙の決められたところに，はっきり書きなさい。

(4)　試験終了のチャイムが鳴りましたら，すぐに鉛筆《えんぴつ》をおき，監督《かんとく》の先生の指示にしたがいなさい。

(5)　問題用紙は，持ち帰ってよろしい。

※50点満点：解答用紙・配点非公表

1．次の文章を読んで，あとの問いに答えなさい。

ヒトでは，肺でとり入れた酸素などは，血液によって運ばれている。

ヒトのからだを流れている血液は，体重の約８％を占めている。血液１gの体積を１mLとすると，体重50kgのヒトの場合，（　　　）Lの血液が流れていることになる。

(1)　文章中の（　　　）に入る数値を答えなさい。

(2)　下線部について，血液によって運ばれているものを，酸素以外に２つ答えなさい。

(3)　運動した後，脈はく数が多くなります。運動した後，脈はく数が多くなる理由を説明した下の文章の（　　　）に入る言葉を答えなさい。

「運動すると，たくさんの（　あ　）を使うので，（　あ　）を運ぶ（　い　）を送り出すために（　う　）の動きが活発になるため，脈はく数が多くなる。」

2．右の図は，水の中に１日つけてやわらかくなったインゲンマメの種子を２つに割ったときの図です。次の問いに答えなさい。

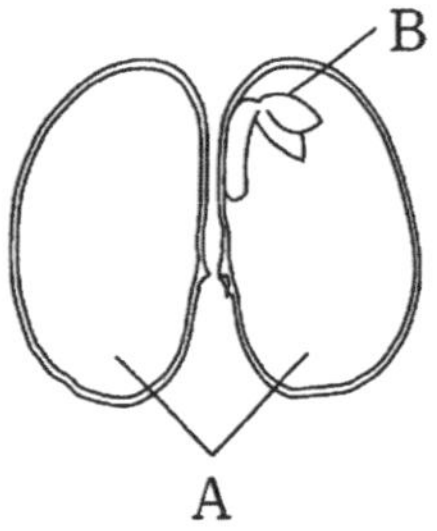

(1)　Aの部分を何といいますか，答えなさい。

(2)　Bの部分（）は，成長すると何になりますか。次のア～キの中から最も適当なものを１つ選び，記号で答えなさい。

ア．葉　　イ．くき　　ウ．根　　エ．葉・くき

オ．葉・根　　カ．くき・根　　キ．葉・くき・根

(3)　Aの部分は，発芽後，日数とともにどのように変化していきますか。次のア～エの中から最も適当なものを１つ選び，記号で答えなさい。

ア．しぼんでいく。

イ．大きさは変わらない。

ウ．大きさは変わらないが，緑色になる。

エ．大きくなり，緑色になる。

(4)　(3)のように変化していくのはなぜですか，説明しなさい。

3．次の文章を読んで，あとの問いに答えなさい。

地球の表面は，プレートとよばれる厚さ100 kmほどの岩ばんでおおわれている。プレートは互いに少しずつ動いているため，プレートどうしがぶつかるところでは地層に両方向から大きな圧力がかかり，地層が波打ったように大きく曲げられたり（図1），A地層のずれ（図2）が生じたりする。その結果，B土地が盛り上がって山ができる。

がけや切り通しなどを観察すると地層の重なり方などを調べることができる。また，C大地に穴をほって，地下深くの土や岩石を採取し，この試料をもとに地下のようすを知ることができる。

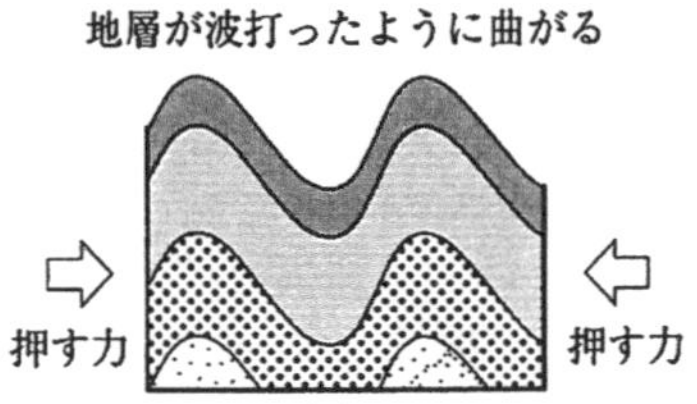

図1

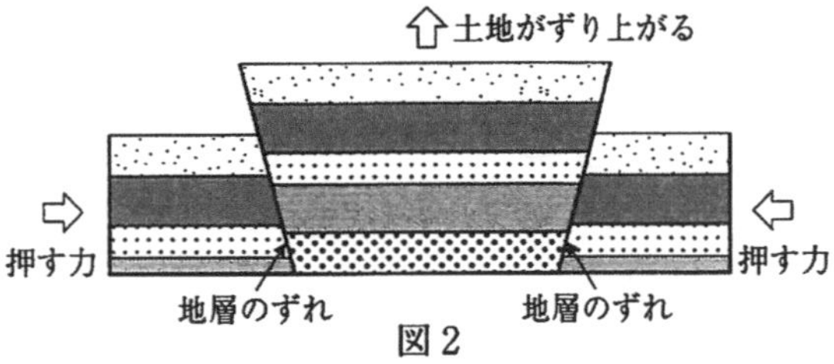

図2

(1) 下線部Aについて，地層のずれを何と言いますか。答えなさい。

(2) 山は，自然のはたらきによってしだいに低くなります。どのような自然のはたらきによるものですか，答えなさい。

(3) 下線部Bについて，山は大きく2種類に分けられます。ひとつは，上の文章で述べたように，地層に両方向から圧力がかかってできる山です。もうひとつはどのような山ですか，答えなさい。

(4) 下線部Cについて，次の①，②の問いに答えなさい。

① 大地に穴をほって，地下深くの土や岩石を採取する方法を何といいますか，答えなさい。

② ある地点（海ばつ130 m）で，穴をほって，地下深くの土や岩石を採取し，地下のようすを調べたところ，図3のような結果が得られました。海ばつ95 mの地点で，穴をほって地下のようすを調べると，地表から45 mの深さの地層は何ですか。次のア～ウの中から1つ選び，記号で答えなさい。ただし，この付近の地層は水平にたい積していて，地層のずれなどはないものとします。

ア．でい岩　　イ．砂岩　　ウ．れき岩

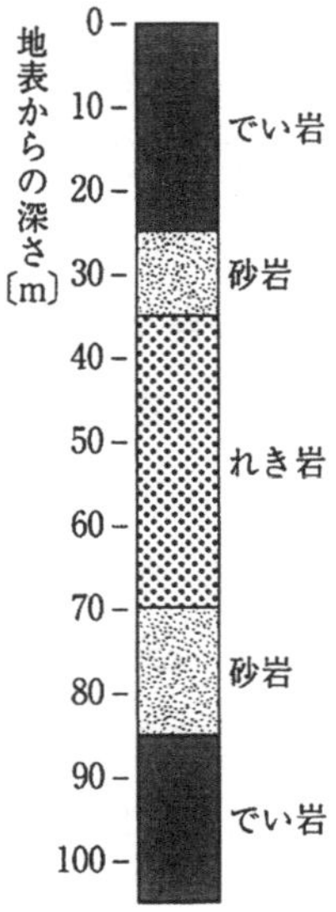

図3

4．ナツメさんは図１のように，室温 20℃ の部屋の中で，20℃ に調整した水を丸底フラスコに入れ，アルコールランプを用いて一定の火《ひ》加減《かげん》で加熱し，水の温度と加熱時間についてグラフに記録することにしました。図２は，そのときにナツメさんが記録したグラフです。この実験について，あとの問いに答えなさい。

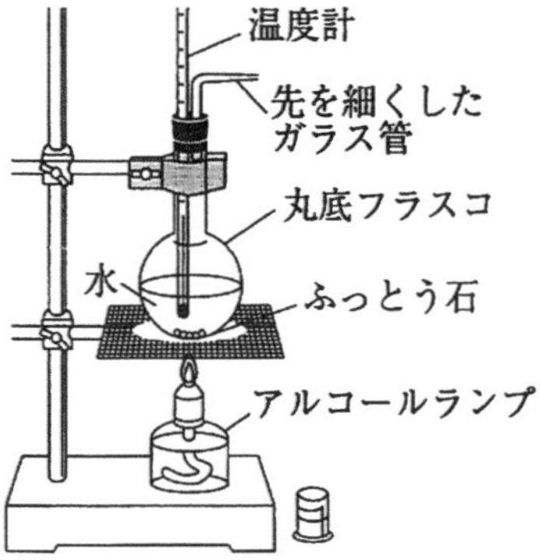

図１

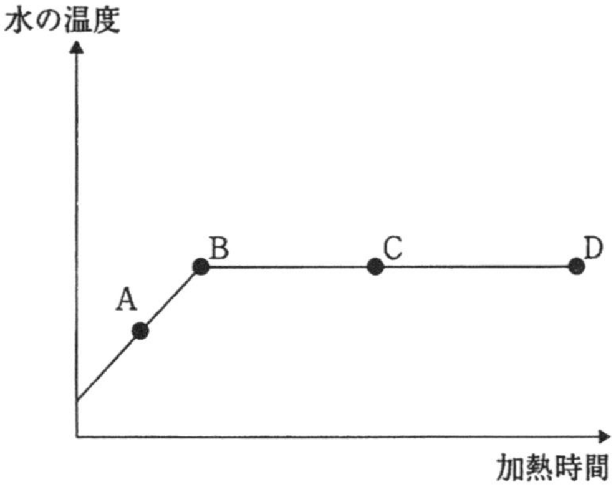

図２

(1) 水を加熱しているとき，図３のようにあたためられた水が上昇《しょう》し，冷たい水が下降して熱が全体に伝わります。これを熱の何といいますか，答えなさい。

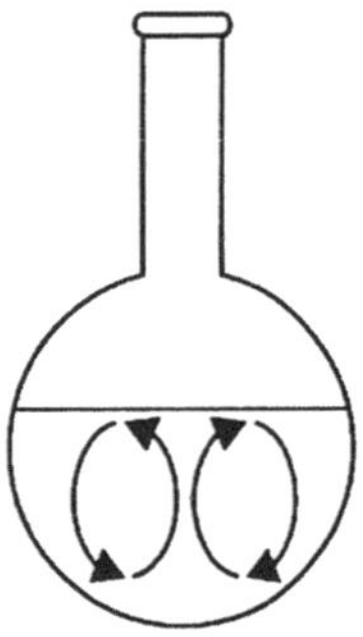

図３

(2) この実験ではあらかじめ，ふっとう石を水に入れて実験を行います。その理由は何ですか。次のア～エの中から最も適当なものを１つ選び，記号で答えなさい。

ア．水がふっとうする温度を下げるため。

イ．水がふっとうする温度を上げるため。

ウ．水がふっとうしないことを防ぐため。

エ．水が急にふっとうすることを防ぐため。

(3) 加熱をしていると，水がふっとうし始めました。それは，図２のＡ～Ｄのどのときですか。図２のＡ～Ｄの中から最も適当なものを１つ選び，記号で答えなさい。

(4) 図２のＣの時，丸底フラスコ内の水はどのような状態であると考えられますか。次のア～オの中から最も適当なものを１つ選び，記号で答えなさい。

ア．すべて水（液体）のままである。

イ．すべて水蒸《すいじょう》気《き》（気体）にかわった。

ウ．水（液体）と水蒸気（気体）が混在している。

エ．アかイのどちらかであるが，どちらであるかは判断できない。

オ．イかウのどちらかであるが，どちらであるかは判断できない。

(5) 水を加熱し続けると，図４のように先を細くしたガラス管の先からすこしはなれた場所から湯気が出てきました。次の①，②の問いに答えなさい。

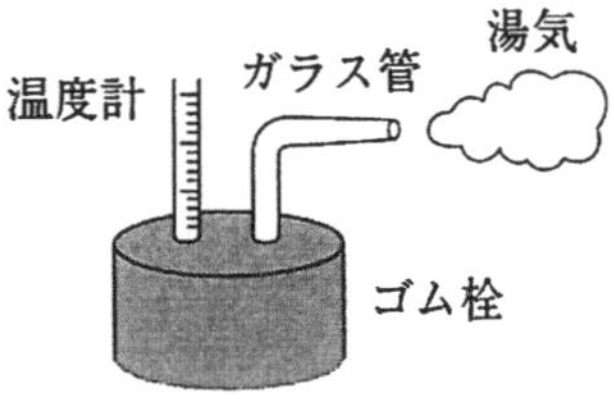

図４

① 湯気は固体，液体，気体のどれですか。正しいものを選び，解答欄《かいとうらん》に○で囲みなさい。

② ガラス管の先から少しはなれた場所から湯気が出てきた理由について，下の文章の（　　　）に入る言葉を答えなさい。

「ガラス管を通って出てきた（　あ　）が，空気中で冷やされ，（　い　）になるため。」

5．図1のように，うすい塩酸およびうすい水酸化ナトリウム水よう液が入っている試験管の中に，水よう液と同じ温度に保ったアルミニウム，鉄，銅の3種類の金属を入れて，水よう液と金属の反応を調べました。次の問いに答えなさい。

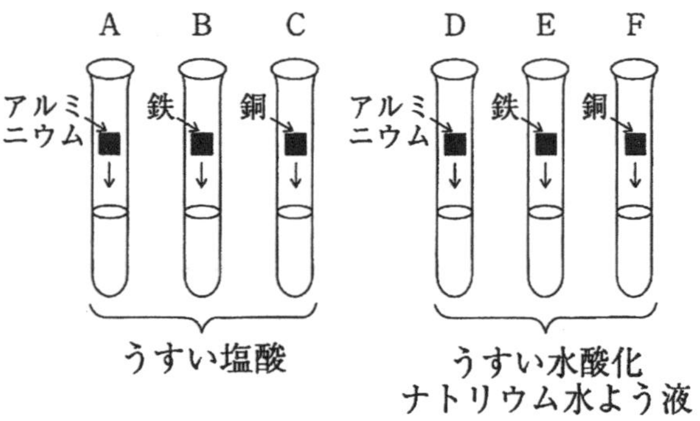

図1

(1)　うすい水酸化ナトリウム水よう液は何性の水よう液ですか，答えなさい。

(2)　図1のA～Fの中で，反応によって気体が発生するものをすべて選び，記号で答えなさい。

(3)　この反応で発生した気体の名前とその気体の性質を説明した文の組合せとして最も適当なものを，次のア～ケの中から1つ選び，記号で答えなさい。

	気体の名前	気体の性質
ア	水素	燃える気体である
イ	水素	石灰水を白くにごらせる
ウ	水素	ものを燃やすはたらきがある
エ	酸素	燃える気体である
オ	酸素	石灰水を白くにごらせる
カ	酸素	ものを燃やすはたらきがある
キ	二酸化炭素	燃える気体である
ク	二酸化炭素	石灰水を白くにごらせる
ケ	二酸化炭素	ものを燃やすはたらきがある

(4)　この実験で反応しているものは「同じ気体が発生する」以外にある共通の変化が見られます。どのような変化ですか。「温度」という言葉を用いて，答えなさい。

(5)　ある決まった量のうすい塩酸を用意し，ある金属を徐々《じょじょ》に入れたとき，入れた金属の重さと発生した気体の体積の関係は図２のようになりました。量はそのままで，濃《こ》さが元の２倍のうすい塩酸を用意し，同じ金属を入れて実験を行ったとき，入れた金属の重さと発生する気体の体積の関係をグラフに表しなさい。ただし，グラフを記入する際，図２のように，入れた金属の重さ，発生した気体の体積を記入すること。

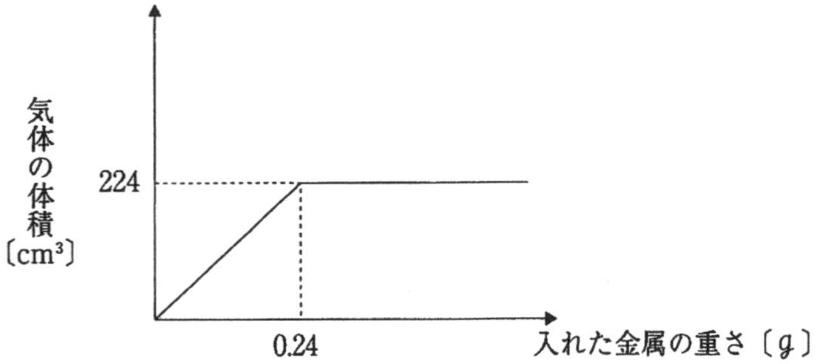

図２

6．暁子さんと学くんのクラスでは，空気や水の性質を調べるために，班に分かれて以下のような【実験１】と【実験２】を行いました。

【実験１】 図１のように，長さ16 cm，直径3.2 cmの注射器内に60 cm³の空気をとじこめ，ピストンにのせるおもりの数を増やしていったときの，空気の体積が変化する様子を調べました。下の表は，暁子さんの班の結果をまとめたものです。あとの問いに答えなさい。

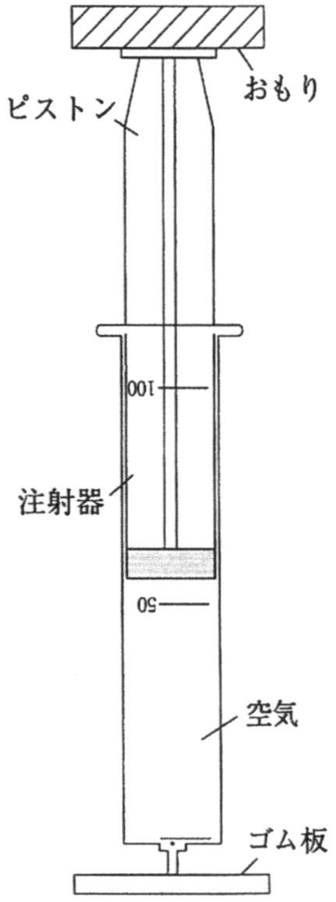

図１

おもりの数[個]	0	1	2	3	4	5	6	7	8	9	10
空気の体積[cm³]	60.0	56.6		50.8	48.4	46.1	44.1	42.2	40.5	38.9	36.5

⑴ 表を見ると，おもりの数が２個のときの記録だけありません。あらためて測定しなおしてみると，注射器の目盛りが右の図２のようになっていました。空気の体積は何cm³ですか。小数第一位の値までよみとりなさい。

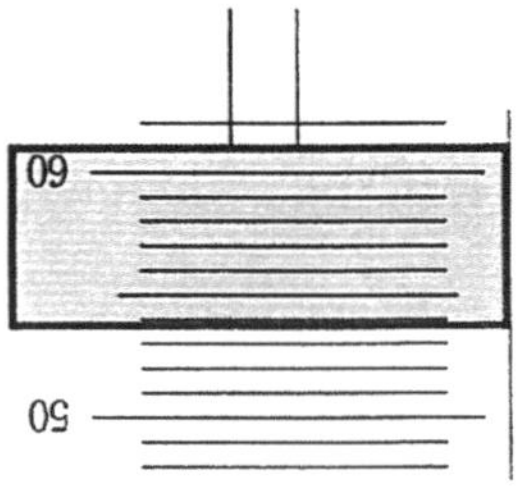

図２

⑵ 表の値を元にグラフをかこうと思った暁子さんは，おもりの数が３～10個のときの値のうち，１つだけ誤ったよみとり方をしたものがあることに気づきました。そのときの体積と正しい値をそれぞれ答えなさい。

⑶ おもり１個の重さを調べると500 gでした。ピストンにのせるおもりの重さと注射器内の空気の体積の関係をグラフに表しなさい。ただし，おもりの重さを横軸《じく》とし，空気の体積を縦軸とすること。

【実験２】　実験１で使ったのと同じ注射器内に60 cm³ の水を入れ，同様の実験を行いました。あとの問いに答えなさい。

(4)　このときの実験結果を，次のア～ウの中から最も適当なものを１つ選び，記号で答えなさい。

ア．実験１のときより，体積増加分が大きくなる。

イ．実験１のときより，体積減少分が大きくなる。

ウ．実験１のような体積変化がみられない。

(5)　学くんの班では，注射器内に60 cm³ の水を入れるときに空気も入ってしまったため，空気と水を合わせた全体の体積が90 cm³ となってしまいました。学くんは，この注射器について得られた実験結果を，(3)のようなグラフに表すことにしました。ピストンにのせるおもりの重さと注射器内の空気の体積の関係をグラフにするとどのように表されますか。次のア～オの中から最も適当なものを１つ選び，記号で答えなさい。ただし，横軸《じく》はおもりの重さ，縦軸は空気の体積とします。

ア　イ　ウ　エ　オ

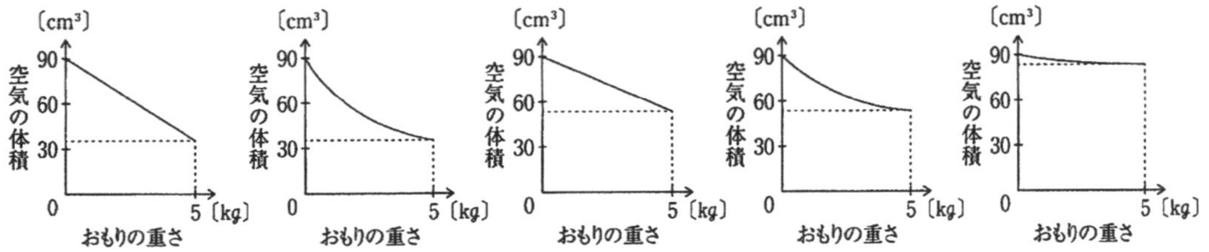

7．電池のはたらきを調べるために，次の【実験1】～【実験3】を行いました。

【実験1】　豆電球1個と乾《かん》電池2個を使って，つなぎ方によって豆電球の明るさがどう変わるかを調べました。次の問いに答えなさい。

(1)　豆電球と乾電池をそれぞれ図記号で表すと，どのように表されますか。ただし，乾電池はプラス極とマイナス極を区別できるようにすること。

(2)　豆電球1個と乾電池2個を導線でつないで，電気の通り道をつくりました。

①　電気の通り道のことを何といいますか，答えなさい。

②　豆電球の明るさが最も明るくなるようにつなぎました。このようなつなぎ方を何といいますか，答えなさい。

【実験2】　モーター1個と光電池を使って，光電池に当てる光の角度によってモーターの回転数がどう変わるかを調べました。次の問いに答えなさい。

(3)　モーターに流れる電流の大きさを調べるために，さらに簡易検流計をつなぐことにしました。次の文は簡易検流計の使い方について述べたものです。次のア～オの中から正しいものをすべて選び，記号で答えなさい。

ア．電気を流す前，切り替《か》えスイッチは「5 A」側に入れる。

イ．切り替えスイッチを「0.5 A」側に入れたときの電流の大きさは，針が示す目盛りの数字の5分の1になる。

ウ．簡易検流計だけを光電池につないでもよい。

エ．プラスとマイナスの端《たん》子を反対につないでもよい。

オ．モーターと並列につなぐ。

(4) 右図のように，光の進む向きと光電池に垂直な線とのなす角を「入射角」とすると，「入射角」とモーターの回転数の関係を表すグラフは，どのように表されますか。次のア～カの中から最も適当なものを１つ選び，記号で答えなさい。ただし，いずれのグラフも横軸《じく》は入射角，縦軸は回転数を示すものとします。

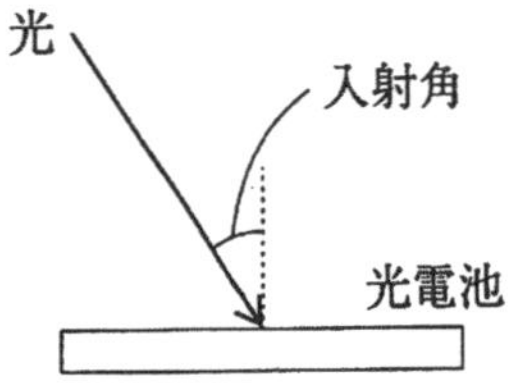

ア　イ　ウ　エ　オ　カ

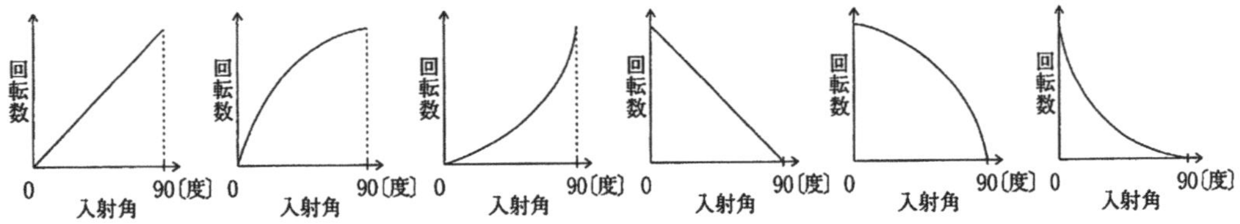

【実験３】 右図のような，８つの端《たん》子Ａ～Ｄとａ～ｄをもつ電気素子と，豆電球と乾《かん》電池につながる端子ＸとＹがあります。端子Ａ～Ｄ，ａ～ｄから２つの端子を選び，端子Ｘ，Ｙにそれぞれをつなぐと，次のような結果が得られました。

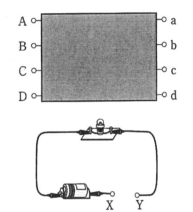

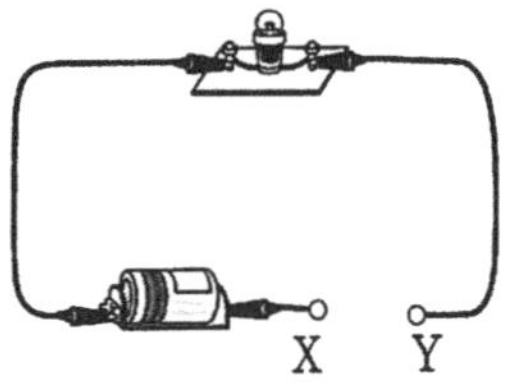

・端子ＸとＡ，端子Ｙにａ～ｄを順につなぐと，ｂのとき以外は豆電球が点灯《てんとう》した。
・端子ＸとＢ，端子Ｙにａ～ｄを順につなぐと，ｂのときだけ豆電球が点灯した。
・端子ＸとＣ，端子Ｙにａ～ｄを順につなぐと，ｂのとき以外は豆電球が点灯した。
・端子ＸとＤ，端子Ｙにａ～ｄを順につなぐと，ｂのときだけ豆電球が点灯した。

(5) 次のア～クの中から正しいものをすべて選び，記号で答えなさい。

ア．端子XとA，端子YにBをつなぐと，豆電球は点灯する。

イ．端子XとA，端子YにCをつなぐと，豆電球は点灯する。

ウ．端子Xとa，端子Yにbをつなぐと，豆電球は点灯する。

エ．端子Xとa，端子Yにcをつなぐと，豆電球は点灯する。

オ．端子Xとa，端子Yにdをつなぐと，豆電球は点灯する。

カ．端子Xとb，端子Yにcをつなぐと，豆電球は点灯する。

キ．端子Xとb，端子Yにdをつなぐと，豆電球は点灯する。

ク．端子Xとc，端子Yにdをつなぐと，豆電球は点灯する。

令和３年度

暁中学校入学試験問題

社　　　会

（45分）

〔注　意　事　項〕

(1)　試験開始のチャイムが鳴るまで，この問題冊子の中を見てはいけません。

(2)　試験開始の合図で，解答用紙に受験番号と名前を書きなさい。

(3)　答えはすべて解答用紙の決められたところに，はっきり書きなさい。

(4)　試験終了のチャイムが鳴りましたら，すぐに鉛筆《えんぴつ》をおき，監督《かんとく》の先生の指示にしたがいなさい。

(5)　問題用紙は，持ち帰ってよろしい。

※50点満点：解答用紙・配点非公表

1．次に示した地図を見て，あとの各問いに答えなさい。

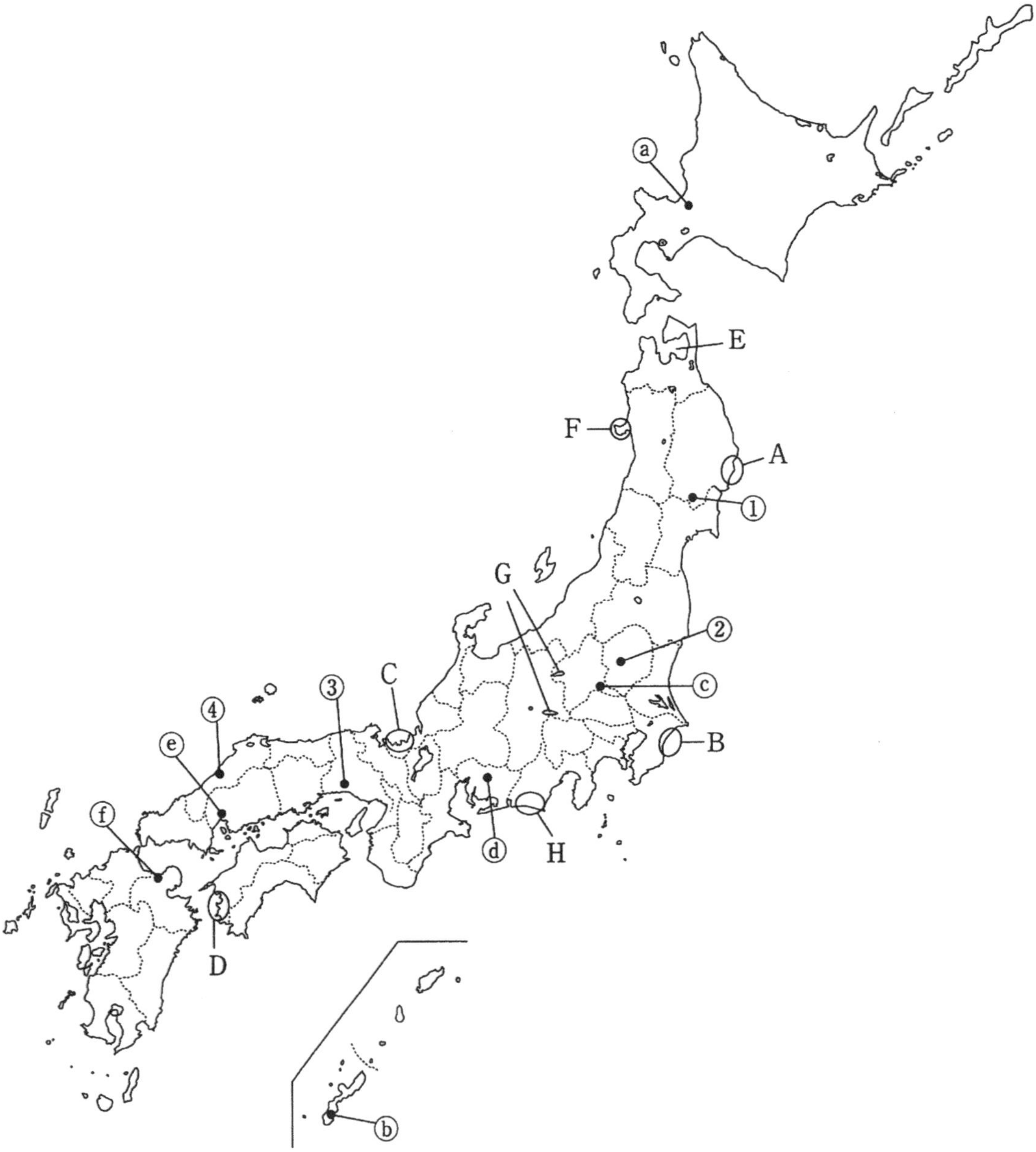

問1　次の写真1は，特色ある海岸地形のものです。この海岸地形にあてはまらないものを，地図中のA～Dのうちから1つ選びなさい。

写真1

問2　次の写真2は，ある世界文化遺産に登録されている建物です。この遺産がある場所にあてはまるものを，地図中の①～④のうちから1つ選びなさい。

写真2

問３　地図中の都市ⓐとⓑの年平均気温（℃）の差として最も適切なものを，次のア～エから１つ選び，記号で答えなさい。

ア．４℃　　イ．14℃　　ウ．24℃　　エ．34℃

問４　次の文章で説明されている平野名を答えなさい。

福岡・佐賀の２県にまたがり，有明海に向かって広がる九州最大の平野。

問５　地図中のＥ湾では，ある魚介類の養殖で有名です。その魚介類を次のア～エから１つ選び，記号で答えなさい。

ア．ホタテ貝　　イ．えび　　ウ．たい　　エ．わかめ

問６　地図中のⓒ～ⓕの都市に共通する工業を，次のア～エから１つ選び，記号で答えなさい。

ア．石油化学　　イ．鉄鋼　　ウ．繊維　　エ．自動車

問７　次に示した地名に共通する伝統産業名を答えなさい。

［　輪島　　会津若松　　木曽　　津軽　］

問８　地図中のＦの地域に関係のある伝統文化・行事を，次のア～エから１つ選び，記号で答えなさい。

ア．阿波おどり　　イ．なまはげ　　ウ．よさこい祭り　　エ．五山送り火

問９　地図中のＧの地域（野辺山原，嬬恋）ではレタスやキャベツなどの抑制栽培が盛んですが，その理由を簡単に説明しなさい。

問10　次の表は，ぶどう，りんごの生産量を示したものです。表中の（　ア　）～（　ウ　）にあてはまる県名を，それぞれ答えなさい。

ぶどう　（2019年産）

順位	都道府県	生産量（t）
1位	（　ア　）	36 900
2位	（　イ　）	31 700
3位	山形県	16 400
4位	岡山県	15 800
5位	福岡県	7 640

りんご　（2019年産）

順位	都道府県	生産量（t）
1位	（　ウ　）	409 800
2位	（　イ　）	127 600
3位	岩手県	45 900
4位	山形県	40 500
5位	福島県	23 200

『農林水産省の統計』より

問11　日本は飼料用として大量にとうもろこしを輸入しています。最大の輸入先はどこですか，国名を答えなさい。

問12　図中のＨの地域では，高潮と津波の被害が予想されます。高潮と津波のちがいを簡単に説明しなさい。

問13　次の文章の（　1　）・（　2　）にあてはまる語句を次からそれぞれ選び，記号で答えなさい。

昨年８月に総務省が発表した住民基本台帳に基づく人口動態調査によると，令和２年１月１日時点の国内の日本人は１億2427万1318人で，前年から約（　1　）万人減った。都道府県別では多くが減少し，増えたのは（　2　）だけであった。

（　1　）：ア．５　　イ．50　　ウ．500　　エ．5000

（　2　）：ア．北海道・静岡県・兵庫県　　イ．青森県・三重県・大阪府

ウ．埼玉県・千葉県・京都府　　エ．東京都・神奈川県・沖縄県

※問題は次のページに続く

2．暁中学校のある学級で日本の歴史を時代ごとに調べてまとめる学習を行いました。それぞれの班がまとめた文章を読み，あとの各問いに答えなさい。

班	時代区分
1班	旧石器時代
2班	縄文時代・弥生時代
3班	古墳時代
4班	飛鳥時代・奈良時代
5班	平安時代
6班	鎌倉時代
7班	南北朝時代・室町時代
8班	安土・桃山時代
9班	江戸時代
10班	明治時代～現代

1班　旧石器時代

旧石器時代の地層からナウマンゾウやオオツノジカの化石が発見されています。群馬県の遺跡からは石器が発見されたことから，日本にも何万年も前から人々が生活していたことが明らかになりました。

問1　旧石器時代について，述べた文として正しいものを，次のア～エから1つ選び，記号で答えなさい。

ア．この時代の日本列島は，ユーラシア大陸と陸続きでつながっていた。

イ．三内丸山遺跡は，この時代を代表する遺跡としてあげられる。

ウ．この時代には，石を磨いてつくった石斧《いしおの》や石臼《いしうす》などの磨製石器が使用されていた。

エ．この時代の人々は，黒っぽい色をした土器を使用していた。

2班 縄文時代・弥生時代

縄文時代の人々は，竪穴住居に住み，狩りや採集をして生活(1)していましたが，弥生時代になると，稲作が広まり人々の生活は大きく変化しました。むらの間では土地や水の利用をめぐる争いがおこり，やがて周辺のむらをまとめる有力な国(2)があらわれました。

問2　下線部(1)に関連して，1877年にアメリカの動物学者エドワード・モースが発見し，縄文時代の生活の様子を知る手がかりとなったごみ捨て場を何といいますか。

問3　下線部(2)に関連して，次の文章の（　　　）に入る語句の組合せとして正しいものを，次のア～エから１つ選び，記号で答えなさい。

> 佐賀県の（　A　）遺跡では，物見やぐらをかまえ，深い濠《ほり》や柵に囲まれた大きな集落跡が発掘されています。また，中国の歴史書には（　B　）世紀のなかごろに，北九州にあった奴国の王が中国に使いを送り，皇帝から金印をもらったことが書かれています。

ア．A　登呂　　　B　1
イ．A　登呂　　　B　3
ウ．A　吉野ヶ里　B　1
エ．A　吉野ヶ里　B　3

3班　古墳時代

大王を中心に豪族が支えるヤマト王権の統一が進み，近畿地方を中心に巨大古墳(3)が作られました。ヤマト王権は朝鮮半島に関心を持ち，朝鮮半島の伽耶《かや》や（　A　）とのつながりを強めながら，４世紀末には朝鮮半島北部にあった（　B　）と戦いました。さらに中国の南朝に朝貢し，その力を借りて朝鮮半島で優位に立とうとしました。

問４　下線部(3)に関連して，2019年に世界文化遺産に認定された「百舌鳥・古市古墳群」のなかで，最大の古墳である大仙古墳がある都道府県の形を，次のア～エから１つ選び，記号で答えなさい。（縮尺は異なっていますが，方位は上が北になっています）

ア　　イ　　ウ　　エ

問５　文章の（　A　）・（　B　）に入る語句の組合せとして正しいものを，次のア～カから１つ選び，記号で答えなさい。

ア．A　百済　　B　高句麗

イ．A　百済　　B　新羅

ウ．A　新羅　　B　高句麗

エ．A　新羅　　B　百済

オ．A　高句麗　　B　新羅

カ．A　高句麗　　B　百済

4班　飛鳥時代・奈良時代

遣隋使・遣唐使を通じて中国から政治制度を学び，天皇中心の律令国家づくりに励《はげ》み，歴史書を編纂《さん》したり，全国の国ごとの記録をまとめたり(4)，戸籍・租税・兵役制度を確立しました。また，中国の都（　　　）をモデルにした都城をつくったり，元号を制定したりしました。

問6　下線部(4)について，全国の国ごとに，自然，産物，伝説などを記録したものを何といいますか。漢字で答えなさい。

問7　(　　　)にあてはまる中国の都の名前を答えなさい。

5班　平安時代

律令は，次第に日本の実情に合わせて改良されていきました。天皇は権威を担《にな》い，藤原氏が政治・経済の実権を担う貴族支配の時代(5)が生まれました。地方では武士団が台頭し，平安時代末期には中央の政権争いにも武士団の力が大きく関わるようになり，やがて平氏が，貴族社会の頂点に立ちました。

問8　下線部(5)について，藤原氏はどのような方法で天皇に代わって政治・経済の実権を握りましたか。次の系図を参考にし，藤原氏が独占した朝廷内の役職名にふれて簡単に説明しなさい。

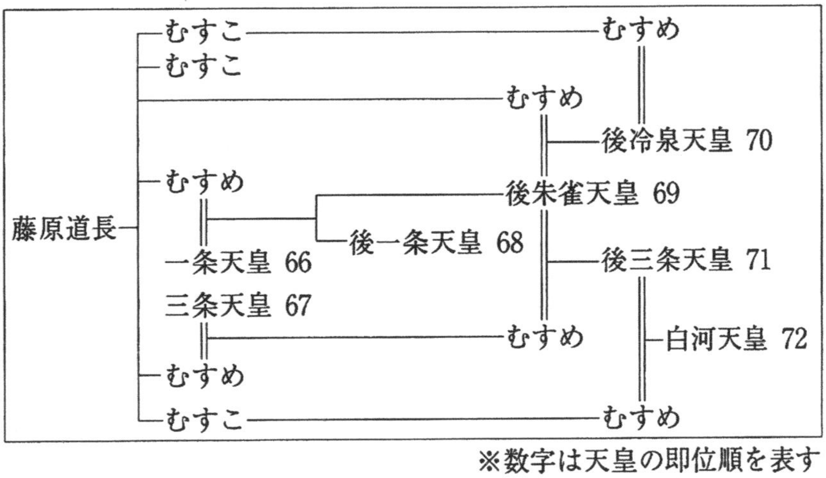

※数字は天皇の即位順を表す

問9　平安時代に成立した作品に**該当しないもの**を，次のア～エから1つ選び，記号で答えなさい。

ア．『源氏物語』　　イ．『万葉集』　　ウ．『古今和歌集』　　エ．『枕草子』

6班　鎌倉時代

源頼朝は，鎌倉に幕府を開き，諸国の武士と結んだ主従関係を基礎とする武家政権を作りました。その後，実権は北条氏へ移り(6)，畿内・西国に支配を維持する朝廷との争いに勝利(7)しました。支配を全国に拡大したものの，モンゴル軍の襲来を機に御家人との信頼関係が揺らぎ，幕府は衰退に向かいました。

問10　下線部(6)に関連して，北条泰時が裁判の公平をはかるために制定した武士による最初の法令を何といいますか。

問11　下線部(7)に関連して，朝廷との争いに勝利したのち，朝廷を監視するために設置した機関を何といいますか。次のア～エから１つ選び，記号で答えなさい。

ア．政所　　イ．問注所　　ウ．鎮西探題　　エ．六波羅探題

7班　南北朝時代・室町時代

鎌倉幕府滅亡後，後醍醐天皇が（　A　）の新政により，貴族を重視する政治を行ったことから武士の反発を招き，約60年間の南北朝の対立が続きました。1338年に成立した室町幕府は，第３代将軍〔　　　〕の時代に南北朝が統一され全国政権となりましたが，幕府の軍事力や経済基盤は弱く，地域権力を担う守護大名と相互補完的な支配を展開しました。特に1467年の（　B　）の乱後は，戦国大名が全国に割拠しました。産業においては農業・工業ともに技術が向上し，生産量も増大(8)し，国内のみならず外国との流通が盛んになりました。

問12　文章の（　A　）・（　B　）に入る元号の組合せとして正しいものを，次のア～カから１つ選び，記号で答えなさい。

ア．A　建武　　B　応仁
イ．A　建武　　B　承久
ウ．A　承久　　B　建武
エ．A　承久　　B　応仁
オ．A　応仁　　B　建武
カ．A　応仁　　B　承久

問13 〔　　　〕にあてはまる人名を漢字で答えなさい。

問14 下線部(8)に関連して，商人や工業者などは，同業者の組合をつくり，営業の独占を主張しました。商人や手工業者などがつくった同業者の組合を何といいますか。

8班 安土・桃山時代

鉄砲とキリスト教の伝来は日本の政治に大きな影響を与えました。織田信長はキリスト教を保護し，鉄砲を積極的に取り入れて全国統一を目指しました。全国統一を果たした豊臣秀吉は，刀狩(9)や検地などを行い，社会体制の基礎を築きました。しかし，朝鮮半島への侵攻を強行したことは，豊臣家の衰退要因となりました。

問15 下線部(9)に関連して，刀狩を行ったことで，社会にどのような変化が起こりましたか。次の［　　　　］にあてはまる文章になるように説明しなさい。

［　　　　］区別された。

9班　江戸時代

1603年，徳川家康は江戸に幕府を開き，強力な支配権をもつ幕府と諸大名の連合により，全国の土地・人民を支配する幕藩体制がとられました。また，(10)鎖国による経済統制は，幕末まで続きました。

問16　下線部(10)に関連して，朝鮮からは将軍の代替わりの際に使節団が日本を訪れましたが，この使節団のお世話や朝鮮との交易を任されていた藩はどこですか。次のア～エから１つ選び，記号で答えなさい。

ア．長州藩　　イ．土佐藩　　ウ．薩摩藩　　エ．対馬藩

問17　次の史料に詠まれた出来事が起きた時期を，次の年表中のア～オから１つ選び，記号で答えなさい。

泰平のねむりをさます正（上）喜撰　たった四はいで夜もねられず

↓ … ア

蘭学者の渡辺崋山や高野長英らが投獄された

↕ … イ

老中の水野忠邦による改革が行われた

↕ … ウ

大老の井伊直弼が桜田門外の変で暗殺された

↕ … エ

徳川慶喜が朝廷に政権を奉還した

↓ … オ

10班　明治時代～現代

明治政府は内閣制度や議会制度(11)を整備するなど富国強兵・殖産興業を合言葉に近代国家づくりをすすめました。太平洋戦争後，1946年に日本国憲法(12)が公布され，民主主義国家として現在にいたっています。

問18　下線部(11)に関連して，民衆が政治に参加するため，普通選挙と政党内閣制の実現を求め，「民本主義」を主張した政治学者は誰ですか。

問19　下線部(12)に関連して，日本国憲法第13条において，個人の尊重について以下のように記されています。第13条の条文の（　　　）にあてはまる語句を答えなさい。

> すべて国民は，個人として尊重される。生命，自由及《およ》び幸福追求に対する国民の権利については，（　　　）に反しない限り，立法その他の国政の上で，最大の尊重を必要とする。

※問題は次のページに続く

3．次の資料は首相の通算在任期間を示しており，**表1**は期間の長い順で示し，**表2**は期間の短い順で示したものである。これを見て，あとの各問いに答えなさい。

表1

（　　　　　）	2,959日
桂　太郎	2,886日
①佐藤　栄作	2,800日
伊藤　博文	2,720日
②吉田　茂	2,619日
小泉　純一郎	1,982日
③中曽根　康弘	1,808日
④池田　勇人	1,507日
西園寺　公望	1,400日
⑤岸　信介	1,242日

表2

㋐東久邇宮　稔彦	54日
羽田　孜	64日
石橋　湛山	65日
宇野　宗佑	69日
㋑林　銑十郎	123日
㋒鈴木　貫太郎	133日
阿部　信行	140日
㋓清浦　奎吾	157日
㋔米内　光政	189日
㋕高橋　是清	212日

（令和2年1月31日現在）

問1　**表1**中の在任期間1位の（　　　）に入る首相名を書きなさい。

問2　**表1**中の下線部①の「佐藤栄作」首相の時に起こった出来事として**誤っているもの**を次のア～エから1つ選び，記号で答えなさい。

ア．日韓基本条約締結　　イ．公害対策基本法公布

ウ．日中共同声明調印　　エ．沖縄返還（沖縄の日本復帰）

問3　**表1**中の下線部②の「吉田茂」首相は，アメリカを中心とする諸国と講和条約を結びましたが，その条約を締結した都市を次のア～エから1つ選び，記号で答えなさい。

ア．ニューヨーク　　イ．ワシントン

ウ．ポーツマス　　エ．サンフランシスコ

問4　**表1**中の下線部③の「中曽根康弘」首相の時には三つの公社の民営化が行われました。そのうち「電電公社（日本電信電話公社）」は民営化後，何と呼ばれる企業になったか，次のア～エから1つ選び，記号で答えなさい。

ア．JT　　イ．JR　　ウ．NTT　　エ．NHK

問5　**表1**中の下線部④の「池田勇人」首相は，日本は高度経済成長期の中にあり，「所得倍増」をスローガンとしましたが，その時の好景気の呼称として最も適切なものを，次のア～エから1つ選び，記号で答えなさい。

ア．神武景気　　イ．岩戸景気　　ウ．オリンピック景気　　エ．いざなぎ景気

問6　**表1**中の下線部⑤の「岸信介」首相の時に，1950年，「吉田茂」首相が締結したアメリカとの安全上の条約改定をめぐって大規模な反対運動が起きましたが，その反対運動を何といいますか。

問7　**表1**中1位の首相の時に消費税が2回改定され10%となりましたが，それに関連して，平成元年4月1日，最初に消費税を導入した時の首相名を書きなさい。

問8　国会議事堂の中央広場には，議会政治を作るために功労のあった人物の3人の銅像が置かれています。その中の1人は，**表1**中4位の「伊藤博文」ですが，あとの2人は誰か，次のア～クから2つ選び，記号で答えなさい。

ア．山県有朋　　イ．大久保利通　　ウ．西郷隆盛　　エ．大隈重信

オ．松方正義　　カ．板垣退助　　キ．尾崎行雄　　ク．犬養毅

問9　日本が第2次世界大戦の降伏文書に調印した時の首相を**表2**中の㋐～㋕から1つ選び，記号で答えなさい。

問10　1936年2月に陸軍の皇道派のクーデターが起きました。その時，暗殺された人物を**表2**中の㋐～㋕から1つ選び，記号で答えなさい。

2021(R3) 暁中
教英出版

令和３年度

暁中学校入学試験問題

算　数

（45分）

〔注　意　事　項〕

(1)　試験開始のチャイムが鳴るまで，この問題冊子の中を見てはいけません。

(2)　試験開始の合図で，解答用紙に受験番号と名前を書きなさい。

(3)　答えはすべて解答用紙の決められたところに，はっきり書きなさい。

(4)　試験終了のチャイムが鳴りましたら，すぐに鉛筆《えんぴつ》をおき，監督《かんとく》の先生の指示にしたがいなさい。

(5)　問題用紙は，持ち帰ってよろしい。

※50点満点：解答用紙・配点非公表

＊円周率は 3.14 とします。

1　次の□にあてはまる数や記号を求めなさい。

(1)　$18-6\div3-3\times5=$ □

(2)　$5\times0.25+\frac{1}{2}\div\frac{2}{3}=$ □

(3)　逆数が 1.6 となる数は□です。

(4)　1000 円の品物に 2 割の利益を見込んで定価をつけましたが，売れなかったので 2 割引きで売りました。このとき，売値は□円です。

(5)　$\frac{1}{250000}$ の縮図で A さんの家と B さんの家の間の長さを測ったら，ちょうど 3 cm でした。A さんの家から B さんの家までの実際の距離《きょり》は□km です。

(6)　ある数に 3 をかけて 5 をたすはずでしたが，3 で割って 5 をひいてしまったため，答えが 219 になりました。このとき，正しい答えは□です。

(7) □には0ではない同じ数が入ります。計算の答えが□の数よりも小さくなるものをすべて記号で答えると□です。

ア. □×0.8

イ. □×1.08

ウ. □÷0.8

エ. □÷1.08

(8) 熱中症《しょう》予防の水分補給として，濃《のう》度《と》0.2％の食塩を含んだ飲料をつくりたいです。今，手元に濃度1％の食塩水が200ｇあるとき，濃度0.2％の食塩水にするためには□ｇの水をたせばよいです。

(9) 40人のクラスでＡをもっている人は18人で，ＡとＢの両方を持っている人，Ａだけを持っている人，両方持っていない人は同じ人数です。このとき，Ｂだけを持っている人は□人です。

(10) 下の図において，四角形 ABCD が長方形であるとき，斜線《しゃせん》部分の面積の合計は □ cm^2 です。

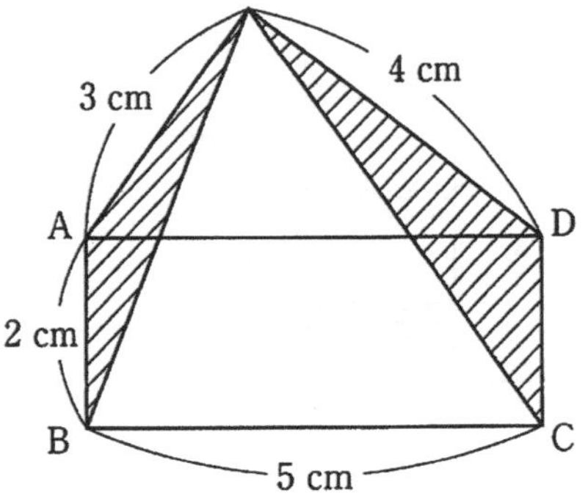

(11) さいころは向かい合う目の和が 7 になります。下の図のさいころの展開図《てんかいず》においてアとイの目の和は □ です。

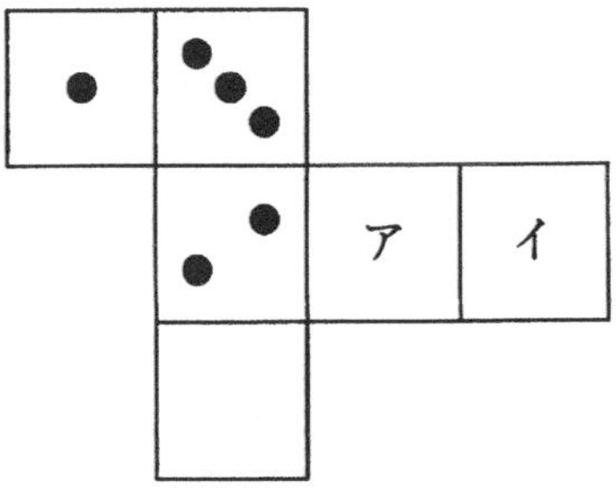

(12) 大きい立方体の上に下の図のように小さい立方体をのせて新しい立体をつくりました。新しい立体の表面積は，大きい立方体の表面積より 144 cm^2 増えました。このとき，小さい立方体の体積は □ cm^3 です。

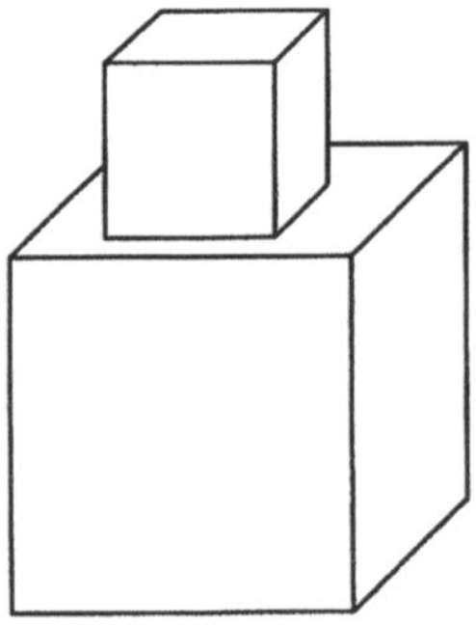

2 図1のような直角三角形ABCを，図2のように頂点Cを中心にして時計の針と同じ方向に80度回転させました。

図1

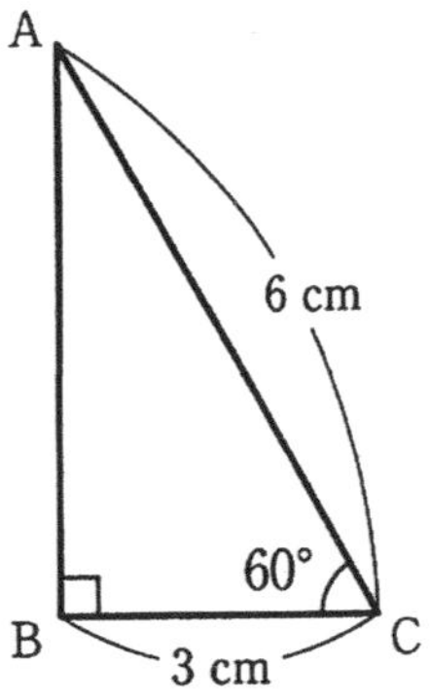

図2

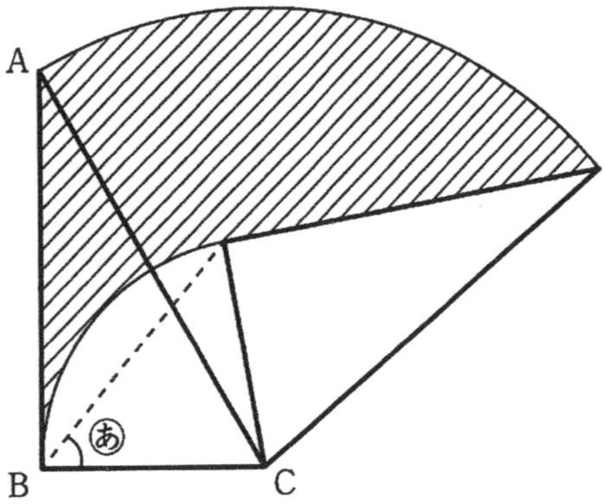

(1) 角あの大きさは何度ですか。

(2) 点Aが動いた長さは，点Bが動いた長さの何倍ですか。

(3) 斜線部分の面積は何 cm^2 ですか。

3　伊藤くんが，A 地点から 9 km はなれた B 地点まで，はじめは一定の速さで歩き，途《と》中《ちゅう》で 5 分間の休けいをし，その後一定の速さで走り，A 地点を出発してから 80 分後に B 地点につきました。

下のグラフは，A 地点を出発してからの時間（分）と A 地点からの距離（km）の関係を表したものですが，一部が消えています。

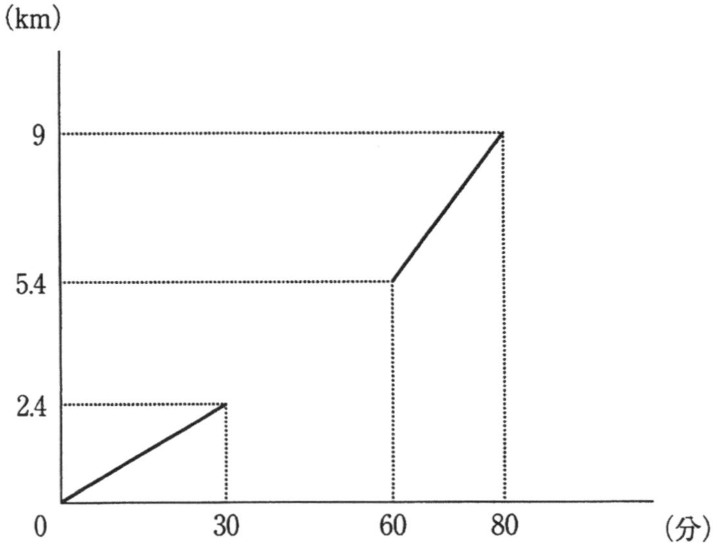

(1)　A 地点を出発したときの歩く速さは分速何 m ですか。

(2)　休けい後の走る速さは分速何 m ですか。

(3)　休けいした場所は A 地点から何 m のところですか。

4　次の文は，お母さんと和樹くんが，弟が飲むミルクについて話している会話文です。会話文を読んで問いに答えなさい。

（会話文）

お母さん：今日は，和樹にお母さんの手伝いをしてもらいます。弟が飲むミルクを作ってもらいましょうか。

和樹くん：お湯はふっとうさせたから，あとはミルクの粉と混ぜるだけだよ。

お母さん：ミルクの粉 5 g はお湯でうすめると 40 mL 分のミルクになるのよ。合計 200 mL のミルクを作ってね。

和樹くん：200 mL のミルクを作るには，ミルクの粉を［ア］g 用意すれば良いね。

お母さん：作ってくれてありがとう。
和樹もこうやってミルクを飲んでどんどん大きくなったのよ。
ミルクの粉は 800 g で 2000 円するから，けっこう値段は高いけど，その分たくさんの栄養が含まれているのよ。
この表を見て。
＜配合成分割合表（ミルクの粉 100 g 当たり）＞

乳成分	脂肪《しぼう》	糖類	カルシウム	その他
65 g	［イ］g	［ウ］g	1 g	4 g

和樹くん：乳成分だけだと思っていたけど，それ以外にもたくさん成分が含まれているんだね。

お母さん：少ないように見えるけど，カルシウムを取ることも大切で，1 歳《さい》から 3 歳の子どもは一日に 450 mg 以上を取って欲しいと考えているのよ。

和樹くん：なるほど。1 g は［エ］mg だから，カルシウムのことだけを考えても，1 日にミルクは［オ］mL 以上は飲まないといけないね。

（会話文は以上）

(1) [ア] に当てはまる数を答えなさい。

(2) 配合成分割合表において，脂肪は糖類の 2 倍の量を成分として含みます。
[イ]，[ウ] に当てはまる数を答えなさい。

(3) [エ]，[オ] に当てはまる数を答えなさい。

(4) 毎日 600 mL のミルクを飲むとき，30 日でミルク代は何円かかりますか。

令和２年度

暁中学校入学試験問題

国　　　語

（45分）

〔注　意　事　項〕

(1)　試験開始のチャイムが鳴るまで，この問題冊子の中を見てはいけません。

(2)　試験開始の合図で，解答用紙に受験番号と名前を書きなさい。

(3)　答えはすべて解答用紙の決められたところに，はっきり書きなさい。

(4)　試験終了のチャイムが鳴りましたら，すぐに鉛筆《えんぴつ》をおき，監督《かんとく》の先生の指示にしたがいなさい。

(5)　問題用紙は，持ち帰ってよろしい。

※50点満点：解答用紙・配点非公表

K 教英出版

2020(R2) 暁中
K 教英出版

＊制限字数のある問いでは、特に指示のないかぎり、句読点などの記号も一字に数えるものとします。

一　次のそれぞれの問いに答えなさい。

問一　次の①、②の――線部の漢字の読み方をひらがなで書きなさい。

①　朗らかな歌声が聞こえる。

②　非難の矢面に立つ。

問二　次の①から③の――線部のカタカナを漢字で書きなさい。

①　万一にそなえてホケンをかける。

②　タンタンとした表情で反論する。

③　アンイな手段にたよってはいけない。

問三　慣用的な言い方になるように、次の【　】にあてはまる適切な言葉を、あとのア～エから一つずつ選び、記号で答えなさい。

①　いつも私が勝っているから、今度は彼に【　】を持たせてやろう。

ア　金　　イ　錦　　ウ　運　　エ　花

②　何度手紙を出しても、まったく【　】のつぶてだった。

ア　石　　イ　梨　　ウ　柿　　エ　紙

問四　次の①～③について、正しいものには○を、間違っているものには×を書きなさい。

①「入学のおイワい」「おレイの品」「不足分をオギナう」の――線部を漢字で書くと、すべて「しめすへん」の字である。

②「明日には彼も来るだろう」という文の主語は「彼も」である。

③「海……カイ、うみ」「林……リン、はやし」のように、すべての漢字には音読みと訓読みがある。

二　次の文章を読んで、あとの問いに答えなさい。

（二年前、「僕」の両親は離婚し、「僕」は「母ちゃん」と、「姉」は「父ちゃん」と一緒に暮らしている。）

それから宿題のドリル帳を机に広げたけど、全然集中できなくてすぐに止《や》めた。漫画雑誌と机の時計を交互《こうご》に見ながら時々深呼吸をして、落ち着けと自分に言い聞かせた。

ガチャ。玄関ドアのロックが外れた音がした。

午後五時五分。

①僕は一気に緊張して漫画雑誌を閉じる。急いで立ち上がり漫画雑誌を本棚に戻した。机に戻りドリル帳を広げる。

背後から母ちゃんの声がした。「ただいま」

首だけ捻《ひね》って「お帰り」と僕は答えた。

部屋の出入り口に立つ母ちゃんが不思議そうな顔をした。「なにしてんの?」

「なにって勉強。宿題のドリルだよ」

「あらまあ感心だこと。別荘はどうだった?」

「楽しかったよ」

「そう。それは良かった。お腹空《す》いてる?」

「ああ……えっと、うん。そんなでもないかな」僕は答える。

「なによ。空いてるの?　空いてないの?」

「あずきバー食べたから。夕飯が遅くなっても大丈夫だよ」

「そう」と言うと母ちゃんは去って行った。

夕飯ができたと言う母ちゃんの声が聞こえてきたのは、午後六時半だった。

僕は胸に手を当て深呼吸をしてから部屋を出る。ダイニングテーブルに並んでいる皿を、僕は両手に持った。それを茶の間の卓に運ぶ。

それから何往復かしてすべてを運び終わると、僕と母ちゃんはいつものように向かい合って座った。左方向の壁《かべ》の前にテレビがある。男性アナウンサーがニュースを読んでいる。

「昨夜はなにを食べたの?」母ちゃんが聞いてきた。

「カレーライス」

「二人で作ったの?」

「違う。別荘の近くの店で食べたんだ」

「そう。お小遣《こづか》い足りたの?」

「うん」僕は頷《うなず》いた。

「中学二年生の男の子二人はなにを喋《しゃべ》るの?」

「えっ?」

「お母さんは女だから、男の子二人はいったいなにを喋るんだろうと思って」

「なにって……色々だよ」

「色々かぁ。あらこれ、チンが足りないわね。もうちょっと温めるわ」

春頃に初めて電子レンジを買った母ちゃんは、世界で一番の発明品だと言って、とても気に入っている。「チンすればいいのよ」とか「チンできないんじゃダメね」とよく口にする。

母ちゃんがジャガイモと挽《ひ》き肉の煮物の大皿を持って立ち上がった。

僕はテレビに顔を向けた。

冷凍庫の製氷皿で作るシャーベットの紹介をしている。

「お待たせ」と言って母ちゃんが大皿を卓に置いた。「昨日はお祭りだって言ってたけど、雨降ってなかったの?」

「……」白飯を呑《の》み込んだ。

「昨日このテレビでやってたのよ。たまたまG町から中継してて、天気予報の人傘《かさ》さしてたわ」

マズい。僕の心臓は飛び跳《は》ねた。天気の話になるとは思わなかった。どうしよう。どうやったら辻褄《つじつま》を合わせられるんだろう。貴弘のような嘘《うそ》の才能があったらいいのに。落ち着け。落ち着け。まだバレたわけじゃない。上手く取り繕《つくろ》うんだ。貴弘の別荘に行ってなかったら、どこに行ったのかということになってしまう。それはダメだ。もしかすると……最初っから、父ちゃんと姉ちゃんに会いに行くと言っていたら、こんなに苦しい思いをしなくて済んだのかな。いや、やっぱり母ちゃんにそんなこと僕は言えなかった。僕は凄《すご》く酷《ひど》いことを母ちゃんにしたのかな。焦《あせ》っているのと同時に哀《かな》しいのはなんでかな。あー。どうしよう。なんで昨日に限って中継なんてしたんだよ。参ったなぁ。早くなにか言わないと。なにかあるんじゃないかと母ちゃんに疑われてしまう。

僕はスプーンでジャガイモを掬《すく》った。それを自分の小皿に取り、スプーンを大皿に戻す。

「別荘の近くじゃ降ってなかったよ」僕は大き目のジャガイモを口に入れて、ほとんど噛《か》まずに呑み下そうとした。

「ぐっ」僕は苦しくなって胸を叩《たた》く。

「ちょっと大丈夫?」と母ちゃんが心配そうな声を上げた。

涙で滲《にじ》んでぼやけた母ちゃんの顔を見ているうち、いっそこのまま自分の息を止められたら楽になるという考えが浮かぶ。

でもその考えは一瞬で、すぐに僕は湯呑みの茶を喉《のど》に流し込んだ。

しばらくしてぎゅるっと胃が動いた気がした直後に、息が一気に楽になった。

思わず「ふうっ」と息を吐《は》き出した。

（桂望実『僕は金になる』による）

問一　――線部①「僕は一気に緊張して漫画雑誌を閉じる」とありますが、「僕」はどうして「緊張」したのですか。もっとも適切なものを後から選び、記号で答えなさい。

ア　漫画雑誌ばかり読んでいることが「母ちゃん」にばれるといけないから。
イ　「母ちゃん」が帰ってくるには早い時間なので、だれかわからなかったから。
ウ　宿題がまったくできていないことを「母ちゃん」に知られてはいけないから。
エ　嘘が「母ちゃん」にばれないように、今からうまくごまかさないといけないから。

問二　本文は、時間の経過で前半、後半の二つの場面に分けることができます。後半が始まるのはどこからですか。最初の五字を抜き出して答えなさい。

問三　本文中に、「母ちゃん」に嘘がばれそうになって焦る気持ちを比喩（たとえ）によって表現した一文がありますが、それはどこですか。最初の五字を抜き出して答えなさい。

問四　本文よりも前の場面で、「僕」は「母ちゃん」に嘘をついたことがわかります。

(1)　それはどんな嘘ですか。次の文の【　】に適切な語句を入れて答えなさい。

●実際は【　　　　　　　】のだが、【　　　　　　　】ということにした。

(2)　「僕」はなぜそんな嘘をついたのですか、説明しなさい。

(3)　「母ちゃん」は「僕」の嘘に気づいているのでしょうか、それとも気づいていないでしょうか。そう考える理由を本文からさがし、ともに説明しなさい。

三　次の文章を読んで、あとの問いに答えなさい。

□関西には「雑」が許される懐《ふところ》の深さがある

わたしは大阪《おおさか》生まれで阪神間《はんしんかん》※1の育ちですから、関西にはいまでも昔からの友人や、①気の置けない仲間がいます。たまに会って話すと、たちまちくだけた雰囲気《ふんいき》になって冗談《じょうだん》を言い合います。

そういったつき合いをしているとつくづく感じるのは、関西人の雑に対する寛容《かんよう》さです。よく知られた言い方ですが、「ホンマ、ええ加減なやっちゃなあ」というときは、相手のいい加減さを責めているのではなく、[A]面白がっていたり、親しみを込《こ》めていることが多いのです。

逆に雑になれない人、まじめすぎる人、固い人は敬遠される傾向《けいこう》すらあります。もちろん関西にもまじめな人はいくらでもいますが、相手が少しぐらいいい加減でも、あるいは自分がいい加減になってしまうことにも、それほど抵抗《ていこう》はないのです。

こう書いてくると、「お笑いの土地柄《がら》だから」と思う人がいるかもしれません。[B]関西、とくに大阪人は子どものころからボケとツッコミを器用に演じます。それが人気者の条件といってもいいくらいです。

でも、そういったお笑いの世界だけでなく、生き方にも雑が許されるようなところがあります。[C]首都圏《けん》の若者でしたら、いい大学を出て一流企業《きぎょう》に就職という一直線の人生をまず描《えが》きます。一度就職したら、仕事が嫌《いや》になってもつらくても辞めてはいけないと考えます。

描いた一直線の道からどこかの段階で外れてしまうと、とたんに絶望してしまうのが首都圏の若者には多いような気がします。会社を辞めてフリーになったら生きていけないとか、正社員じゃないとダメだといった思い込みが強いのです。そういう意味では、雑になれない若者が多いという言い方もできます。

関西はそこが少し違《ちが》います。正社員で働いていても、「この仕事、アカンかったら違うとこ行けばいい」と割り切っている若者が多いのです。もちろん、かつてに比べればそういう地域差は薄《うす》れていて、若者の正社員志向は日本中、どこでも同じということもできますが、関西にはまだ②雑な生き方を受け入れる素地があるような気がします。

□行き過ぎたまじめさはもう［　X　］とはいえない

わたしから見て関西が雑に寛容だというのは、たぶん商業が盛んだったこととも関係していると思います。モノやサービスを売って食べていくというのは、大きな組織も資本も要りません。それこそ、いざとなったら何やっても食べていけるというしたたかな人生観が生まれます。

少しぐらいいい加減に生きても雑になっても、みんなで商売をしながらワイワイやっていれば見過ごされるというのもあります。少なくとも役所や企業のように、人間関係に気を遣《つか》う組織で生きていくよりは雑でいいのです。

でも逆の見方をすれば、雑になれない人は、不まじめやいい加減が許されない環境《かんきょう》の中で育ってきたということもできます。まじめであることを美徳として刷《す》り込《こ》まれてしまったために、どうしても雑になれないとか、なりたいと思っても自分でブレーキをかけてしまうという側面があるような気がします。

たとえば日本人は勤勉でまじめだという言い方があります。ほとんどの人は、それが日本人の長所だと思っているはずです。まじめさを美徳とする考え方を、疑う人はめったにいません。

こう書いているわたし自身、まじめなことはいいことだと反射的に思ってしまいます。少なくとも、雑な人やいい加減な人より信用できる気がします。

でも、まじめ過ぎてここまで挙げてきたような固定観念、「やればできる」「負けちゃダメだ」「いまがすべてだ」といった思い込みにがんじがらめになってしまうと、逆に苦しい生き方を強いられます。雑になれない人にとって、まじめであることはもう長所ではなく、むしろそこから抜《ぬ》け出すことのほうが大事になってきます。行き過ぎた長所は短所になってしまうのです。

ところで、③まじめさがなぜ美徳になってしまったのでしょうか。

□刷り込まれた美徳に苦しんでいないだろうか

むかしの標語に「ぜいたくは敵」とか「働かざるもの食うべからず」といった類がありました。これは標語というより、倫理観とか道徳観といっていいほど、日本人の考え方や生き方に影響《えいきょう》を与えています。おそらくいまでも、こういった言葉に頷《うなず》いてしまう人は大勢いるはずです。

でも、「ぜいたくは敵」は昭和10年代の国策[※2]スローガンです。戦争が迫《せま》ってきて国民に耐乏《たいぼう》[※3]を求めた軍国主義の押《お》しつけにすぎません。

「働かざるもの食うべからず」にしても、社会主義国家を目指したかつてのソビエトで、指導者のレーニンが資本家の不労所得[※4]と闘《たたか》うために宣言した言葉だといいます。みんなが働いているときに、資本家は何もしないで利益を独占《どくせん》しているのですから許せなかったのです。

ところが、どちらの言葉もいまだに日本人には刷り込まれています。しかもかなり歪《ゆが》められた刷り込みです。お金持ちなのに「ぜいたくは敵」と戒《いまし》めて倹約《けんやく》する人もいるし、ぜいたくをすることに罪悪感を持ってしまう人だっています。

「働かざるもの」はもっとひどくて、本来、資本家や貴族に対して用いられた言葉が生活保護受給者へのバッシングに使われたり、身体が弱かったりうつ病になって働けない人にまで当てはめようとする人がいます。たとえ働いていても、実績の上がらない営業担当者に上司がこの言葉をぶつけることだってあるようです。

こういったことはすべて、節約とか勤勉とか、生産性を何より優先させようとした戦前、戦中の集中的な刷り込みがいまだに日本人の考え方に色濃《いろこ》く残っているからだと言えます。まじめさを美徳とする考え方も、じつは親世代から知らず知らず刷り込まれたものかもしれないのです。

もしそうだとすれば、雑になれない人を苦しめる過剰《かじょう》なまじめさの正体も、ただの幻想ということができます。「やればできる」「負けちゃいけない」「いまがすべて」といった考え方は、雑になれない人の強力な固定観念になっていますが、すべて、本人が経験を通して身につけた道徳観や倫理《りんり》観ではなく、ただの刷り込み、ただの幻想《げんそう》にすぎないかもしれないのです。

（和田秀樹『もうちょっと「雑」に生きてみないか』による）

※注 1 阪神間…日本の兵庫県南東部に位置し、同県の県庁所在地である神戸市と大阪府の府庁所在地である大阪市に挟まれた地域。
2 国策スローガン…国家目的を達成するための政策を、分かりやすく短い文句で表したもの。標語。
3 耐乏…物が少なくて不自由なのを耐《た》え忍《しの》ぶこと。
4 不労所得…労働しないで得る収入。利子・家賃・地代など。

問一 最初の意味段落「□関西には『雑』が許される懐の深さがある」の記述を読んだ四人がそれぞれ意見を述べています。適切ではない指摘をしている人を一人選び、記号で答えなさい。

Aさん 首都圏と関西を比べて検討することによって、首都圏の悪い点を浮きぼりにして、日本社会を批判しようとしているのではないか。

Bさん 関西弁のセリフや「ボケとつっこみ」など、親しみのある物事を理由にすることによって、読者が納得しやすくする工夫をしているのではないか。

Cさん 作者自身の知り合いというせまい範囲の話や、見たり聞いたりしたことをたよりに関西全体の判断をするのは、よくないのではないか。

Dさん 「まじめ」を悪いもの、「雑」を善いものと決めつけるのではなく、多様な生き方を肯定《こうてい》しようとしているのではないか。

問二 次の(1)～(5)について、筆者の考えと一致するものには○を、一致しないものには×を書きなさい。

(1) 「雑に生きる」とは、いい大学や一流企業を目指さない、気ままな生き方のことである。
(2) 物事に対して「まじめであること」は、悪いことではない。
(3) いい加減さを許す関西（の人）は、もう少しまじめになるべきである。
(4) 不まじめが許されない環境の中で育つと、勤勉で、雑になれない人に必ずなってしまう。
(5) 「ぜいたくは敵」や「やればできる」などの言葉は、本来は正しい考え方である。

問三　空らん［A］～［C］に入る適切な語を、それぞれ次のア～オの中から一つずつ選び、記号で答えなさい。ただし、同じ記号は一回しか使うことができません。

ア　しかし　　イ　むしろ　　ウ　たとえば　　エ　だから　　オ　たしかに

問四　——線部①「気の置けない」の意味としてもっとも適切なものを次の中から一つ選び、記号で答えなさい。

ア　信頼できない　　イ　親密な間柄の　　ウ　油断ができない
エ　久しぶりに会う　　オ　新しく出会った

問五　空らん［X］に入る漢字二字の言葉を、この文より後の部分から探し出して答えなさい。

問六　——線部②「雑な生き方を受け入れる素地」について、筆者は大きく2点にまとめて挙げています。それぞれ具体的に説明しなさい。

問七　——線部③「まじめさがなぜ美徳になってしまったのでしょうか」という問いかけに対して、筆者自身はどのように考えていますか。本文中の言葉を用いて説明しなさい。

2020(R2) 暁中
教英出版

令和２年度

暁中学校入学試験問題

算　　数

（45分）

〔注　意　事　項〕

(1) 試験開始のチャイムが鳴るまで，この問題冊子の中を見てはいけません。

(2) 試験開始の合図で，解答用紙に受験番号と名前を書きなさい。

(3) 答えはすべて解答用紙の決められたところに，はっきり書きなさい。

(4) 試験終了のチャイムが鳴りましたら，すぐに鉛筆《えんぴつ》をおき，監督《かんとく》の先生の指示にしたがいなさい。

(5) 問題用紙は，持ち帰ってよろしい。

※50点満点：解答用紙・配点非公表

2020(R2) 暁中
教英出版

＊円周率は 3.14 とします。

1　次の□にあてはまる数や記号を求めなさい。

(1)　$6\times(9-3)\div3+3=$ □

(2)　$\frac{1}{3}\times1.2-0.25\div\frac{5}{6}=$ □

(3)　3 を 2020 回かけた数の一の位は□です。

(4)　牛乳とジュースがあります。ジュースの量は $\frac{6}{5}$L で，これは牛乳の $\frac{4}{3}$ にあたります。このとき，牛乳は□L あります。

(5)　秒速 5 m＝時速□km

(6)　1 個 300 円のおかしがあります。20 個をこえる分については 2 割引きになります。このおかしを 32 個買うと代金は□円です。

(7)　右の地図における愛知県，岐阜県，三重県，静岡県を赤，青，黄の 3 色を使って，ぬり分ける。となり合った県は違う色を用いるとき，□通りのぬり方があります。

(8)　図のように，四角形 ABCD は正方形で，三角形 EBC，三角形 FDC は正三角形であるとき，角㋐の大きさは □ 度です。

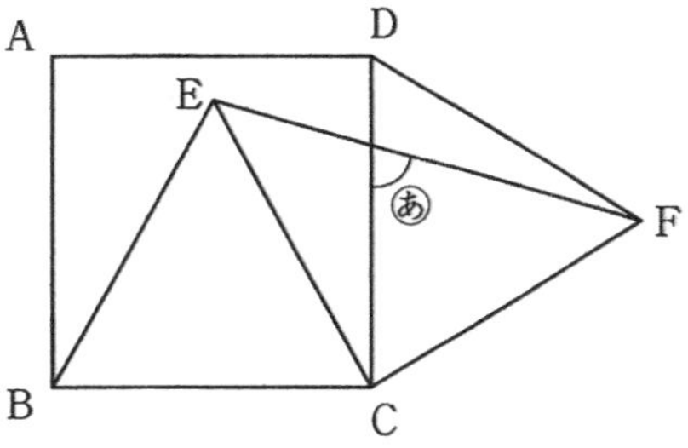

(9)　図のように，ある針金をすべて直角に折って，曲げました。同じ印のところは長さが等しいとき，この針金の長さは □ cm です。

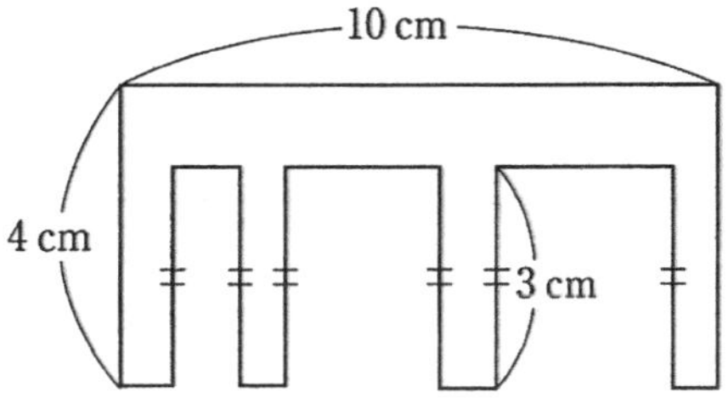

(10)　下の図のような田んぼAでは 1 m^2 あたり 0.5 kg の米が収穫《しゅうかく》できます。田んぼBでは 1 m^2 あたり 0.6 kg の米が収穫できます。
このとき，田んぼBは田んぼ A より □ kg 多く，米を収穫できます。

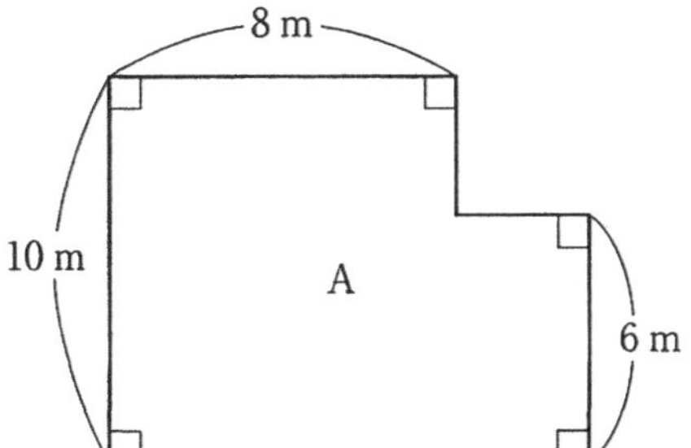

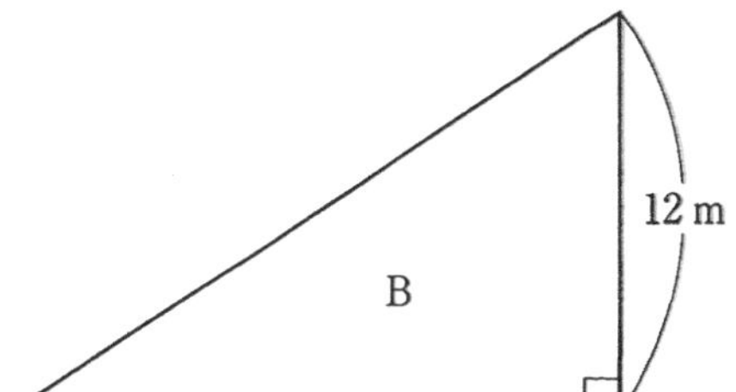

(11)　次の表はA～Dの４つの地域の農業産出額で，グラフはその割合を表しています。

	農業産出額
A	120億円
B	90億円
C	80億円
D	70億円

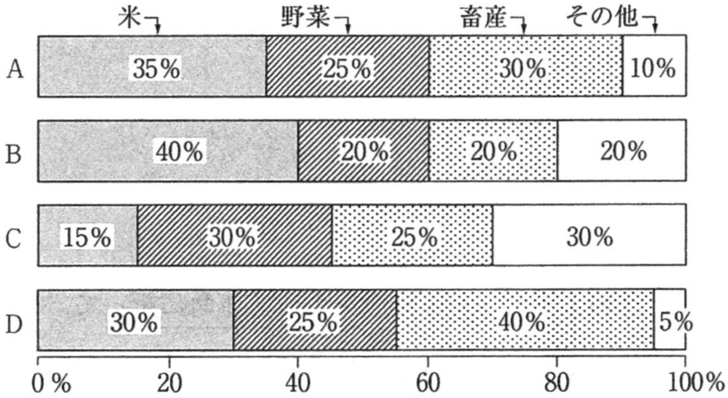

この表とグラフについて，正しい文を次の**ア**～**オ**から記号ですべて選ぶと，［　　］です。

ア　Dの米の産出額は30億円である。

イ　Aの野菜の産出額とCの畜産《ちくさん》の産出額は等しい。

ウ　BとCの野菜の産出額の合計は40億円を超《こ》える。

エ　米の産出額が一番多い地域はBである。

オ　４つの地域の農業産出額の平均は90億円である。

2 図のように，1辺が4 m の正方形の土地がさくで囲《かこ》われ，図の位置に長さ5 m のロープにヤギがつながれています。このヤギはさくの中には入れませんが，さくの外を動き回ることができます。ただし，この図において，方眼の1めもりは1 m です。

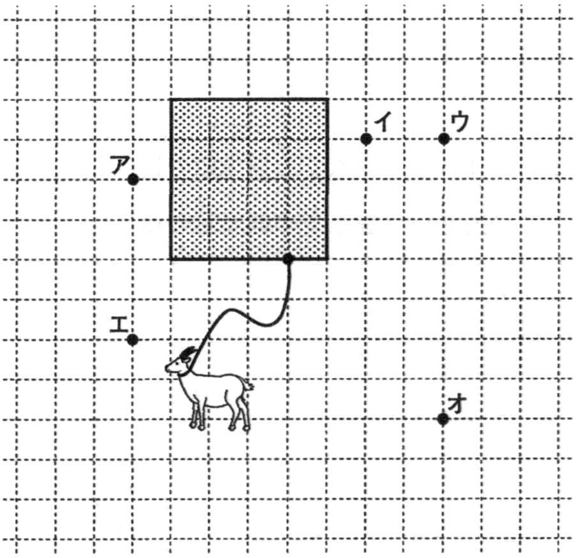

(1) ヤギが食べることができる草の位置をコンパスを用いて調べ，図のア～オのうちからすべて選びなさい。ただし，ロープが届く範囲しか，ヤギは草を食べることはできません。

(2) ヤギが動ける範囲の面積は何 m^2 ですか。

3　ある川には観光船が運航《うんこう》されています。川下から乗船場がA，B，Cと3つ設《もう》けられており，AとBは45 km，AとCは63 km離れています。次のグラフは，速さの異なる観光船X，Yの運航の様子を表したものです。ただし，観光船の静水での速さはそれぞれ一定で，川の流れの速さも一定とします。

また，観光船の速さは次の式で求められるとします。

(観光船の上りの速さ)＝(静水での観光船の速さ)－(川の流れの速さ)
(観光船の下りの速さ)＝(静水での観光船の速さ)＋(川の流れの速さ)

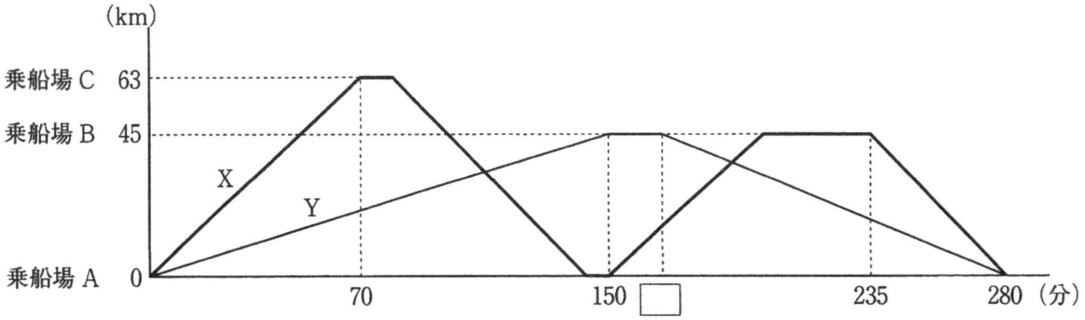

(1)　観光船Xの上りの速さと下りの速さはそれぞれ時速何 km ですか。

(2)　観光船Xの静水での速さは時速何 km ですか。

(3)　観光船Yの静水での速さは時速何 km ですか。

(4)　グラフの□にあてはまる数を答えなさい。

このページに問題はありません。

4は次のページからです。

4　次の文章は先生と生徒が図1のような「ランドルト環《かん》」について，話している会話文です。次の □ にあてはまる数を求めなさい。

図1

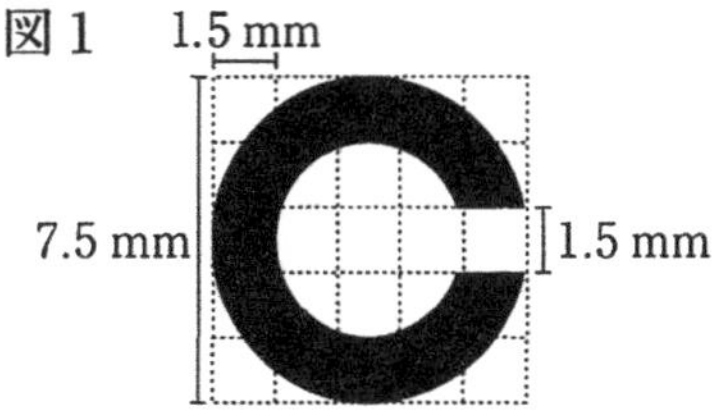

先　生：世界には，視力が5.0の民族がいるそうです。では，そのような人がみんなと同じ視力検査をしたら，いったいどのくらい見えるのでしょうか。
図1のような，視力検査で使う図を「ランドルト環」といいます。外側の円の直径を円環《えんかん》全体の直径と呼ぶことにします。図1の円環全体の直径は7.5 mm ですね。また，円の弧《こ》の幅は1.5 mm，輪の切れている幅は1.5 mm です。
ところで，日本では，このランドルト環を5 m 離れたところからみて，正確に切れている方向がわかる能力を「視力1.0」としています。このランドルト環を使って，距離を変えながら視力を測ることができます。それぞれの距離《きょり》に対応する視力は表1のように決められています。この表1から何かわかることはありますか。

表1

距離（m）	2.5	5	7.5
視力	0.5	1.0	1.5

生　徒：距離が $\frac{1}{2}$ 倍になると，視力は [ア] 倍。距離が1.5倍になると，視力は [イ] 倍になるから比の値が一定であるといえます。

先　生：そうですね。では，視力5.0の人は一番遠くて何 m の距離からこのランドルト環の切れ目を見ることができますか。

生　徒：[ウ] m です。

先　生：こんなに離れたところから見ることができるのです。このように視力を測ってもよいですが，立つ位置を変えないといけませんし，教室では測れませんね。だから，みんなは図2のような視力検査表を利用するのです。表2は5m 離れたところから図2を見たときのランドルト環の大きさと視力の関係を表わしたものです。

図2

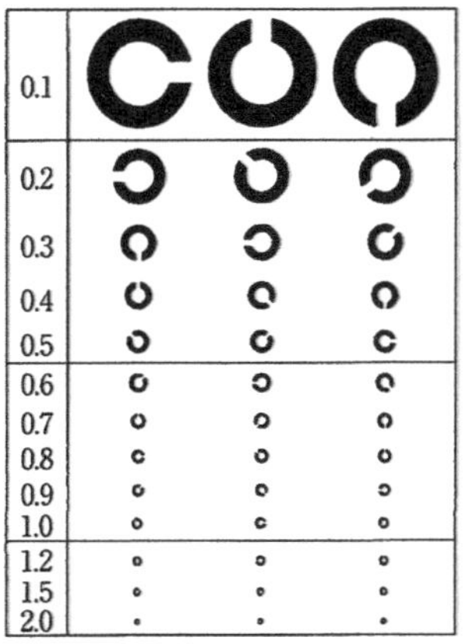

表2

円環全体の直径（mm）	75	37.5	18.75	15	9.375	7.5	5	3.75
円の弧の幅（mm）	15	7.5	3.75	3	1.875	1.5	1	0.75
輪の切れている幅（mm）	15	7.5	3.75	3	1.875	1.5	1	0.75
視力	0.1	0.2	0.4	0.5	0.8	1.0	1.5	2.0

生　徒：視力が2倍になると，円環全体の直径や輪の切れている幅は［ エ ］倍になり，視力が$\frac{1}{5}$倍になると，円環全体の直径や輪の切れている幅は［ オ ］倍になっています。

先　生：そうですね。では，視力5.0の人が5m 離れたところから見える一番小さいランドルト環の円環全体の直径は何 mm ですか。

生　徒：［ カ ］mm です。

先　生：そうですね。では最後に，視力が0.01の人が見える一番小さなランドルト環はどのような大きさですか。

生　徒：円環全体の直径が［ キ ］cm，輪の切れている幅が［ ク ］cm のとても大きなランドルト環になります。

2020(R2) 暁中
教英出版

令和２年度

暁中学校入学試験問題

理　　科

（45分）

〔注　意　事　項〕

(1)　試験開始のチャイムが鳴るまで，この問題冊子の中を見てはいけません。

(2)　試験開始の合図で，解答用紙に受験番号と名前を書きなさい。

(3)　答えはすべて解答用紙の決められたところに，はっきり書きなさい。

(4)　試験終了のチャイムが鳴りましたら，すぐに鉛筆《えんぴつ》をおき，監督《かんとく》の先生の指示にしたがいなさい。

(5)　問題用紙は，持ち帰ってよろしい。

※50点満点：解答用紙・配点非公表

2020(R2) 暁中
教英出版

1．手羽先という，ニワトリの翼《つばさ》を食品用に加工したものを解剖《かいぼう》して，動物のからだのつくりを調べます。次に示すのは，その実験のレポートです。

実験レポート　手羽先の解剖

【目的】　手羽先を解剖して，動物のからだのつくりをしらべる

【準備】　手羽先，解剖用ハサミ，ニトリル手袋

【方法】

手羽先についている皮をはぐ。

筋肉がどの骨にくっついているかを確かめる。

筋肉を引っ張ってみて，どの部分が動くかを確かめる。

筋肉をすべてはがして，骨をスケッチする。

【結果（骨のスケッチ）】

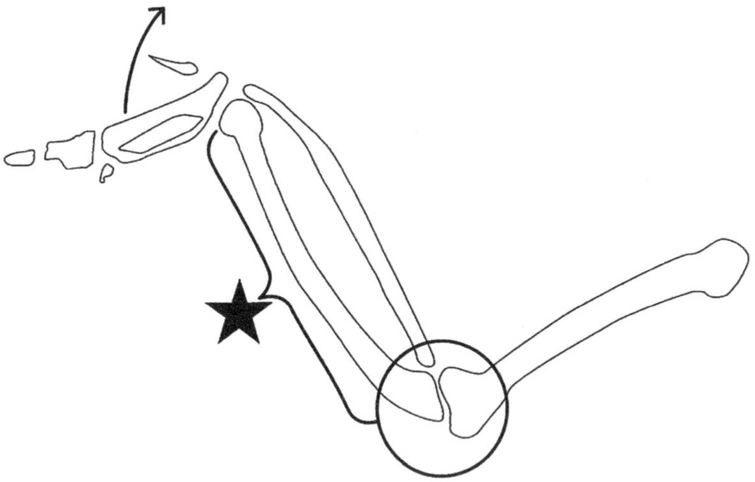

【感想】

ぬるぬるとすべって，かいぼうしにくかった。

皮はすごくじょう夫だった。

けん(筋肉と骨の間をつなぐもの)もじょう夫だった。

筋肉は引っ張るとすぐにちぎれた。

(1) 骨のスケッチについて，〇で囲まれた骨と骨のつなぎ目を何といいますか，答えなさい。

(2) ニワトリとヒトの骨のつくりはよく似ています。骨のスケッチにある★で示した骨は，ヒトのどの部分と似ていますか。次のア～エから１つ選び，記号で答えなさい。

ア　すね　　　イ　大たい骨(ふとももの骨)

ウ　前腕《ぜんわん》（手からひじ）　　　エ　上腕《じょうわん》（ひじから肩《かた》）

(3) 骨のスケッチの図のように，→の方向に骨を動かす筋肉はどこに有り，どことつながっていますか。解答用紙に描きなさい。

(4) 感想には「ぬるぬるとすべって」とあります。理由は手羽先があぶらを含《ふく》んでいたからです。手羽先のどの部分にあぶらが多く含まれていますか。最も適しているものを次のア～エから１つ選び，記号で答えなさい。

ア　骨　　　イ　筋肉

ウ　けん　　　エ　皮

2．流れる水のはたらきについて，あとの問いに答えなさい。

(1) 流れる水のはたらきを調べるために，身近にある河川の上流と下流に行って，様々な特ちょうを観察しました。下流と比べた時の上流の特ちょうの組み合わせで最も適しているものを，次のア～クから１つ選び，記号で答えなさい。

	川幅	水が流れる速さ	川岸に落ちている石
ア	広い	速い	大きい
イ	広い	速い	小さい
ウ	広い	遅い	大きい
エ	広い	遅い	小さい
オ	狭い	速い	大きい
カ	狭い	速い	小さい
キ	狭い	遅い	大きい
ク	狭い	遅い	小さい

(2) 上流には，写真のようなコンクリートでできたダムのようなものがいくつもありました。このダムはどのような災害を防ぐためにありますか，答えなさい。

(3) 写真のようなダムは上流につくられることが多いです。それは，ある河川のはたらきが下流よりも上流で大きいために，(2)のような災害が下流より上流で起こりやすいからです。ある河川のはたらきとは何ですか，考えられることを１つ答えなさい。

(4) 上流からしばらく河川を下ると，図のような曲がった場所がありました。ア～ウの矢印は，水の流れを示しています。

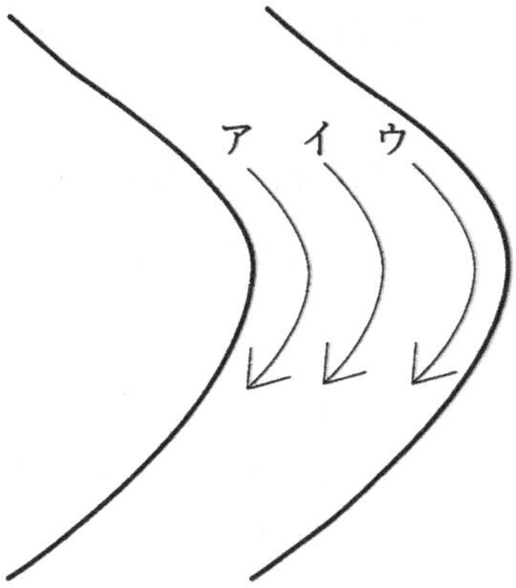

① ア～ウの中で最も流れが速いのはどこですか。図のア～ウから１つ選び，記号で答えなさい。

② てい防のかべにコンクリートブロックをしきつめるなど，よりじょう夫なつくりをしているのは，図のア，ウどちら側のてい防ですか。ア，ウから１つ選び，記号で答えなさい。

3．植物と水について，あとの問いに答えなさい。

植物は根から水を取り入れ，からだ全体に水を運びます。このことを調べるために，次の実験１を行いました。

【実験１】

根・くき・葉のついたジャガイモの根を色のついた水に入れました。数時間後，くきをたてと横に切って切り口を観察します。

(1)　下の図は，くきをたてに切った切り口と横に切った切り口を表しています。染まっている部分を正しく示した図を，次のア～エからすべて選び，記号で答えなさい。

ア　イ　ウ　エ

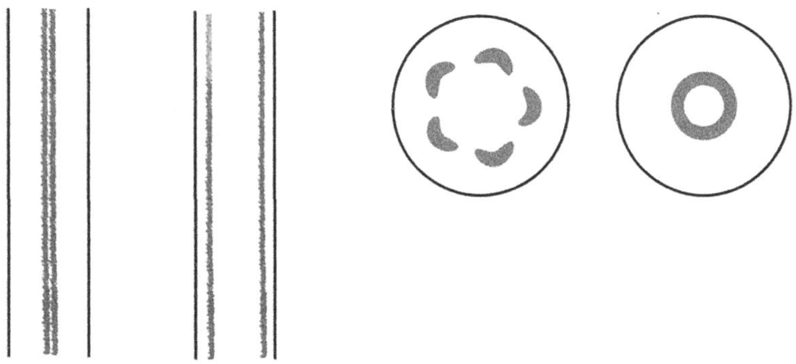

(2)　植物は根から水を取り入れるとき，いっしょに何を取り入れていますか。１つ答えなさい。

くきにたどり着いた水がその後どうなるかを調べるために，次の実験２を行いました。

【実験２】

根・くき・葉のついた植木ばちに植えてあるジャガイモ(A)と，そこからすべての葉を取り除いたジャガイモ(B)を用意します。(A)・(B)それぞれに袋《ふくろ》をかぶせました。すると，一方の袋の内側により多くの水てきがついていました。

(3)　袋の内側に水てきがより多く着いたのは(A)・(B)のどちらですか。記号で答えなさい。

(4)　この実験から，根から取り入れた水は主にどこから出ていくと言えますか，答えなさい。

(5)　植物のからだから水が出ていくとき，気体となって(4)の場所から出ていくことを何と言いますか，答えなさい。

4．アキさんはいろいろなものの水へのとけ方について興味をもち，先生に質問することにしました。次の会話文を読み，あとの問いに答えなさい。

アキさん：前回の$_{a}$ものの水へのとけ方のちがいの授業はとてもおもしろかったです。

先　　生：ものによってとける量はまったくちがうことがよく分かりましたね。

アキさん：ミョウバンやホウ酸は水の温度によってとける量が大きく変化していくのに対して，食塩は温度によってとける量がほとんど変化しなかったのもおどろきました。

先　　生：例えば，水100gにホウ酸は〔表1〕の量だけとかすことができます。60℃の$_{b}$水100gにホウ酸を14.0gとかしたとき，この水よう液には，あと［　あ　］gのホウ酸をとかすことができます。

アキさん：水にとかすことができる量が計算によって求められるのですね。もし，60℃の水100gにホウ酸を14.0gとかした水よう液の温度を20℃までさますと，どうなりますか？

先　　生：20℃の水100gでは，14.0gのホウ酸はすべてとけることができず，［　い　］gのホウ酸がつぶとして出てくると考えられます。また，もののとけている量が少なくても，$_{c}$水をじょう発させることで，もののつぶをとり出すことも可能ですよ。日本では，古来より$_{d}$海水から食塩をつくるとき，この方法を利用してきました。

〔表1〕

水の温度〔℃〕	20	40	60
水100gにとけるホウ酸の最大量〔g〕	4.9	8.9	14.9

アキさん：もう1つ質問をさせて下さい。気体を水にとかす場合はどうなりますか？

先　　生：いい質問ですね。では，炭酸水を使って，次のような実験をしてみましょう。

【実験】

① 冷やしておいた炭酸水をビニール袋《ぶくろ》に入れる。

② ビニール袋の中の空気をにがして，ビニール袋の口を輪ゴムでしっかり閉じる。

③ ビニール袋をお湯でゆっくりと温める。

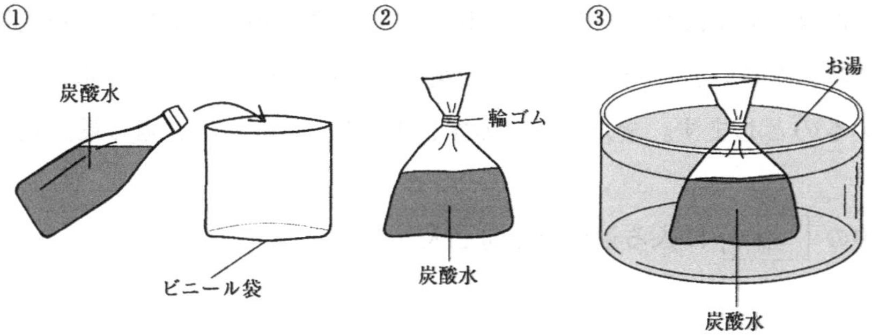

先　　生：実験結果はどうなりましたか？

アキさん：ビニール袋がふくらんでいきます。なぜだろう・・・？

先　　生：ビニール袋に入っているのは炭酸水だけです。ビニール袋をふくらませている気体は，どこから出てきたと考えられますか？

アキさん：あっ！炭酸水にとけていた気体が炭酸水の温度が上がった結果，とけきれなくなり，炭酸水から出てきて，ビニール袋がふくらんだと考えればいいのでしょうか？

先　　生：その通りです。結果から，炭酸水にとけている気体は水の温度が上がると，水にとける量は [う] くなると分かりますね。いっぱんに，気体は水の温度が上がると，水にとける量は [う] くなります。

(1) 下線部aについて，次の文章は水にとけたと判断できるようすを説明しました。

(　　　) の中で適切なものをそれぞれ○で囲みなさい。

水にものを入れて十分に時間がたったとき，

よう液は(　すき通っている　　にごっている　)。

液のこさは(　どこでも同じ　　深いほどこい　　深いほどうすい　)。

さらに時間がたったとき，

(　とかしたものは水と分かれる　　とかしたものは水と分かれない　)。

(2)　下線部bについて，ホウ酸を水にとかした水よう液の重さは何gですか，答えなさい。

(3)　文章中の あ ， い に入る適切な数値を入れなさい。

(4)　下線部cについて，水はじょう発すると何になりますか，答えなさい。

(5)　下線部dについて，海水100gを40℃に保ち，ゆっくりと水をじょう発させました。このとき，海水が何gになったとき，食塩が出てきますか。小数第2位を四捨五入し小数第1位で答えなさい。ただし，海水の食塩ののう度を3.5%とし，海水には食塩しかとけていないものとします。また，40℃の水100gにとけられる食塩の最大量を38gとします。

(6)　文章中の う に入る適切な語句を入れなさい。

このページに問題はありません。

5．は次のページからです。

5．うすい塩酸の水よう液(水よう液Ａとする)とうすい水酸化ナトリウムの水よう液(水よう液Ｂとする)を用いた実験を行いました。あとの問いに答えなさい。

(1)　次の絵はこの実験を行っている様子を示したものです。この絵を見て，実験を行うに当たって危険である点を２つ答えなさい。

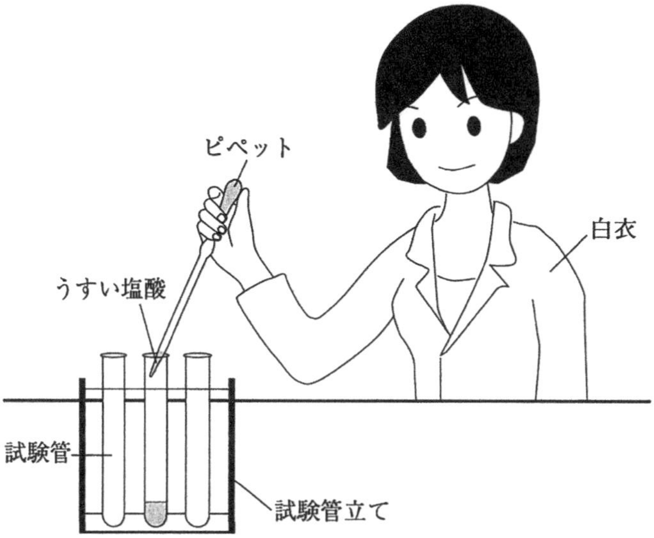

(2)　塩酸は水に何をとかしたものですか，答えなさい。

(3)　水よう液Ａにアルミニウムを入れた結果を表にしてまとめました。この実験で発生した気体は何ですか，答えなさい。

水よう液Ａの体積〔mL〕	アルミニウムの質量〔g〕	発生した気体の体積〔L〕
200	0.27	0.75
400	0.27	1.50
800	0.27	3.00
1200	0.27	3.36
1600	0.27	3.36

(4)　(3)の実験でアルミニウムが全てとけるためには水よう液Ａは何 mL 以上必要ですか，答えなさい。

(5) 次の文章は水よう液Aと水よう液Bについての説明文です。[あ]～[お]に入る適切な語句を，下のア～クから1つ選び，記号で答えなさい。

水よう液Aと水よう液Bの性質を調べる方法の1つに，BTB液を加えてよう液の色を確認する方法があります。水よう液AにBTB液を加えると[あ]色に，水よう液BにBTB液を加えると[い]色になります。よって，水よう液Aは[う]性，水よう液Bは[え]性であることが分かります。水よう液AにBTB液を加え，水よう液Bを少しずつ加えていくと，水よう液は[あ]色 → [お]色 → [い]色に変化していきます。

ア 紫《むらさき》　イ 青　ウ 緑　エ 赤　オ 黄　カ 酸
キ 中　ク アルカリ

(6) [う]性の水よう液と[え]性の水よう液が混ざりあって，たがいの性質を打ち消し合う変化を「中和」といいます。次の文章は，ある製薬会社のホームページに書かれた，胃薬についての文章の一部をぬき取ったものです。

> 特徴
>
> ・・・・・・・・
>
> ○ 3種類の制酸剤《せいさんざい》（ケイ酸アルミン酸マグネシウム，炭酸水素ナトリウム，炭酸マグネシウム）を配合し，速やかに，また持続して胃酸を中和します。・・・・・・

下線部の炭酸水素ナトリウムは，水にとけたとき，何性になるでしょうか？　胃酸の性質をふまえて答えなさい。

6．暁子さんと太郎くんが，振り子が１往復する時間（＝周《しゅう》期《き》）を測定する方法について，次のように，話し合いながらいろいろな実験を行いました。あとの問いに答えなさい。ただし，空気の抵抗などにより，振り子の振《ふ》れ幅《はば》は減らないものとします。

図１
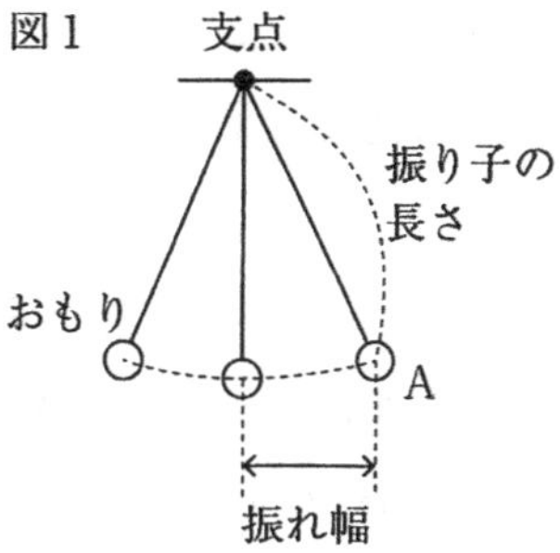

暁子：振り子の周期は短いので測定しにくいから，どうしよう？

太郎：10往復する時間をストップウォッチで測定し，周期を求めればいいよ。

暁子：そうだね。じゃあ，おもりが端《はし》（図１のＡの位置）にくるときを目印に，10往復する時間を測定してみよう。

太郎：他の条件は，振り子の長さを25 cm，おもりの重さを200 g，振れ幅を5 cmにして実験してみよう。でも，１回だけの測定では正確にできないかもしれないから，同じ測定を10回やって平均してみよう。

【実験１】　10回測定したら，下の表１のような結果になりました。

表１

測定回数［回目］	1	2	3	4	5	6	7	8	9	10
10往復の時間［秒］	10.3	9.9	9.7	10.5	10.2	9.8	9.9	10.4	9.7	10.6

10往復の時間の平均値：10.1秒

暁子：実験１の結果を見ると，それぞれの測定値がばらばらだね。なぜかな？

太郎：もしかしたら，おもりが位置Ａでは［　あ　］ので，ストップウォッチを押す時間にずれが生じてしまうのではないかな？

暁子：じゃあ，おもりが［　い　］の位置を通過するときを目印に，10往復する時間を測定してみよう。もちろん，他の条件は同じにしよう。

【実験２】　10回測定したら，下の表２のような結果になりました。

表２

測定回数［回目］	1	2	3	4	5	6	7	8	9	10
10往復の時間［秒］	9.9	10.0	10.0	10.1	10.1	9.9	10.0	10.0	10.0	10.0

10往復の時間の平均値：10.0秒

太郎：やはり，実験２の結果は，それぞれの測定値がほぼ一定になっているね。 い の位置で測定する方が良いね。

暁子：そうだね。じゃあ，同じ方法で，振り子の長さ，おもりの重さ，振れ幅を変えて，10往復する時間を測定してみよう。

【実験３】　実験２と同じ方法で，振り子の長さ，おもりの重さ，振れ幅を変えて，測定した結果，下の表３のような結果になりました。

表３

振り子の長さ[cm]	おもりの重さ[g]	振れ幅[cm]	10往復の時間の平均値[秒]
12.5	200	5	7.1
50	200	5	14.2
75	200	5	17.4
100	100	5	20.0
25	100	5	10.0
25	300	5	10.0
25	200	7.5	う
25	200	10	10.0
25	200	15	10.0

(1)　実験２の結果から，この振り子の周期は何秒と考えられますか，答えなさい。

(2)　 あ に入る適切な文章を答えなさい。

(3)　 い の位置を，解答用紙の図に●で示しなさい。

(4)　表３の う に入る結果は何秒と考えられますか，答えなさい。

(5)　糸の長さを200cm，おもりの重さを300g，振れ幅を10cmの振り子をつくったとき，周期は何秒になると考えられますか，答えなさい。

(6)　図２のように，振り子の長さ75cm，おもりの重さを100g，振れ幅を5cmの振り子の支点から25cm真下のところにくぎを打ちつけた振り子をつくりました。この振り子の周期は何秒になると考えられますか，答えなさい。

図２

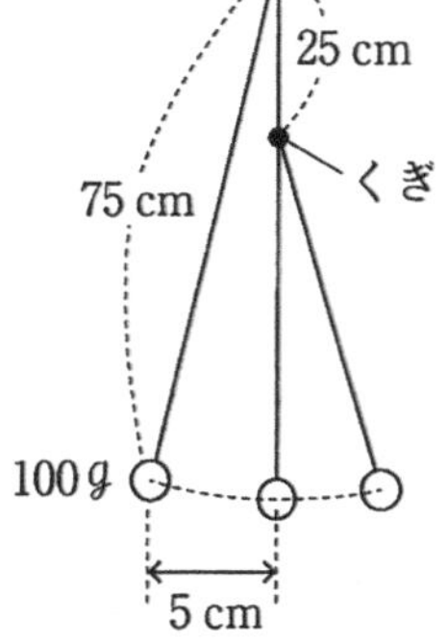

7．かん電池と豆電球と導《どう》線を用意して，豆電球の明るさを比べる実験を行いました。あとの問いに答えなさい。ただし，かん電池と豆電球はすべて同じものを使うものとします。

(1) 下図の回路図に示すようなア～オの５つの回路をつくって，それぞれの豆電球の明るさを比べました。

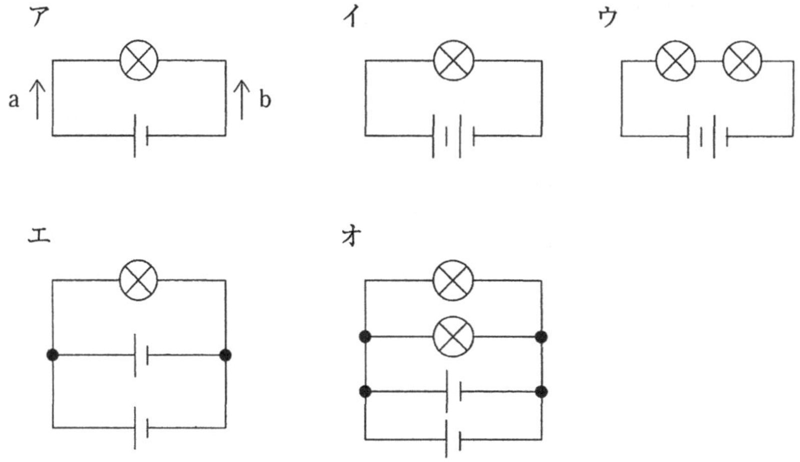

① アの回路において，電流の流れる向きはａ，ｂのどちらですか，記号で答えなさい。

② ウの回路の豆電球のつなぎ方は何つなぎですか，答えなさい。

③ 豆電球１つの明るさが，アの回路の豆電球の明るさに比べて，明るくなる回路をイ～オからすべて選び，記号で答えなさい。ただし，同じ明るさの場合は除くものとし，答えが無い場合は，「なし」と書きなさい。

(2) かん電池と豆電球をそれぞれ３個ずつ使って，次の①，②の条件に合うような回路をつくりなさい。ただし，答えは電気用図記号を使った回路図で示しなさい。

① 豆電球すべてが同じ明るさで，最も明るくつく回路をつくりなさい。

② 豆電球すべてが同じ明るさで，最も長い時間つく回路をつくりなさい。

2020(R2) 暁中
教英出版

令和２年度

暁中学校入学試験問題

社　　会

（45分）

〔注　意　事　項〕

(1)　試験開始のチャイムが鳴るまで，この問題冊子の中を見てはいけません。

(2)　試験開始の合図で，解答用紙に受験番号と名前を書きなさい。

(3)　答えはすべて解答用紙の決められたところに，はっきり書きなさい。

(4)　試験終了のチャイムが鳴りましたら，すぐに鉛筆《えんぴつ》をおき，監督《かんとく》の先生の指示にしたがいなさい。

(5)　問題用紙は，持ち帰ってよろしい。

※50点満点：解答用紙・配点非公表

1．次の地図を見て，あとの各問いに答えなさい。

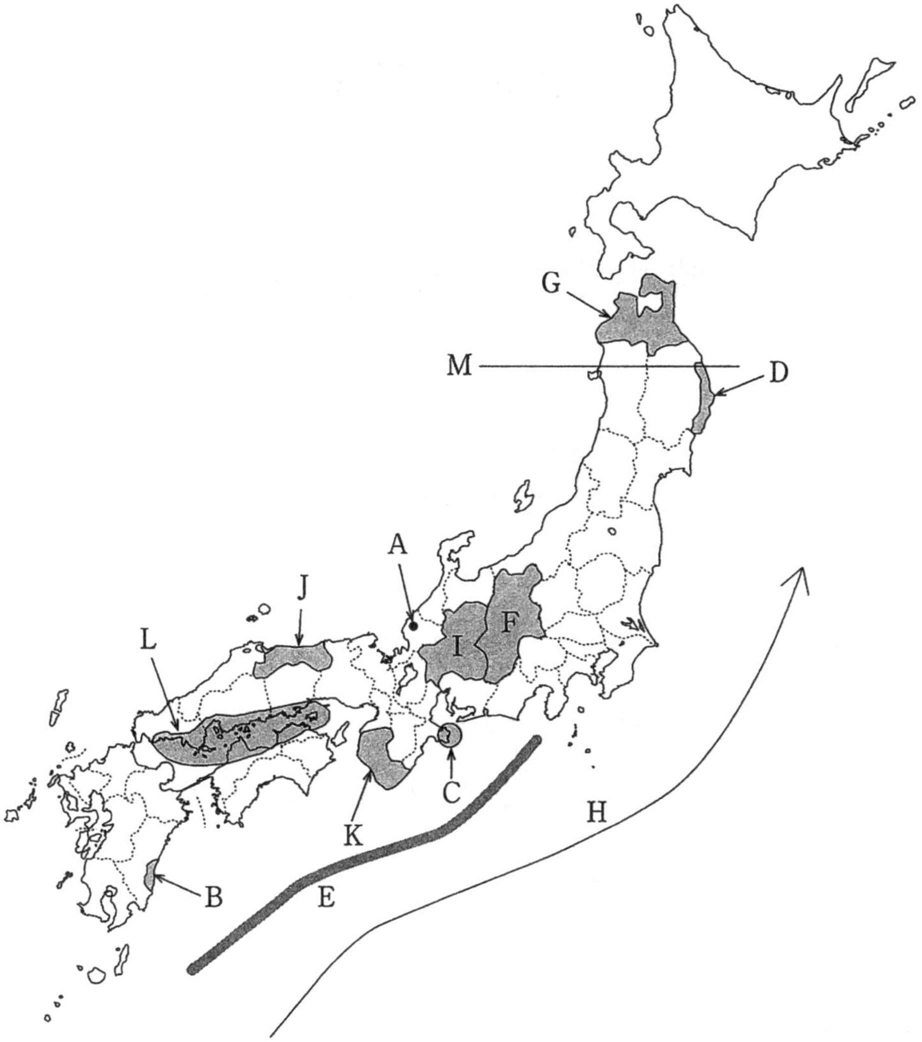

問１　地図中Aの地点の気温と降水量を示したグラフを次のア～エから１つ選びなさい。また，そのグラフを選んだ理由を答えなさい。

ア

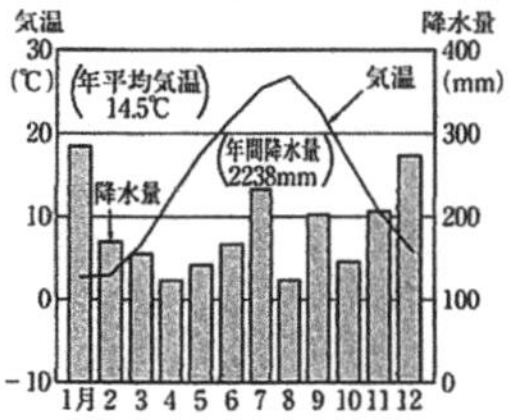

イ

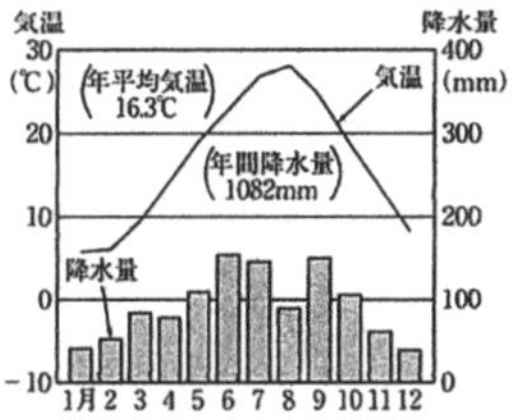

ウ

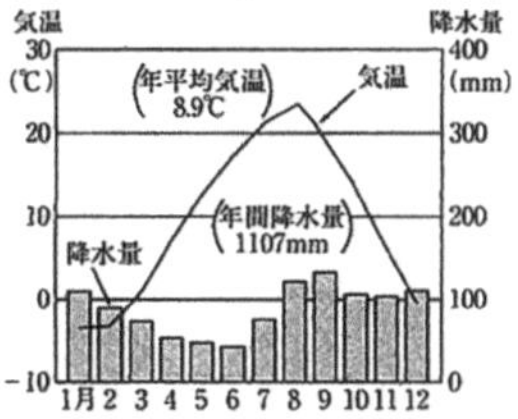

エ

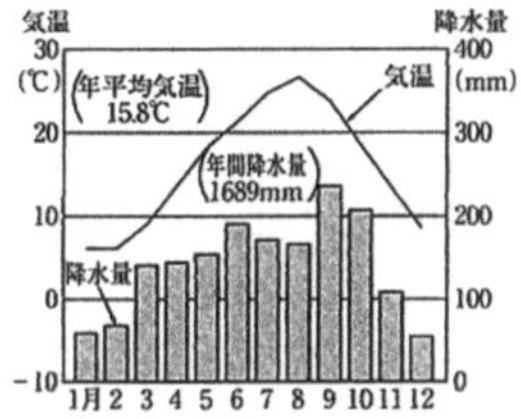

『日本のすがた2019 日本国勢図会ジュニア版』より

問2　地図中Bの地域の農業について，この地域の農業の特徴として適切なものを，次のア～エから1つ選びなさい。

ア．温暖な気候を利用して，出荷時期を早める促成栽培を行っている。

イ．冷涼な気候を利用して，出荷時期を遅くする抑制栽培を行っている。

ウ．大規模な農業機械を用いて，日本最大規模の畑作地帯となっている。

エ．水田単作地帯であり，日本屈指の米の生産量を誇る地域となっている。

問3　地図中Cの地域について，この地域にみられる複雑な海岸線を持つ地形を何といいますか。

問4　地図中Dの地域について，この地域に初夏に吹く，農業に影響をもたらす冷涼な風を何といいますか。

問5　地図中Eの海域について，この海域には，水深が6000mより浅い，細長い海底盆地がみられます。この海底盆地の一帯は，大地震の震源となる可能性が高い地域とされています。この地域を何といいますか。

問6　地図中のF県と県境を接する県の中で，次の特徴をもつ県名を答えなさい。

この県には，日本初の本格的な器械製糸工場がつくられました。この工場は，日本の近代化だけではなく，絹産業の技術革新などにおいても大きく貢献し，2014年に関連する史跡とともに世界遺産に登録されました。

問7　地図中のG県について，この県の伝統行事として正しいものを，次のア～エから1つ選びなさい。

ア．祇園（ぎおん）祭　　　イ．だんじり祭

ウ．くんち（おくんち）　　エ．ねぶた祭・ねぷた祭

問8　地図中Hの海流について，この海流の名称を何といいますか。

問9　地図中のＩ県の白川郷には，右図のような伝統的な家屋が保存されています。この家屋の屋根が急勾配《こうばい》（かたむきが急）となっている理由を答えなさい。

問10　地図中のＪ県について，次のグラフはＪ県の人口ピラミッドを示しています。Ｊ県の人口構成の割合をみると，65歳以上の割合は31.0%（2017年）となっています。65歳以上の割合が21% 以上となった社会を何といいますか。

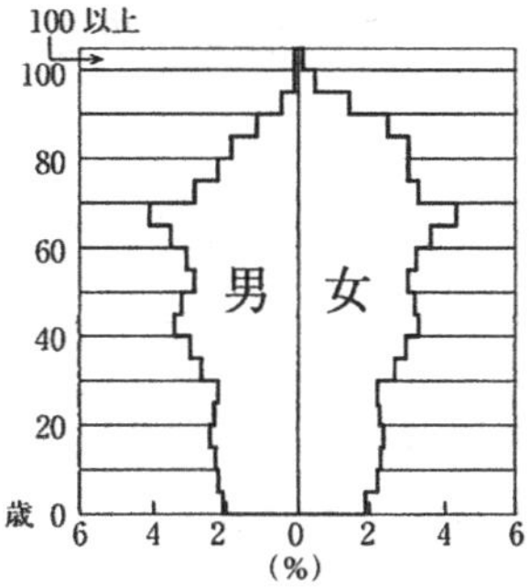

『データでみる県勢 2019』より

問11　地図中のＫ県について，この県で，完全養殖がおこなわれている水産資源を，次のア～エから１つ選びなさい。

ア．タラバガニ　　イ．クロマグロ　　ウ．アサリ　　エ．昆布

問12　地図中Ｌの地域について，次のア～エのグラフのうち，この地域の工業出荷額を示すものを１つ選びなさい。

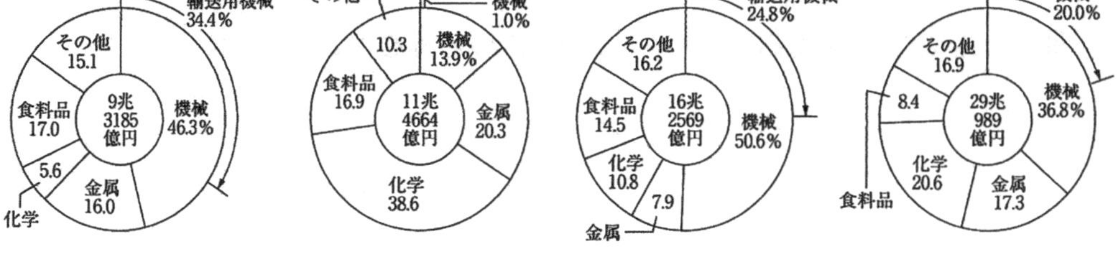

『日本のすがた2019 日本国勢図会ジュニア版』より

問13　地図中Mの線が示す緯度を，次のア～エから１つ選びなさい。

ア．北緯20度　　イ．北緯40度　　ウ．南緯20度　　エ．南緯40度

問14　次の写真は，暁中学校・高等学校の管理棟５階から西の方角を撮影した写真です。写真に写る鈴鹿山脈は「ある府県」と三重県との境界をなしています。

この「ある府県」の府章・県章とその説明文として正しいものを，次のア～エから１つ選びなさい。

ア．県内の「山」と「最上川」をベースにデザイン化したもの。尖《とが》った山の形状は大空へと伸びる県の発展を表現している。

イ．県を象徴する「富士山」と「御前崎」・「伊豆半島」・「駿河湾」からなる地形を表現している。

ウ．県名（カタカナ）を円形に組合わせたもの。円は県民の調和を表現し，左右の翼は県の発展を表現している。

エ．この地の基礎を築いた豊臣秀吉の「千成びょうたん」をモチーフに，アルファベットの頭文字を使ってデザイン化したものである。

2．日本と外国との関係をテーマにまとめられた〔**年表A**〕・〔**年表B**〕をよく見て，あとの問いに答えなさい。

〔**年表A**〕

年	できごと
紀元前4世紀ころ	①稲作・金属器が伝わる
紀元前1世紀ころ	倭国に100あまりの小国があったと中国の歴史書に記される
57年	倭の奴国の王が中国に使いを送り金印を授かる
239年	邪馬台国の卑弥呼が(a)中国に使いを送る
478年	②倭王の武が中国に使いを送る
538年（552年）	朝鮮半島から仏教が伝えられる
630年	③遣唐使が派遣される
663年	白村江の戦いで敗れる
	↕　あ
710年	④唐の都をモデルとする平城京に都が遷る
	↕　い
794年	唐の都をモデルとする平安京に都が遷る
	↕　う
894年	（　1　）の進言により遣唐使が停止される
	↕　え
1019年	北九州に刀伊（女真人）が襲来する
1167年	（　2　）が武士として初めて太政大臣となり，(b)中国との貿易を盛んにおこなう
1274年	文永の役 ⎫ ⑤モンゴル軍が2度にわたり襲来する
1281年	弘安の役 ⎭
1404年	足利義満が⑥中国との貿易をはじめる
1543年	ポルトガル人により鉄砲が伝えられる
1549年	フランシスコ・ザビエルによりキリスト教が伝えられる
1592年	文禄の役 ⎫ ⑦豊臣秀吉が2度にわたり朝鮮に出兵する
1597年	慶長の役 ⎭

問1　年表中の（　1　）・（　2　）にあてはまる人名を答えなさい。

問2　年表中の波線部(a)・(b)の当時の王朝名の組合せとして正しいものを，次のア～カから1つ選びなさい。

ア．(a)－漢　(b)－魏

イ．(a)－漢　(b)－宋

ウ．(a)－宋　(b)－漢

エ．(a)－宋　(b)－魏

オ．(a)－魏　(b)－漢

カ．(a)－魏　(b)－宋

問3　下線部①について，このころの稲作に関係の深いものを，次のア～オから2つ選びなさい。

ア．高床倉庫　イ．土偶　ウ．石包丁　エ．貝塚　オ．埴輪

問4　下線部②に関連して，次の史料は稲荷山古墳から発見された鉄剣に記されていたものです。□□□□□に入る名前をカタカナで答えなさい。なお史料はわかりやすく書き直してあります。

私は，この剣をつくらせた豪族のオワケである。私の家は大王を守る軍隊の隊長を代々つとめ，私は□□□□□大王に仕えていた。

問5　下線部③に関連して，留学生として唐にわたり官僚として仕え，「天《あま》の原 ふりさけみれば 春日《かすが》なる 三笠《みかさ》の山に いでし月かも」の歌を読んだとされる人物は誰ですか。次のア～エから1つ選びなさい。

ア．山上憶良　イ．紀貫之　ウ．阿倍仲麻呂　エ．柿本人麻呂

問6　下線部④について，唐の都の名前と，その位置を示す次の地図中のAまたはBとの組合せとして正しいものを，次のア～エから1つ選びなさい。

ア．西安　―　A

イ．西安　―　B

ウ．南京　―　A

エ．南京　―　B

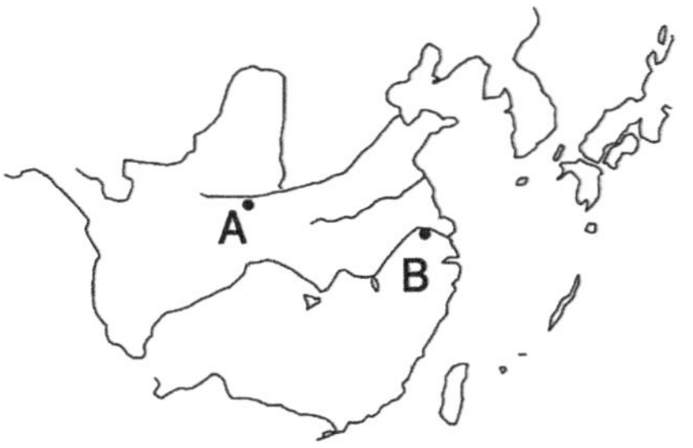

問７　下線部⑤に関連して，この時のモンゴル軍の皇帝と鎌倉幕府の執権との組合せとして正しいものを，次のア～エから１つ選びなさい。

ア．チンギス＝ハン　―　北条時政

イ．チンギス＝ハン　―　北条時宗

ウ．フビライ＝ハン　―　北条時政

エ．フビライ＝ハン　―　北条時宗

問８　下線部⑥について，この貿易では中国が交付した次の図のような合い札（勘合）を用いて貿易が行われました。このような合い札（勘合）を用いた理由は何ですか。簡単に答えなさい。

問９　下線部⑦に関連して，次の史料は，豊臣秀吉がおこなった政策に関するものです。この史料では，大仏建立の材料に使うために農民が刀などの武器を持つことを禁止していますが，農民が武器を持つことを禁止する本来の目的は何ですか。簡単に答えなさい。

> 一、諸国の百姓が刀・脇差《わきざし》・弓・槍《やり》・鉄砲その他，武具を持つことをかたく禁止する。
>
> 一、取り上げた刀や脇差は，ただ没収するのではなく，今度の方広寺大仏建立の釘，鎹《かすがい》にする。

問10　日本における248番目の元号である「令和」の典拠となった『万葉集』が編纂された時期を年表中のあ～えから１つ選びなさい。

〔年表B〕

年	で　き　ご　と
1607年	朝鮮からの使節が来日する
1639年	ポルトガル船の来航を禁止する
1641年	オランダの商館を平戸から長崎の（　3　）へ移す
	↕　**お**
1853年	アメリカ合衆国のペリーが浦賀に来航する
1854年	⑧日米和親条約が結ばれ開国する（鎖国が終わる）
1858年	日米修好通商条約が結ばれる
1875年	ロシアと樺太・千島交換条約が結ばれる
1902年	日英同盟が結ばれる
1911年	⑨不平等条約の改正が実現する
1914年	第一次世界大戦に参戦する
1931年	満州事変がおこる
1937年	日中戦争がはじまる
1941年	太平洋戦争がはじまる
1945年	（　4　）宣言を受諾して無条件降伏し戦争が終結する
1951年	⑩サンフランシスコ平和条約が結ばれる
1956年	日ソ共同宣言が発表され国際連合への加盟が認められる
1964年	東京でオリンピック・パラリンピック競技大会が開催される
⑪1972年	沖縄が日本に復帰する
1978年	日中平和友好条約が結ばれる
1992年	⑫国連平和維持活動協力法が成立しカンボジアに自衛隊を派遣する

問11　年表中の（　3　）・（　4　）にあてはまる語句を答えなさい。

問12　年表中の**お**の期間におきた次のア～ウの出来事を古い順に並べ替えなさい。

ア．儒学を重視した文治政治が行われ，生類憐《あわれ》みの令が出された。

イ．目安箱を設置して庶民の意見を直接聞く仕組みをつくった。

ウ．大阪で飢饉《ききん》に苦しむ庶民を救うため，大塩平八郎が反乱をおこした。

問13　下線部⑧について，この条約によって開港された港の位置を，次の地図中のア～キから２つ選びなさい。

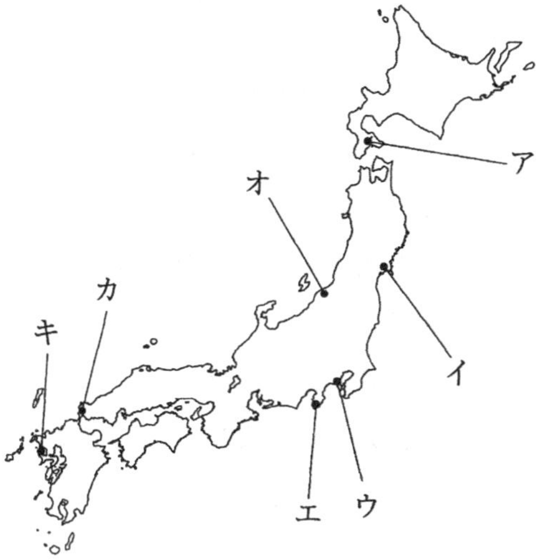

問14　下線部⑨について，不平等条約の改正の実現について述べた次の文章の（　a　）・（　b　）にあてはまる語句の組合せとして正しいものを，次のア～エから１つ選びなさい。

1911年２月，外務大臣の（　a　）は，日米通商航海条約に調印し，関税自主権を（　b　）したことにより不平等条約の改正を実現した。

ア．(a)　小村寿太郎　　(b)　撤廃
イ．(a)　小村寿太郎　　(b)　回復
ウ．(a)　陸奥宗光　　(b)　撤廃
エ．(a)　陸奥宗光　　(b)　回復

問15　下線部⑩について，サンフランシスコ平和条約が結ばれたのと同時に日本とアメリカ合衆国との間で結ばれた条約は何ですか。漢字６字で答えなさい。

問16　下線部⑪について，沖縄が日本に復帰した1972年よりも後におきた出来事として正しいものを，次のア～エから１つ選びなさい。

ア．小笠原諸島が日本に復帰した。

イ．大阪で万国博覧会が開催された。

ウ．第１次石油危機（オイルショック）がおきた。

エ．日韓基本条約が結ばれ，韓国と国交を回復した。

問17　下線部⑫に関連して，国連平和維持活動の英語の略称を，アルファベット３字で答えなさい。

3．次の文章は2019年の内閣総理大臣の年頭所感の抜粋です。この文章をよく読んで，あとの各問いに答えなさい。

……，平成は（　a　）とともに始まり，経済はその後，長い（　b　）に突入しました。失われた20年，就職氷河期の到来，①未曽有《みぞう》の自然災害。人口が減少する社会は成長できない。「諦《あきら》め」という名の壁が日本を覆《おお》っていました。

私たちは，この壁に挑《いど》みました。

6年が経《た》ち，②経済は成長し，若者たちの就職率は過去最高水準です。この春の中小企業の皆さんの賃上げ率は20年間で最高となりました。生産農業所得はこの19年間で最も高くなっています。

故郷を想《おも》う皆さんの情熱によって，被災地は力強く復興を遂《と》げつつあります。地域の皆さんが磨きをかけた伝統，文化，心のこもったおもてなしによって，外国人観光客数は1千万の壁を突破し，3千万人を超えました。

景気回復の温かい風が全国津《つ》々《つ》浦《うら》々《うら》に届き始める中で，③地方の税収は過去最高となりました。

本年は，最大の課題である，少子高齢化の壁に本腰《ほんごし》を入れて立ち向かいます。この秋から（　c　）無償化をスタートさせます。未来を担《にな》う子どもたちに大胆に投資し，子どもから現役世代，お年寄りまで，全ての世代が安心できるよう，④社会保障制度を，全世代型へと大きく転換してまいります。

⑤女性も，男性も，若者も高齢者も，障害や難病のある方も，誰もがその能力を存分に発揮できる「一億総活躍社会」が本格始動いたします。

⑥近年，若者たちの意識が大きく変わり，地方移住への関心も高まっています。このチャンスを逃さず，地方への人の流れをもっと分厚いものとしていきたい。未来の可能性に満ち溢《あふ》れた地方創生を進めます。

外交面でも，本年は大きな課題に挑戦いたします。⑦米朝首脳会談，日露平和条約交渉，日中新時代の到来など，大きな転機が訪れる中で，戦後日本外交の総決算を果断《かだん》に進めてまいります。

そして，我が国は，G20サミットの議長国として，トランプ大統領，プーチン大統領，習近平国家主席をはじめ，世界のトップリーダーたちを大阪の地にお迎えします。

まさに，日本が世界の真ん中で輝く年となります。

5月には，皇位継承が行われ，歴史の大きな転換点を迎えます。平成の，その先の時代に向かって「日本の明日を切り拓《ひら》く」一年とする。その先頭に立つ決意です。

問1　文中の（　a　）・（　b　）に入る適切な語句の組合せとして正しいものを次のア～エから1つ選びなさい。

ア．(a)　バブル　　　　(b)　インフレ

イ．(a)　バブル　　　　(b)　デフレ

ウ．(a)　オリンピック　(b)　インフレ

エ．(a)　オリンピック　(b)　デフレ

問2　文中の（　c　）に入る適切な語句を，次のア～エから1つ選びなさい。

ア．高等教育　　イ．中等教育　　ウ．初等教育　　エ．幼児教育

問3　下線部①に関連して，東日本大震災を契機に，津波の被害を想定して街中で下のような数字が書かれた標識を見かけるようになりましたが，この数字は何を表していますか。標識中の（　　　）に適切な語句を入れなさい。

ここの地盤は
（　　）1.8m

問4　下線部②に関連して，全国544か所に設置され，職を求めるすべての国民の就職実現を支援する施設を何といいますか。

問５　下線部③に関連して，次のグラフは三重県の平成31（令和元）年度の歳入（県に入ってくる税金や補助金）をもとにしてつくった予算を示しています。グラフの中で，下の説明文にあてはまる項目は何ですか。グラフの中から選び，語句で答えなさい。

国が地方公共団体の税収の格差を是正するために支出する補助金

歳入総額 7,006 億円

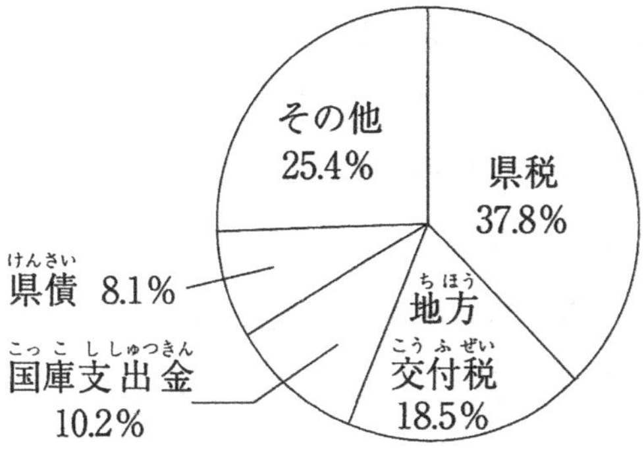

問６　下線部④に関連して，わが国では憲法第25条によって，生存権を保障しています。下の文章の（　a　）・（　b　）に適切な語句を入れなさい。

すべて国民は（　a　）で（　b　）的な最低限度の生活を営む権利を有する

問７　下線部⑤に関連して，1999年に男女が互いに人権を尊重しつつ，能力を十分に発揮できるように，男女平等を推し進めるべく施行された法律を何といいますか。

問８　下線部⑥に関連して，過疎化が進行して，人口の50％以上が65歳以上となり，冠婚葬祭などをはじめとした社会的共同生活が難しくなり，社会単位としての存続があやぶまれる集落を何といいますか。

問９　下線部⑦に関連して，昨年の２月と６月の２度にわたり両国首脳が対面しましたが，その対面したそれぞれの場所を，次のア～エから１つ選びなさい。

ア．２月：シンガポール　　６月：板門店

イ．２月：ハノイ　　６月：板門店

ウ．２月：シンガポール　　６月：ハノイ

エ．２月：ハノイ　　６月：シンガポール

2020(R2) 暁中
K 教英出版